大夏书系 — 教师专业发展

教育写作

从教改实践走向成果表达

颜莹 / 著

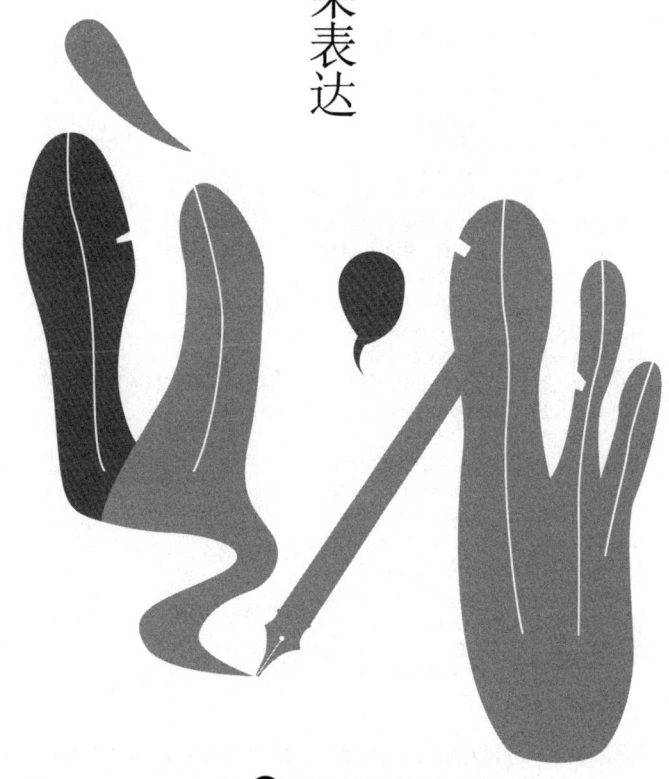

华东师范大学出版社
·上海·

图书在版编目（CIP）数据

教育写作：从教改实践走向成果表达 / 颜莹著.
—上海：华东师范大学出版社，2024
ISBN 978-7-5760-4844-5

I.①教… II.①颜… III.①教育研究—论文—写作 IV.① G40-03

中国国家版本馆 CIP 数据核字（2024）第 062199 号

大夏书系 | 教师专业发展

教育写作：从教改实践走向成果表达

著　者	颜　莹
责任编辑	程晓云
责任校对	杨　坤
封面设计	淡晓库
出版发行	华东师范大学出版社
社　　址	上海市中山北路 3663 号　邮编 200062
网　　址	www.ecnupress.com.cn
电　　话	021-60821666　行政传真 021-62572105
客服电话	021-62865537
邮购电话	021-62869887
地　　址	上海市中山北路 3663 号华东师范大学校内先锋路口
网　　店	http://hdsdcbs.tmall.com/
印 刷 者	北京密兴印刷有限公司
开　　本	700×1000　16 开
印　　张	17.5
字　　数	250 千字
版　　次	2024 年 4 月第一版
印　　次	2024 年 10 月第四次
印　　数	12 101-14 100
书　　号	ISBN 978-7-5760-4844-5
定　　价	68.00 元
出 版 人	王　焰

（如发现本版图书有印订质量问题，请寄回本社市场部调换或电话 021-62865537 联系）

序一　专业表达的快乐旅行（成尚荣）/ 001
序二　遇见更好的自己（薛法根）/ 005
序三　教育写作：想说爱你不容易（姚卫伟）/ 011

第一章　重识教育写作

第一节　为何与何为：对教师教育写作问题的再认识 / 001
第二节　教育写作：教师专业发展的必由之路 / 008
第三节　教师教育写作的现实困境与突围 / 016

第二章　教育叙事：讲述与发现

第一节　文体特征：感性与理性的交织 / 025
第二节　写作方法：创造属于自己的故事 / 041
第三节　例文赏析：叙事何以动人 / 049
第四节　例文评析：叙事背后的道理 / 055

第三章　教学案例：从实践走向研究

第一节　文体特征：透过现象看本质 / 063
第二节　写作方法：创生实践，创生精彩 / 069
第三节　对比评析：两种不同类型教学案例的写作分析 / 084

第四章　教育论文：转识成智的专业表达

第一节　文体特征：问题解决与理性思辨 / 103
第二节　写作方法：思维、逻辑、语言的三重转向 / 118
第三节　一文三改：一篇教学论文的"蜕变" / 128

第五章　文献综述：对已有研究的研究

第一节　文体特征：在梳理中发现 / 157
第二节　写作方法：程序清晰的行动 / 167
第三节　见微知著："管窥"文献综述 / 177

第六章　调查报告：用证据说话

第一节　文体特征：基于调查的研究 / 189

第二节　写作方法：过程与结果的高度融合 / 193

第三节　作者亲历：我是这样写调查报告的 / 203

第七章　校园通讯：讲述学校那些事儿

第一节　校园新闻：讲述校园里的新鲜事 / 214

第二节　学校报道：塑造美好学校形象 / 222

第三节　人物通讯：让身边人"立"起来 / 231

第八章　学术规范：遵循专业写作的"法则"

第一节　摘要与关键词：论文的"核心图像" / 239

第二节　参考文献：论文写作的信息清单 / 243

第三节　投稿规范与技巧：细节决定成败 / 252

后　记 / 255

序一 专业表达的快乐旅行

成尚荣

颜莹老师是《江苏教育研究》的编辑部主任。最近，她写了一本关于教师成果表达的专著。我提前读了，有个突出的感觉：写得很专业，有学术的含量。专著里列举了不少教师的故事和案例，都很贴切，很典型，用老师们的话来说，很接地气。读这本专著，我似乎在教师的教育生活中旅行了一次，很高兴。尽管爱因斯坦说，"我喜欢旅行，但并不喜欢到达目的地"，但我还是有到达目的地的感觉，仍然是欢喜的，当然，目的地一直在远方。

福楼拜的一句话，我一直铭记着："写作是一种生活方式。"就颜莹而言，她已将审稿、编稿、指导作者，以及自己著书当作一种生活方式了，如今她又用自己的生活方式去影响、指导教师，让大家在自己的教育生活中学会专业表达，进行积极意义上的充分建构，在更高的价值层面，让生活方式闪烁专业表达、专业生活的光彩。这无疑是难能可贵的。

颜莹的这本专著，我称之为教师专业写作、专业表达的指南。

首先，它是一个动力源。教师是实践者，阵地在课堂，任务是上好课，教好书，育好人，还需要写作、专业表达吗？颜莹真诚地告诉大家，这是教师完整生活的一部分，是专业发展的题中应有之义和成功的必由之路；写作需要天赋，但更需要后天读书、思考、表达的磨练；教师要克服专业表达方面的茫然感、挫败感、无能感，就要跳出狭小的窠臼，实现写作困境的突围，进而实现超越与跃升——从教学者走向研究者，而"写作"是其中不可或缺的环节，是身份转变的鲜明标志。这样的超越，用博尔赫斯的话说就是：从这扇门走到另一扇门，就完成了一次宇宙旅行。颜莹的这本专著正是为我们打开了一扇教育的"宇宙旅行"之门。在为什么要进行专业表达方面，她的阐释是真诚的、深刻的。

其次，这本专著，是教师专业表达的工具箱和脚手架。何为专业表达？如何进行专业表达？颜莹从文体上进行分类讲解：旨在、重在讲述与发现的教育叙事；旨在、重在从实践走向研究的教学案例；旨在、重在转识成智的教学论文；旨在、重在对已有研究进行研究的文献综述；旨在、重在用证据说话的调查报告；等等。专业表达文体的分类合理、科学、清晰，建构了教师专业表达的体系。如此，教师的专业表达就不是模模糊糊的一大片，而是建立起自己专业表达的框架，从中选择自己的表达倾向，逐步形成自己的特色。同时，颜莹给了教师专业写作的有效路径：深耕—深思—深描—深构。所谓深耕，是指要在教学的原野深深扎根，从实践的土壤里汲取丰富的水分与营养，只有深耕细作，才能有厚实的基础；所谓深思，是指对现象、经验进行深入思考与剖析，从熟知走向真知，从感性认识走向理性认识；所谓深描，是指运用人类学的研究方法——"显微研究法"，以小见大，以此类推，揭示本质，探索规律；所谓深构，是指教育生活意义的充分展开与深度建构，发现教育生活的价值所在。颜莹交给了我们一个工具的百宝箱，也为我们搭起了脚手架。工具箱、脚手架让老师们摆脱了专业表达的无能与无奈。

再次，这本专著是教师专业表达的资源库。书中的诸多叙事、案例、论文我看了以后都很感动，也深受启发，颇受鼓舞。这些来自一线教师的写作案例有个共同的特点：鲜活。它们来自教师生活的田野，是田野里生长起来的绿芽、青苗、红花、硕果，满溢着泥土的气息，展现着美丽的朝霞、清莹的水滴、灿烂的阳光、满满的希望。这些写作案例是颜莹结合自己的工作，精心加以挑选与淘洗的，具有典型性，因而具有普遍意义，也具有示范性。颜莹对这些不同文体的写作案例进行了解读，进行了写作方法的指点、例文的赏析、比较评析，展现写作经历，加以概括、提升，再次跃迁。这么丰富的资源以结构化、序列化的方式呈现，像是一面面镜子，使读这本书的人既发现了别人，也照见了自己。教师是学生的启蒙者，通过专业表达，教师也在自我启蒙。这本专著正可以帮助我们进行专业表达的自我启蒙。

关于写作，结构现实主义大师略萨曾经有个精彩的比喻：我的讲话好像是写给文学的情书。我们不妨从这个角度感受一下读情书的味道。刘海粟，这位美术大师，这么指导他的女儿画画：胆子要大，格局要大。我们也不妨从这个角度去感受一下专业表达的胆量与格局。当然，不要忘掉专业表达的"法则"与品质：学术规范。

好了，我又旅行了一次，下一个旅行的目的地：读到更多教师更好的专业表达的作品！

（成尚荣，江苏省教育科学研究院研究员，原国家督学，教育部基础教育课程改革专家委员会委员，教育部中小学教材审定委员会委员）

序二　遇见更好的自己
——《教育写作：从教改实践走向成果表达》的阅读回应

薛法根

颜莹说她在写关于教师写作的书。我觉得这个选题好是好，就是有点"冒险"。你想，很多老师的"老本行"就是教别人写作，虽说不一定是行家里手，但至少对那些写作"秘诀"略知一二。你讲得再好，老师们也不一定会觉得新鲜；即使觉得新鲜，也不一定会相信。就像有一位教研员，给老师讲如何上好课，讲得头头是道，冷不防有人接了一句："那你来上上看！"如果没有一点真功夫，岂不是下不了台？

现在，颜莹说她写完了，我颇感意外。读到书稿，质量很高，我觉得自己的担心都可以放下了。或许，这得益于她从教学一线到杂志编辑的丰富经历。她踏上工作岗位的第一年，就在"教海探航"征文比赛中获奖，后来又连续三年获得"师陶杯"征文一等奖，是一个优秀的"作者"；之后的十多年，一直在《江苏教育研究》做编辑，阅稿、改稿无数，是一个优秀的"编者"。谈教育写作，她是有底气的。更重要的是，她的心里一直装着"读者"，装着那些在教学一线的普通老师，期待他们"在写作中不断实现着思想与实践的创新与飞跃，不断走向优秀、遇见更好的自己"。

为你解惑

有人说，教写作必须解答三道题：为何写？写什么？怎么写？我们往往纠缠于"写什么"与"怎么写"，偏偏忽视了"为何写"这个根本性的问题。其实，"写什么"比"怎么写"重要，而"为何写"比"写什么"更重要，因为它关乎写作的价值观与动力源。教师的教育写作，无论是写教案还是写论文，如果仅仅是为了应付检查或者评职称，满足一时之需，那么写作就是一块"敲门砖"，"门"敲开了，"砖"便扔掉了。如果是为了提升自己的专业水平或者实现自己的教育人生，那么写作就是一种不可或缺的"内生力"，"力"增强了，"路"自然就走得远了。不幸的是，我们常常把教育写作当作"敲门砖"，需要时才想起来"抱佛脚"，自然就成了一件"苦差事"。怎样才能解脱这种教育写作之苦、之痛呢？本书为你解了惑，那就是找到写作的意义感。有一句话说得好："理想不是用来实现的，而是用来让生活的每一天变得更有意义。"对于教育写作来说，有一个为之奋斗的教育梦想——专业成长，就能让每一次艰苦的写作变得更有意义，痛并快乐着。

书中，颜莹将这个朴素的道理写成了一个教师的专业成长公式：教师专业成长＝经验＋反思＋写作。她站在美国学者波斯纳"经验＋反思"的基础上，又往前迈了一小步，加上了"写作"。就是这一小步，让教师的专业成长实现了一次大飞跃，不但让教师在反思中"跳出了实践时的行动逻辑和细节泥沼"，而且让教师"将零散的经验进一步明晰化、系统化和结构化，形成自己的一家之言"，更可贵的是"让教师的'个体经验'转化成了'公共知识'"，进而"转化为教育的生产力"。颜莹的这一番论述，站得高，看得远，想得深，让我们对教育写作的认知一次次地翻新。我不由得想起我的导师庄杏珍，她曾经两次赴北京，跟随叶圣陶先生编写中国小学语文教材。她在对语文教学规律的把握及对语文教材课文的解读方面，是那一代特级教师中的杰出代表，她所上的《夜宿山寺》等语文课，精彩纷呈，堪称经典。遗憾的是，庄老师的语文思想和宝贵经验，没有通过教育写作进行系统的整理与提炼，散落在语文教学的历史长河里，未能化为更多教师的实践智慧。如果时光可以倒流，我相信庄老师一定会写下属于她的语文世界，给后人点亮一条语文教学的正道。

幸运的是，我在成长过程中，遇见了很多"贵人"，无论是成尚荣先生，还是杨九俊先生等，都时常提醒我，要常写好文章，要多写代表作。记得2010年，我一时忙于学校管理，疏于语文研究，一年才写了两三篇千字文，成尚荣先生特地托人带话："法根，今年我好像没在杂志上看到过你的名字啊！"我深感惭愧，写得少，说明做得少、想得少。教育写作，唯有坚持才能抵达理想的彼岸，才能从平庸走向优秀、从优秀走向卓越。是的，教育写作，往小了说，是为了自己的成长；但是往大了说，也是为了教育的发展。只有每个人都贡献出自己的教育智慧，教育的未来才有希望。

古人云，人生有"三不朽"：立德、立功、立言。教育写作，并非要追求一种"不朽"，而是要追求一种"勿忘"，"勿忘"教育中那些曾经感动我们的日子，"勿忘"那些曾经激励我们的思想，"勿忘"思想背后的每一个奋斗场景以及教育的初心和使命。我常常这样想，有一天我老了，老得再也讲不了课，再也走不动路，也可以在阳光满地的午后，拿出自己写下的一篇篇文章、一本本书，心满意足地翻阅着、回忆着，对自己的儿孙说："我的一生，终于没有白活！"

教你方法

怎么写？这是一个既简单又复杂的问题。说简单，关于写作方法的书刊不计其数，仅一部《文心雕龙》，就可以传授你写作的"三十六计"；说复杂，没有哪一本书可以一次性地解决你所遇到的具体问题，似乎那么多的招数都不管用了。在教学上，流行这样一句顺口溜：教学有法，而无定法。教育写作也是如此，关键不在于用哪一种写法，而在于知道有哪几种文体，每一种文体又有哪几种写法。颜莹深知"读者"的心思，分门别类地解答了"怎么写"这个问题，详尽介绍了"教育叙事、教学案例、教学论文、文献综述、调查报告、校园通讯"六种文体的写作方法与学术规范。说实话，读完这些文体的特征及写法，我有一种相见恨晚的感觉。汪曾祺曾说，写作其实很容易，就是要找到自己熟悉的那个"调子"。不同的文体有不同的"特征"，就有不同的"调子"。本书用通俗易懂的语言，解开了每一种文体的"写作密码"：教育叙事是"感性与理性的交织"，要创造属于"自己的故事"；教学案例是"透过现象看本质"，要有理论与实践的"双重创生"；教学论文是"问题解决与理性思辨"，要实现思维、逻辑、言语的"三重转向"；文献综述是"在梳理中发现"，要做"程序清晰的行动"；调查报告是"基于调查的研究"，要"用证据说话"；校园通讯是"讲述学校那些事儿"，要用专业的话说专业的事。

看看这些文体的特征表述和写法要诀，要言不烦、一语中的，道出了我们想说却又说不出来的话。好的文章，好的专业书，不是"闭门造车"似的"造"出来的，而是在教学实践中"做"出来的。用颜莹的话说，就是形成自己的"扎根理论"，文章的"根"是扎在自己实践的土壤里的。我最敬佩的是水稻专家袁隆平，他的论文是在水稻田里"种"出来的。教育写作，就是要先"做"出来，再"写"下来，这可谓是颠扑不破的写作"真经"。我至今还记得老校长姚荣荣对我说过的一句话："教得好，才能写得好。"无论是写教学论文还是写教学案例，我都结合自己的课例来分析阐述，做不到的话不说，没有用的话不写。教育写作，不是文学创作，来不得虚构，做不得假。让事实说话，用证据分析，扎扎实实地"做"，老老实实地"写"，这应当是教育写作的最高境界。

我清楚地记得，颜莹不止一次地来到我们学校，和青年教师一起谈教育写作。她手把手地教老师们练习各种文体写作，一次又一次地指导老师们修改自己的文章。本书中，我看到了举例中呈现的王晓奕、王丽萍等老师的教育叙事及教学论文，特别是那篇"一文三改"的案例，似乎再现了颜莹和老师们在一起反复斟酌、反复推敲、反复修改的场景，我感到分外地亲切。好的文章，一定可以让你重温教育的岁月，一定可以让你看见作者的身影。是的，本书正是颜莹在和老师们的共同切磋中"做"出来的，那些鲜活的案例，就是最好的明证。由此，我越来越喜欢巴蜀小学的那一句办学格言：教育是"做"的哲学。

预见未来

教育写作，对教师来说，应该成为一种习惯，就像吃饭、睡觉那么自然。如果真的可以这样，那么就可以预见，不久的将来，你真的可以成为自己希望的那个人。我的大学导师朱永新教授曾经在"教育在线"上与人打赌：每天写500字教学反思，坚持三年仍一事无成的，他愿意无条件赔偿。果然，很多人试着每天写500字。有的不到一年，便大有长进；有的不到两年，便成了骨干；有的不到三年，居然写成了一本书。当年参加打赌的，很多人都成了特级教师，我便是其中的一个。当初在"教育在线"开了专栏，积累了几万字的教学思考，整理后就是一篇篇的教学论文。教育写作，重要的是写起来，从每天500字开始。"只管耕耘，不问收获"，美好就在你的教育写作中悄然来临。

读好书，可以让你从书中遇见更好的自己，预见最美的未来！

（薛法根，苏州市吴江区程开甲小学校长，苏州市教科院副院长，正高级教师，江苏省特级教师）

序三　教育写作：想说爱你不容易

姚卫伟

教师，特别是年轻教师的专业成长，是当下教育优质、均衡发展中的关键问题。教师要成长，一是站稳课堂，二是写好文章。事实上，二者相比，后者往往更容易成为教师专业发展中的拦路虎、绊脚石，成为教师很难迈过的一道"坎"。有的老师说，不是不愿写，而是没时间写；不是不想写，而是不会写；不是没有写，只是写不出水平、看不见长进。对大多数没有受过专门学术写作训练的一线老师来说，教育写作，想说爱你不容易。

从不愿写到愿写，从不想写到想写，从不会写到会写，自己摸索可能要花更多的时间，甚至较长时间都会在黑暗中徘徊。颜莹这本书，是一部引领教师突破"教育写作的现实困境"，助力教师从平庸走向优秀、从优秀走向卓越的"教师专业写作指导书"，这本书从认知的转变、方法的掌握、成果的呈现三方面帮助教师重新认识教育写作的功能、特点和价值，系统、清晰地解构了教育写作的方法，帮助教师突破专业发展的瓶颈，令人惊喜。

与其他专业研究人员的专业著作相比，这本书有三个非常鲜明的特点。

从学术著作的视角看，这本书是"深入浅出"的成功范例

教育写作本身是教育学研究领域的空白点，较少有学者专门涉及、

深入研究。作者因为有着一线教师的职业经历,又多年从事教育期刊的出版、研究工作,因此对教师教育写作形成了不少独到的见解,让全书处处闪烁着观点的光亮。

如"理论工作者与教师的写作差异正是教师对职业身份的应然回应和作为实践主体的必然选择",这个带有哲学意味的表述有利于从理论的角度厘清教师专业表达的性质和特征,引领教师自觉践行教育写作,并自信地走向对自身鲜活教育生活的专业表达。如"教育写作是个体经验向教育生产力的转化""是创造性教育生活的敲门砖,能让教师摆脱职业倦怠,体会到创造的欣喜和成长的幸福"……这些新颖的观点是作者通过自己多年的实践、理解凝练出的关于教育写作的独特见解,鲜明的观点伴随透彻的阐释,让实践感受升华为理性观点,这是一部有价值的专著的典型特征,也使该书具有了较高的学术含量。

该书有严密清晰的逻辑架构与完整体系。作者融合教育经验和编辑经验,以哲学思维提炼核心观点,通过系统建构形成功能耦合,将零散材料集成并转化为教育写作的专门话语。全书八大章,第一章谈认识,中间六章分类解构写作方法,最后一章说规范。目录中所呈现的框架及内容就像一篇精美的学术小品,言之有物、言之有理,也言之有形。特别是本书对教育写作的六个类别分"文体"进行系统建构,很有"教材范儿",这不仅是作者关于教育写作的一种创见,也填补了目前教师教育写作的研究空白。

著名教育家顾明远说过,谈教育问题深入深出不好,浅入浅出不好,浅入深出更不好,还是深入浅出好。一本好的教育理论书的理想状态,是既能提高,也善普及,但亦为难度所在。有些"深入深出"的理论书,自有它的价值,只是老师们觉得阅读难度大,难以领悟和运用,因而难以在更大范围内产生学术生产力。本书却给老师们带来了意外的惊喜。老师们纷纷表示,这是一本"看得懂""特别接地气"的专业书籍。究其原因,一是该书敏锐地抓住了教师写作中的共性问题和普遍问题。如"教育写作是否多写就能写好?""难以实现对经验的提炼怎么办？""教师突破教育写作困境有哪些关键点？"二是一个个来源于教师的案例分析让一线教师觉得分外亲切。其中，既有对像李吉林这样的名家的写作案例的分析，也有对普通教师写作案例的剖析。特别是"一文三改""作者亲历"等一线教师的真实写作过程的展现，让读者在欣赏中领悟到教育写作的真谛，对教师写作起到了实实在在的指导作用。

以写作专业的眼光看，
这是一本在表达方式上既有尺度又有温度的书

说有尺度，不但是指书中许多精当的议论中蕴含着鲜明独到的观点，还因为它对教育写作的类别、类型做出了区分与界定，让写作者也有了能够遵循的"文体感"——这就叫"教育叙事"，那就是"教学案例"的样子，"教育论文"的规范必须这样做，"文献综述"的学术性应这样体现，"调查报告"的材料使用应该这么做，"校园通讯"的专业性应这样体现……这样的写作方式让教师在写作时"真正理解了其中的学理"，既"知其然又知其所以然"，从而能快速提升自己的专业写作水平。

如果说尺度的建立让教育写作具有了可以遵循的规范，那么，该书的"温度"则表现为作者在行文过程中，在论证的方式上注入了情感的元素。有的章节很有场景感与画面感，一些重要的观点都是在对案例的分析中、在正反对比的过程展示中自然而然地让读者领悟。尺度与温度的结合，条分缕析的说理和情景再现的事实讲述相得益彰，使该书既做到了"建立明确的观点"，也做到了"艺术地生成篇章"。有一位教师在读后感慨道："感动我们身边有着这样一位专家，能如此想我们之'困'，为我们所'不能'。她了解我们基层教师的内心和现状，知道我们的困惑与无奈，真诚给予有力指导和支持。阅读这样的书不仅可以在技能上获益，还可以体会到内心的幸福。"

尺度与温度的融合，不仅让原本教师惧怕的写作研究变得可感、生动，也让这本书在教师中产生了良好的阅读反响。这才有了著名教育专家成尚荣在该书序言中所描述的美好景象：阅读此书，仿佛进行了一次"专业表达的快乐旅行"。亦如著名小学语文特级教师薛法根阅读该书后写下的感受：阅读此书，我们会"遇见更好的自己"。

以出版专业的眼光看，
这是一本既满足需求又创造需求的书

有人用经济学中的一个词"功用"来描述网络时代的读者需求，但用"功用"来丈量读者需求并不准确，也不现实。颜莹的这本书还是用"效用"来说明更合适。对读者有用、有效是该书成功的根本支撑。其实，对于教育工作者来说，教育写作不是你想不想、愿不愿的问题，而是无法回避的专业生活的组成部分。在一定程度上，教育写作及学习教育写作是教师的刚性需求，书中许多"硬核"的方法满足了教师的这种需求。

但该书更高的价值是不仅满足了教师的学习需求，更引领、创造了教师的发展需求。它会让许多一线教师因"学会写作"而产生写作兴趣，因体会到"写作有用"而重新认识自己。正如一位老师所说，通过学习教育写作，在实践—思考—写作—提升的规律性循环中更快地突破了自己原地踏步的怪圈，突破了职业倦怠的瓶颈，感受到教育的千般之美。从这以后，或许我们可以共同期待：更多教师在学习教育写作、进行专业表达的过程中真正体认到教师职业的自豪、教育的幸福，实现自己的人生价值。

（姚卫伟，中国语文报刊协会副会长，江苏省教育学会常务理事，《全国中小学生优秀作文选》原主编，著名教育出版专家）

第一章
重识教育写作

·第一节·
为何与何为：对教师教育写作问题的再认识

长期以来，对于教育理论工作者来说，写作是进行理论生产、表达研究成果的最终环节，也是研究者的必备能力。写作的目的是通过一定的写作规范、学术规范和话语方式表达自己的研究成果，进行学术交流和学科建设。写作的本质是基于研究的文本表达。传统意义上的教师[①]写作，大多是在教师专业发展视域下被认识和提及的，与"卓越教师""教师即研究者"等定论联系在一起。因此，大多数教师一直以来都把教育写作看作是"卓越教师"与"平庸教师"的分水岭，认为只有"写"，才能成为"名教师"，反之，如果不想成名成家，写作并不是教师教育生活的必需品。更多时候，教师写作是为了评职称和获得各类专业荣誉称号，带有很强的功利性和目的性。

当下，尽管写作促进专业发展已经越来越成为教师群体的共识，但作为写作主体，教师对教育写作的定位、功能及价值还未能冲破已有的固化认识，这极大地制约了教师写作的积极性，也弱化了教育写作在教师专业生活中的功能与价值。要使教育写作转型成为教师自觉能动的专业活动形式，需要从唤醒教师的主体意识出发，对教育写作实现新的

---

① 本书中的教师特指中小学、幼儿园教师（管理者），教育理论工作者主要指高校教师及专门的科研人员。

理解与超越。

一、认知觉醒：寻找丢失的身份认同

教师身份认同是教师关于自我的信念之一，"是外界赋予个体的与他人之间的关系，是一种他人或社会对教师的期望与规定"[①]。长期以来，教师把自己定位为教育实践工作者，这种强烈的"实践者"意识让教师认为，教师的职业要求就是教书育人，在实践工作中有所作为才是教师角色的职责和要求所在，而教育写作是一种总结、提炼和推广教育教学成果的方式，并不是教师必须具备的专业能力。

身份认同，按照布迪厄的说法，是历史生成的、持久的、社会的"潜在行为倾向系统"，赋予个人某种社会身份的文化系统和心理习惯。其功能是："它确保既往经验的有效存在，这些既往经验以感知、思维和行为图式的形式储存于每个人身上，与各种形式规则和明确的规范相比，能更加可靠地保证实践活动的一致和它们历时不变的特性。"[②]一方面，在"身份认同"和"习性"的影响下，教师天然地认为"实践"才是自己应该做好而且能够做好的事情，而研究与写作理应是对理论工作者的要求。这种将教师身份角色中"研究者"与"实践者"分割与对立的错误认知，在很大程度上抑制了教师开展研究和写作的内在动力，也让他们普遍感觉"写作难"。

另一方面，由于缺乏专门的学术训练，教师在理论基础和研究方法上都有所欠缺，写作时，要把实践经验上升为理性思考，这往往让他们感到困难重重，由此带来很强的写作挫败感。他们把这种挫败归结为"教育实践工作者"身份带来的局限。因此，教师大多数时候是在被动或功利的状态下进行写作，很少真正将写作看作表达与交流的需要，是自身专业发展

---

① 李京蔓.教师身份认同视域下教育理论与实践脱节的思考[J].语文教学通讯，2019（2）.
② 石中英.论教育实践的逻辑[J].教育研究，2006（1）.

和个体生命成长的需要。

事实上,"教师应该以什么样的身份来进行教育写作,它不仅关切着教育写作的主体问题,更因此而牵涉了为什么写、写什么、如何写等问题"①。教师的写作角色、写作情境和写作要求往往是多重交织的。他们有时需要完成工作任务,以学校科层中的职员身份进行"任务式"写作,写作的成果样态包括汇报、总结、计划、方案等形式;有时被实践的兴奋和欣喜激荡,以实践亲历者的角色,叙述某个特定教育问题从被发现到被解决的全过程,写作的成果多以教育叙事、教学反思、教育随笔等形式出现;有时为了研究和发展的需要,也会进行科学研究意义上的"规范化"写作,力求写作成果能接近理论工作者的表达方式,以接受专家(大多为理论工作者)的审阅。这种现实状况,造成了教师写作角色身份的多重与游离、写作成果样态的多样与繁杂、写作成果评价标准的模糊与不确定,这样的现实窘境,让他们写作时常常感到"茫然而无措"。

2012年9月,为了提升中小学教师专业素养,教育部颁布实施了《幼儿园教师专业标准(试行)》《小学教师专业标准(试行)》《中学教师专业标准(试行)》,旨在提高中小学教师、幼儿园教师的专业素养和能力。标准明确指出,教师要"主动收集分析相关信息,不断进行反思,改进教育教学工作;针对教育教学工作中的现实需要与问题,进行探索和研究",明确了教师不仅是教育教学的实践者,也是教育教学的研究者。"实践"与"研究"并行,在实践中反思,提升专业水平;在研究中精进,改进教育实践,才是新时代教师对自身职业身份与角色的完整认知。从这个角度来说,教师应该正视并找回失落已久的"研究者"身份,从职业的需求和专业发展的要求出发,通过写作,深度审视自身的教育生活,把实践当作一种对象来进行认识,使自身原本情境化、碎片化、表面化的体悟得以明晰、整合和提炼,实现教育经验和规律的自我建构,真正从"实践"走向"研究"。

---

① 叶波.中小学教师教育写作的困境与出路[J].中国教育学刊,2019(1).

写作对于教师的重要意义，不仅在于可以作为一种研究方式促进自身的专业成长，更重要的是可以促使教师把教育教学经验转化为切实的研究成果，并让其充分服务于教学实践。写作可以帮助教师把自身在教育现场长期积淀的实践智慧梳理、表达出来，让教师的经验与思考形成可以公开与交流的成果，在专业范围内得到检验、评判与推广。正如斯滕豪斯所言："私下的研究在我们看来简直称不上研究。部分原因在于未公开发表的研究得不到公众批评的滋养，部分原因在于我们将研究视为一种共同体活动，而未发表的研究对他人几乎没有用处。"[①] 无论何种形式的教育写作，都为教师提供了将隐性知识显性化的契机与途径，使教师的个体经验可以被认识、被理解、被实践、被推广，并且能在传递和讨论的过程中得到生长、改造，从而更加丰富和成熟。

因此，唤醒教师的主体自觉，通过写作，推动他们实现"研究"与"实践"的双向互动，实现教师专业视域下"实践者"与"研究者"双重身份的融合统一，才能真正改变教师被动写作、功利写作的状态，让他们产生自觉、持久和深层的写作动力。

二、正视差异：建立专业视域下的表达自信

与学术研究者或者自然科学工作者相比，教师的工作性质表现出更强的情境性、实践性和主观性。教师职业的特性和要求客观上决定了教师写作的主要目的是介绍实践经验，改进行为方式，以此"更好地变革实践"。因此，他们的写作常常围绕"实践的诸多细节、困难和策略"，写作方式也大多遵循着"实践—文本—再实践"的技术路线。而理论工作者的写作方式通常是从文本到文本，侧重从学术的视角来理解与说明理论与实践中的问题，写作的目的是产出可完善理论的学术研究成果，或可指导实践的

---

① 刘良华. 校本行动研究 [M]. 成都：四川教育出版社，2002：23.

普遍规律。有学者用"纯学术写作"和"非学术写作"来描述这种差异。[①]很多教师面对这种写作差异，产生了畏惧之心和退却之意，认为只有像理论工作者那样写作，才能称之为真正的教育写作。

理论工作者与教师生活在各自不同的意义世界，并以其不同的意义世界感知、理解、思考、建构和言说着教育[②]，这是一种客观存在。这使得理论工作者与教师在写作目的、写作方法、思维方式、语言风格等方面天然存在着较大差异，但这些差异并不意味着教师写作"层次不高"。相反，这些写作差异的产生正是教师对职业身份的应然回应和作为实践主体的必然选择。对于研究来说，差异产生互补，差异催生丰富。正视这种写作差异，教师才能带着充分的专业自信与理论工作者平等对话，相互补充，友好交往。

教师写作是在专业视域中进行的、浸润着教师职业特点的专业活动方式。教育写作有特定的边界和内涵，不包含事务性写作、文学创作或其他写作，也不应仅局限于论点明晰、论证严密的纯学术论文，教育叙事、教育随笔、教学案例等不同类型的文体都可以成为中小学教师教育教学研究成果的表达样式。对于教师来说，没有最好的写作方式，只有最合适的写作方式。教师应该带着专业的自信，根据自己的专业程度、实践范围、研究旨趣、表达需要、写作特长等实际状况，个性化地选择适合的写作内容和形式，进行多样化的专业表达，从而实现外在表达形式与内在表达需要的和谐统一。

正视理论工作者和实践工作者的写作差异，从教师专业视域出发，重新认识教育写作，教师就会大大减少对写作的焦虑和畏惧，拥有更强烈的表达自信，更自由的表达空间，更自如的话语表达方式，真正享受专业表达带来的乐趣和幸福。

---

① 吴康宁. 以"友好方式"向教育实践工作者提供教育理论——关于走出教育理论生存困境的一个思考[J]. 教育研究与实验，2017（5）.
② 白明亮. 理论的话语与实践的视域——教育理论与实践脱节关系的本原性思考[J]. 教育理论与实践，2008（3）.

三、反哺理论：表达教育情境中的实践智慧

长期以来，中国教育学的话语体系被教育理论工作者所把控，高校教师和研究人员是我国教育理论的主要创造者与研究者，教师并无参与话语体系建设的话语权。教师天然地认为，作为教育实践工作者，他们仅仅是教育理论的"运用者"和"实践者"。阅读并努力理解已有的教育理论，或是在描述自己的教育实践时，"小心翼翼"地寻找理论，以期为自己的写作"增加理论含量"，成为他们面对教育理论的惯习。在这种认识下，教师不仅在写作时常常为自己"没有理论"感到困扰，甚至由此质疑自身的写作价值：没有理论的实践值得写吗？个体的经验与知识是否能解决教育问题，是否具备交流与传播的价值？

孙元涛教授指出，"如果没有支撑理论创新的社会实践的实体性变革，则学术话语体系建构的课题，很容易被空心化为一种游离于社会现实和严谨的学术实践之外的空洞口号"[1]，无法实现真正意义上的理论创新。长期以来，中国近代教育学的话语概念、表达方式大多来源于传统教育学和西方教育学，现代教师的实践智慧尚未进入中国教育理论创新的运行机制。

教育理论是一种实践性很强的理论，它的创造主体不应只是理论工作者，教师也理所应当是教育理论的创生者。教师长期浸润、置身在理论与实践高度融合的"教育场域"中，对教育教学有最真切的感受、最直接的经验、最准确的观察，是天然的研究者，带有天然的研究优势。他们深入教育实践，直面教育实践的真实问题，并在解决真实问题的过程中，深挖教育实践中的教育真谛，提炼出"属于自己的句子"，由此开启的"术语革命"可以实现教育实践对教育理论的反哺，为中国教育学话语体系的创新提供新的可能与契机。

---

[1] 孙元涛.论中国教育学的学术自觉与话语体系建构[J].教育研究，2018（12）.

从教师写作来说，这种可能性可以从两方面得以实现。

一是教师通过写作，发现、表达教育现场中的鲜活教育问题，为理论研究开拓视域。

教师写作时，可以从具体事件承载的具体问题拓展开去，联系相关事例，表明此类教育事件不是偶然的，而是需要广泛关注的、不容忽视的普遍现象，从而引发理论研究者的关注，促使双方从理论与实践两个层面共同展开研究和探索。因此，教师笔下的个体的实践与经验并不只是一种"价值不高"的个人知识。相反，他们从直觉、经验、感受、现象、现场中捕捉到的教育问题是最鲜活、灵动的，更富有时代气息和现实意义，从而让理论研究更能及时跟上、适应教育的变化。正如马克思所言，"问题是时代的格言，是表现时代自己内心状态的最实际的呼声"[1]。对"时代性问题"的发现本身就是一种理论创新。当然，这就要求教师写作要跳出"就事论事"的窠臼，学会运用整体与局部、纵向与横向等多重视角去审视实践，从深层次上产生思想，发现有价值的教育问题。

二是教师写作的丰富样态和成果可以为理论建设提供源泉。

从古希腊以来，抽象的理论就被看作人类认识的最高层次。因为高度概括的理论超越了事物的个别化特征，可以用来指导和解释各种具体的、个别的事物和问题，具有普适性。但"抽象"总是从"具体"中归纳、概括得来的。教育理论创新的源头活水应当是丰富、灵动的教育实践。正因为如此，当下的教育理论研究越来越关注教育实践中的复杂现象，开始直面教育实践的情境性和复杂性。

新时代的教师不仅应该有实践自信，也应该树立起充分的理论自信，并带着这种自信走进复杂、多变的社会环境与教育情境中，敏锐感受、准确判断变动的教育过程中可能出现的趋势及问题，用教育机智应对教育过程中不断出现的矛盾与冲突，及时调节自己的教育行为，形成教育实践智

---

[1] 中共中央马克思恩格斯列宁斯大林著作编译局.马克思恩格斯全集（第一卷）[M].北京：人民出版社，1995：203.

慧。写作时，教师可以将自身在日常教育生活中的教育经历、教育情感、实践智慧充分、自由地表达出来，使理论工作者可以从中找到"教育行动和行动效果之间的关联，提炼针对类似教育情境的应对办法；可以对实践行动和实践效果之间的关系进行分析，对当事者的教育决策和行为方式进行解读，从中概括出教育实践的相关原则和理论"[①]，由此实现基于教师实践智慧的中国教育学的理论创新。

无论是从写作活动的本质属性来看，还是从教育写作的功能与价值来看，构建教育理论从来不是教师写作的根本目的，更不是唯一目的。但"繁盛的教育写作可能带来繁盛的教育理论与教育实践"[②]，教师基于教育经验的表达将成为催生新理论与新实践的源泉之一。伴随教师写作主体意识的唤醒、专业自信的建立和教师对教育写作价值的重新认识，教育写作多样化才能真正得以实现。

·第二节·
教育写作：教师专业发展的必由之路

美国学者波斯纳曾提出一个广为流传的教师专业成长公式：教师专业成长＝经验＋反思。随着社会的发展和教育专业化的趋势，教师越来越意识到：仅仅对经验进行反思，而不把反思的结果通过写作这个载体进行固化和明晰，那么，反思通常难以对自己的后续发展和实践改进产生持续、深远的影响。随着社会的发展和教育专业化的趋势，教师越来越意识到自己不仅是"教学者"，更需要通过写作，使反思所得清晰化、系统化，从"心有所得"到"写有所成"的过程，可以帮助教师成为反思型实践

---

① 陈大伟.关于教师专业写作的几点自觉[J].教育视界，2017（13）.
② 李政涛.教育经验的写作方式——探寻一种复调式的教育写作[J].北京大学教育评论，2013（3）.

者。从这个角度说，教师专业成长的公式应该是：教师专业成长＝经验＋反思＋写作。

对于教师来说，教育写作并不只是表达研究成果的收尾环节，还是融通了理论学习、规律发现、成果转化、实践改进等多个环节的专业活动，它可以引领教师进入一种以"写作"为核心的良性循环：实践探索—反思研究—专业发展—实践改进—理论创生，这是教师专业发展过程中不可或缺的关键路径。

一、教育写作使教育生活成为教师思维省察的对象，助力教师成为"理性的实践者"

大多数教师认为，自己每天置身在鲜活的教育生活中，理应拥有丰富的教育经验。对此，"杜威曾做过明确的区分，并进一步指出：'没有某种思维的因素便不可能产生有意义的经验。'只有通过思维活动，将教师教育生活中的行为与结果建立起联系的时候，教育经验才可能真正得以出场"。换言之，教育经历并不等于教育经验。"只有当教师的教育生活能够成为在思维中省察的对象时，教育经验才可能真正产生。"[1]

因此，不少教师发现，尽管自己有丰富的教育实践经历，却很少去思考、总结其中的规律。未经总结和提升的感受如同干花，可以留存，却无法酿出花蜜。更多的时候，这些丰富的实践体验只能以记忆的形式留存在脑海中，只在个别时刻会被随机唤起。因此，对教师来说，要将教育经历上升为可以运用的教育经验，就要跳出实践时的行动逻辑和"细节的泥沼"，用思考与实践保持一点距离。"正像里尔克所说的，把万事万物从自己身边推开，以便采取一个角度或态度，'以稀少的亲切和敬畏的隔离来同它们接近'"[2]。

---

[1] 叶波. 中小学教师教育写作的困境与出路[J]. 中国教育学刊, 2019 (1).
[2] 江弱水. 蜀中过年十绝句[J]. 读书, 2013 (6).

教育写作就是拉开这个距离的行为，文字记录会更偏爱事实中那些具有独特性和特别意义的部分。文字记录者与自然回忆者的不同是：文字记录者更会把自己的既有实践当作一种客观对象进行理性的"再认识"。在写作的时候，教师对已发生的事件进行回溯，过去的自己以及当时的思考都会成为此刻思考、分析的对象，这样，距离便产生了，这段距离中加入的就是自己的理性思考和客观视角。因此，写作可以帮助教师从经历和经验中客观地聚焦，洞察复杂的教育情境中的相关问题，通过描述问题（发现问题）—阐释问题（分析原因）—解决问题（对策与行动）的内隐逻辑，反思自身在教育实践中的价值观、思维模式、行动路径，发现自身实践中隐藏的闪光点和教育理念，实现教育经验的梳理、教育规律的提炼，实现自我建构。

另一方面，人的意识、感受或想法，总是模糊、杂乱和交错的，然而一旦要落笔成文、公之于众，就必须纠正偏差、消解模糊、理顺杂乱、反复推敲、精心打磨。通过写作，人的心理储备可以被激活、调动，大脑优势兴奋中心被强化、完善，智慧的火花就会真正迸发出来。很多教师都体会到，通过写作，可以学会透过现象看本质，培养自己发现问题的意识和眼光，学会反思问题的基本方法，也更容易想出改进实践的策略，真正走向"教学即研究"的美好境界。教育写作如同一股"看似安静实则非常强劲的力量"[1]推动教师从一个"埋头苦干者"成为"理性的实践者"，提升了他们的专业水平。

教师的教育写作应是日常的，扎根于教育生活需要的。"写作是某种自我制造或自我塑造。写作是为了检验事物的深度，也是为了了解自身的深度"[2]。

---

[1] 庄华涛，等.教育写作离我们有多远[J].小学语文教师，2015（4）.
[2] 马克斯·范梅南.生活体验研究：人文科学视野中的教育学[M].宋广文，等译，北京：教育科学出版社，2003：166.

二、教育写作将教师零散的经验明晰化、系统化、结构化，实现"个体经验"向"教育生产力"的转化

教师身处具体的教育实践情境中，写作自然常常围绕教育实践中的诸多细节、困难和策略展开。教师可以通过调查报告、教育叙事、教学案例、教育随笔、学术论文、成果报告、专著等多种形式进行写作，每种写作形式都有助于教师把那些湮没、隐匿在周而复始的教育生活中的深层认知和理解发掘出来，如果长期坚持写作和思考，这些深层认知和理解还能够逐渐逻辑化、结构化，最终形成个人的教育思想体系。而这些形成文字的、系统化的、带有一定普遍规律性的写作成果，可以使教师个体的教育经验被更多人所接受，成为"他山之石"，助力更多教师改进实践。我国著名的教育家李吉林老师对此深有体会：

> 我知道把自己实践中的感受进行系统的理论概括和提升，这是一个艰苦的过程。我知道事物的现象都是复杂的，是千差万别的；神经科学中的"相似论"，学习后我懂得规律的东西都是简明的，因为它概括的是事物的共性。在思考过程中，我常常反思亲身经历的一个个教学场景。我审视着它们，从一个个案例中去粗取精，从感性到理性，从个别到一般，寻找相似的东西进行抽象、概括。我懂得相似的集合就是规律，如此写成一篇篇心得文章。40年间发表文章350余篇，出版专著和相关书籍28部，这些都是自己一篇篇、一字字独立完成的。在回顾历程中，我甚至感动了自己。我感到将情境教育创新的收获变成文字，表达了自己的所思、所想，阐述了自己的所感、所悟，让老师的操作不至于停留在经验层面的仿效，而可以按规律去进行再创造，运用到实践中，获得教育的高效能，最终让众多的儿童获益，这就实现了我的初衷。[①]

---

① 李吉林.40年情境教育创新之路带来的6个甜果子[J].人民教育，2018（24）.

事实证明，李吉林老师情境教育的研究成果被很多教师学习和借鉴，并运用于诸多教育领域，发挥了效能。有的教师将它运用于教师专业素养培养研究[1]，有的教师运用它来解决儿童的"自然缺失症"[2]，有的教师将它运用到高中数学教学中，提升了教学效益[3]……

教育写作能让教师保持对教育生活的敏感性、洞察力，帮助教师跨越从经验到理论的台阶，将个人的缄默知识转化为可与他人交流的显性的公共知识，使个体经验转化为可以被认识、被理解、被实践、被推广的专业成果，实现教师个体研究成果向教育生产力的转化。

三、教育写作直接助力教师的专业表达，更有助于多项教师专业技能的提升，是教师专业发展的重要手段

教师的专业表达指在教育生活和专业发展过程中进行的，以专业的方式阐述教育思想、反映教育事实、传播教育经验的表达过程。专业表达有自身的专业属性（用专业术语、学术规范表达实践智慧与研究成果）、专业目的（深化研究、改进实践、提升专业素养）和专业价值（凝练实践智慧、传播研究成果、推动学科建设），是教师专业能力结构的重要组成部分，也是衡量教师专业水平的重要标准。

新时代对教师的专业发展提出了新要求，专业表达在教师的教育生活中显得尤为重要：在实践中做出成果需要进行经验交流；上完公开课需要进行案例分析说明设计思路；工作汇报需要提炼实践亮点进行特色化表达；课题结题需要发表研究性论文……专业表达已成为每个教师都应具备的专业能力。而教育写作就是一种专业表达，是最能体现教师教育教学理念的专业表达形式，也是教师提升专业表达能力的有效手段。

---

[1] 李娜.情境教育思想指导下的教师专业素养培养研究［J］.成才之路，2019（13）.
[2] 贺亚峰.运用"情境教育"解决儿童"自然缺失症"的策略［J］.甘肃教育，2019（8）.
[3] 周福云.高中数学教学：基于认知的情感教学取向思考——基于著名教育家李吉林情境教育学习范式的思考［J］.数学教学通讯，2018（7）.

在观课、议课后，教师可以用教育随笔的方式记录下自己的所思、所感，发现教学问题，为深入研究积淀素材；在反复磨课、上课后，教师可以对解决某个教学问题的实践过程进行反思，提炼出更加有效的教学策略；在教学改革实验结束后，教师可以对这个教学改革项目进行全面的回顾、分析、总结，形成有分量的学术论文，推广项目的最终成果……

在提笔写作的过程中，教师学习了选题立意、谋篇布局、修辞表达等通识性的写作知识；从专业的视域出发，积淀、掌握了与写作主题相关的学科性知识和基础性知识，如教育学、心理学、哲学、社会学等领域的知识；逐步领悟了教育写作的程序性知识，如各类文体的本质特征、写作步骤等；提升了相关的专业能力，包括信息的搜集加工能力、教育的洞察和理解能力、语言的提炼和概括能力、理论的学习与转化能力等。看似单一的教育写作活动，却是高度专业化、复杂的高级思想活动，它融合了理论学习、规律发现、成果转化、实践改进等多种专业活动，系统化地提升了教师的各种专业能力，使教师在深度专业写作的过程中，不断丰富自己的专业知识，提升专业能力，完善专业素养结构。

四、教育写作是创造性教育生活的敲门砖，能让教师摆脱职业倦怠，体会到创造的欣喜和成长的幸福

在日常教育教学生活中，教师的工作十分繁杂，教学、管理、研究、继续教育等任务常常让教师忙得团团转，其教育生活只有一个旋律即"实践—实践—实践"，而单一的事物早晚会令人感到倦怠。而有些专家型教师看似在"实践—反思—提升"的多重旋律中辛苦着，却往往甘之若饴，乐此不疲。他们认为，"日复一日、年复一年的教育生活，很容易造成新鲜感的消退、创造激情的淡化，而对备课、作业、考试这些日常生活的审视与重建，不仅给平凡的教学生活带来新鲜感，也能不断积累对教育、对儿童、对课堂等十分丰富的感性经验，这些，恰好形成了一名教师专业成长的资源库。这样，就能不断地思考自己为何这样做，怎样可以做得更

好，背后支撑这样做的理念是什么……不断地摆脱匠气，学做人师"[1]。教育写作就是摆脱单调、倦怠生活的敲门砖，能够帮教师打开一扇富于创造性的教育生活之门。

江苏省语文特级教师张康桥在回忆自己"儿童语文课堂"的探索和研究过程时发现，这个研究的开始竟然是"写文章"。有一次，时任溧阳实验小学校长的芮火才先生让他写一篇关于学校主课题的理论性文章，并指导他从学生的角度思考。于是，他就"学生眼中的好课"进行了深入调查。调查时，学生的反馈为他打开了新的教育视野。他们说："老师不要总是分什么好坏""我们需要的是交流而不是评论""好课要好玩"……这次调查引发了他的思考：怎样教学才能让学生喜爱呢？他开始"眼睛看着学生，以学生为师"，不仅把"全心全意为每一个儿童着想，倾听每一个儿童、理解每一个儿童、依靠每一个儿童、发展每一个儿童"看作一个教师道德修炼的过程，也将其作为自己的教育哲学进行建构。在写作的过程中，他逐步触摸、明晰、厘清了"以儿童为本的语文教学"的真谛。

随着研究的深入，张康桥开始了他的"实践—写作—思考—再实践"的富于创造性的教育生活。他开始阅读哲学解释学，探究文本解读；关注儿童文学，探索儿童阅读；学习教育现象学，着力于生活体验研究……[2]这让他感到每天都有"许多新鲜的东西扑面而来"，在不断地阅读、实践和研究中，张康桥成长为知名特级教师，被评为"江苏人民教育家培养工程"培养对象，收获了更多探索的成功与成长的喜悦。

教育写作丰富了教师的知识储备，深化了教师对教育的认识和理解，重塑了教师工作的尊严和自信。它引导教师告别重复的工作，走出职业倦怠、突破发展瓶颈，提升了教师教育生活的品质，赋予他们的教育生活更多意义。写作带来的"复利"（职称晋升、评优评先、专业提升等）也会让教师更多地品尝到专业发展带来的喜悦。

---

[1] 庄华涛，等.教育写作离我们有多远［J］.小学语文教师，2015（4）.
[2] 张康桥.在"儿童语文"的路上［J］.江苏教育，2009（9）.

教育写作是可以带领教师走出简单重复工作的有效手段，它连接着实践与反思，可操作性强，看得见、摸得着，却直接作用于人的精神世界；它能将渐进式的成长轨迹存留下来，让人不断对过往的反思进行再反思，继而不断修正前进的方向，写作习惯会在不知不觉中助推一个人不断去寻找生活中的新意；长期的写作会让人关注和发现每天的变化和不同，每位教师在写作的过程中都会惊喜地发现："我几乎每天都在此地的语言中发现新的东西。我几乎每天都学到新的表达，仿佛语言正从每一片可以想象的幼芽中生长出来。"[①] 这不仅是语言的发现与表达，更是思想与实践的创生与表达，是教师发现自我、超越自己的成长与幸福。由此可以看出，写作能带给写作者一种发现生活新意的习惯，甚至是不断创造新生活的动力，而这便是一个人创造性的基础，最终能让人形成创造性的职业人格，从而也会改变教师的职业生活，使其免于平庸和职业倦怠。

写作的过程，不单纯是一个"用笔记录"的过程。通过写作，教师可以勾画教育实践的蓝图，更科学、系统、深入、持久地开展实践探索；通过写作，教师可以更加明晰自身的教育认识，梳理教育经验，升华教育智慧；通过写作，教师分享、传播、推广自己的教育经验和研究成果，让个人知识能够被更多人了解、学习、运用；通过写作，教师深化了对教育的认识和理解，实现了理论与实践的融通，走向了更高水平的专业发展。

教育写作是在教师日常教育生活中进行的、蕴含着多重价值的教师专业发展路径，是最值得向教师提倡的一种生活方式和专业发展方式，其价值不仅在于改进实践、创生理论，还在于提升教师、发展学校、推动教育改革，是教师从教育实践走向专业表达、从专业表达走向专业发展的必由之路。

---

① ［美］珍妮特·米勒.打破沉默之声——女性、自传与课程［M］.王红宇，吴梅，译.北京：教育科学出版社，2008：41.

·第三节·
教师教育写作的现实困境与突围

有学者认为，相对于当下"过剩的教育""过剩的研究"[1]，"贫乏的写作"在教育研究中尤显刺目。教育研究者更关注"怎么看"（理论），一线教师更关注"怎么做"（实践），而"怎么写"（对理论思考与实践经验的专业表达）却成为"教育学研究体系内的'边缘问题'甚至'盲点问题'"[2]。相对于教育经验和研究方法的繁盛，如何表达理论思考和实践经验却被忽视，要么被研究者和实践者降入"技术层面"，认为"多写就能写好"，要么被认为"纯属天赋"不可学，造成长期以来教师在专业写作中近乎群体性的"失语"，以及畏难心理。

相对于教师的其他专业能力，如上课、教育学生、班级管理等，教育写作能力是广大教师专业能力中相对薄弱又难以有效提升的一块短板。对于教师来说，教育写作究竟"难"在何处？

一、教师写作的现实困境

1. 难以捕捉教育情境中的写作问题

对于大多数教师来说，在长期的教育教学过程中，或多或少都会有一些"个人心得"或是"实践经验"，可当教师想要分享这些"经验"或是"心得"的时候，往往会用"我上次是这样上这节课的……""我遇到这件

---

[1] ［美］珍妮特·米勒.打破沉默之声——女性、自传与课程［M］.王红宇，吴梅，译.北京：教育科学出版社，2008：103.
[2] 李政涛.教育经验的写作方式——探寻一种复调式的教育写作［J］.北京大学教育评论，2013（3）.

事是这样处理的……"这样的方式来表达，习惯性地用"过程描述"来替代"经验分享"，因为在大多数教师的潜意识中，经过即经验，认为"我与你分享我成功的过往，你就能从中获得我的经验"。

其实，所谓经验一定是针对"问题解决"的，能解决问题的实践方法或思想才能成为"经验"。一个具体的教学过程或是教育事件是一个综合载体，这个载体中蕴含着很多教育问题和经验，不同的人可以从不同的角度去剖析和提炼。因此，单纯描述或记录一段教育教学过程，并不能明确表达出其中的合规律的经验。教育写作的实质是教育问题的发现、剖析和解决，根本目的是一种经验的分享和传播。因此，通过写作，应当表达出：自己发现或者想解决的教育问题是什么？对于这个问题，自己是怎么想的？在实践中是怎么解决的？解决的方法有效吗？原因是什么？……只有当教师能够准确归纳出问题，说清解决问题的思路和策略，文章才能对他人有启发，产生真正的社会意义。这也就不难理解，为什么很多教师的文章都是泛泛而谈，无法深入；有的教师洋洋洒洒地把自己颇为得意的教学过程记录了几页纸，收到的仍然是一封封退稿信。捕捉、聚焦教育教学情境中的真问题，需要敏锐的教育意识和眼光，而大多数教师由于缺少反思日常教育生活的意识和习惯，对教育问题的敏感性和洞察力不足，因而难以捕捉教育情境中有价值的问题。

2. 难以实现对经验的提炼与表达

对于教师来说，教育写作最困难的部分是理论阐述和经验提升，大多数教师用"没有理论"来描述这种困难。教育写作之所以是一种专业能力，在于无论是以何种文体写作，都需要基本的教育理论作支撑。没有基本的教育理论常识，没有广泛的相关知识积累，写作时就会出现"有货倒不出""有理说不清"的状态。明明有一个生动的教育故事，却无法诠释出故事背后的教育意义；明明上了一节激动人心的好课，可提起笔来却不知从何说起；在实践中发现了一些行之有效的教育教学方法，却难以证明这些方法是科学的，可以推而广之。对教育教学的某个问题或领域进行了深度研究和探索后，对如何形成体系，总结规律，形成自己的教学主张，更是感觉无从下手。

写作中不会进行理论阐述、难以实现理论与实践的融通、无法对实践经验进行理性分析等困难成为教师教育写作中"说不出的痛"。这一方面是因为教师专业阅读与积累不够，另一方面是因为教师理解与运用理论的水平有限。因此，很多教师虽然有丰富的实践经验，却无法总结、提炼，再迈进一步。而无法梳理、提炼的实践经验，很难再有新的发展。因此，难以跨越经验与理论的藩篱，很多时候成为教师专业发展的桎梏，也成为教师写作中的最大难题。

著名教育家李吉林，尽管只是一位小学老师，却在权威教育期刊《教育研究》杂志上发表过13篇关于情境教育的研究论文。有专家说，这13篇论文就是李吉林老师研究情境教育的"13层台阶"[1]，这些台阶帮助李吉林老师从一个情境教育的实践者成长为有理论、有实践、会总结、善表达的情境教育学家。

3. 难以实现写作的创新

备课、上课、批改作业、与学生谈话……教师教育生活的核心要素亘古不变，教育生活的基本内容和节奏也是稳定和规律的。很多教师在写作时发现，想有创造性的发现和表达非常困难。这是不是就意味着教师无法实现写作的创新呢？

其实，教师教育写作的主要目的并不是进行理论创新，更不能进行"想象性创新"[2]，而是要通过写作，发现教育教学生活中有意义、有价值的问题，深入理解和思考，进而改进教育教学实践，升华自己的教育生命。因此，鲜活的教育教学实践就是教师教育写作的"源泉"。有很多基本的教育教学问题，比如，如何提高家庭作业的"含金量"、如何让课堂变得

---

[1] 杨九俊. 我们怎么做教育教学研究——基于中小学教师的视角[J]. 江苏教育研究, 2019（1A）.
[2] 在现实中，有部分教师把一些仅仅停留在想法，并没有在实践中进行验证，实际上也无法真正实施的做法进行总结，实现"创新"。这些想法尽管有新意，却只能称为"想象性创新"，不值得提倡。

有序和有趣、如何培养学生的良好品行等，是每一个时代、地域、学段的教师都要面对的，可以成为教师研究和写作的永恒主题。因此，对于一线教师来说，教育写作的新意不在于搜寻到一个前无古人、后无来者的新命题或新领域，而是要结合时代的发展、教育教学理论的进展、当代学生的身心特点等具体情境，写出自己独特的理解和创造性的实践，这就是写作创新的基石。

例如，"补差"是每个教师在教学中都会面临的问题。哪个教师的班上没有几个令人头疼的"差生"呢？不同时代的教师解决问题的方式并不相同。过去教师大多采用的是为学生补课的方式，用时间、知识的叠加解决问题。而在当下的时代背景中，更多的教师会把家校合作、网络教育等方式运用到补习中来。一位教师在学习了脑科学和神经科学的相关理论后，运用相关研究成果，为班级中不同类型的"差生"设计了不同的补习方法，高效提升了这些学生的学业成绩，让他们获得了明显的学业进步。基于这样的实践，他可以撰写题为"脑科学与神经科学理论关照下的小学学习发展滞后生的转化"的文章，总结自己的经验和做法，给其他教师带来新的启发。

因此，尽管教育教学的基本问题、基本规律、基本方式和实践有其稳定性，但时代在前进，教育目标和要求在发展，儿童在变化，教育技术手段在更新，教学方式在改变……教师只有在变与不变中进行尝试，寻找突破，教育写作才能具有深度和新意。

4. 难以进行规范的专业写作

写作是将内心的言说转化为外显的语词，需要接受语言的规范和逻辑的约束，写作的过程既是内在思想条理化、深刻化、系统化的过程，也是表达规范化和精致化的过程。教育写作的最终成果有很多样态：调查报告、教育评论、教育案例、教育论文……不同文体的本质特征和写作方法不同，写作要求和规范也各不相同，只有熟知各类文体的特征和写作规范，教师才能根据写作素材，量体裁衣，选择最适合的体例进行专业表达，让写作内容与形式更适切。

除了写作内容与形式的适切外，写作规范的缺失也是教师教育写作中的一个突出问题。尽管教师接受过很多写作训练，各类教师培训也参加了不少，但专业的教育写作方法指导接触得并不多。因为缺少教育写作的相关常识和训练，所以教师一提起笔来，就发现一堆问题出现在自己面前：教学案例是怎么回事？摘要该怎么写？参考文献就是注释吗？……很多教师把摘要当作论文导引来写，教育论文成为教学实录、教学过程的堆砌，教育叙事写成了抒情散文，教学案例成为没有背景交代和主题的"肉夹馍"（开头+教学过程+结尾），参考文献不会正确标注……很多专业研究人员因此诟病一线教师学术水平不高、写作缺乏规范。

如何才能化解教师专业写作之"痛"，让教师补上自身专业发展能力结构中的这块短板呢？这要求教师不单要学习写作技巧，更要在教育生活中全方位提升自己的专业素养。

二、教师写作困境的突破

1. 唤醒自己的教育研究意识，学会观察与积累

伟大的教育家苏霍姆林斯基坚持每天写教育手记，他在《我怎样写教育日记》中写道："凡是引起你的注意的，甚至引起你一些模糊的猜想的每一个事实，你都把它记入记事簿里。积累事实，善于从具体事物中看出共性的东西——这是一种智力基础，有了这个基础，就必然会有那么一个时刻，你会顿然醒悟，那长久躲闪着你的真理的实质，会突然在你面前打开"[1]。

教育写作是基于真实的教育教学实践和研究的一种创作，离不开大量鲜活的教育生活素材，这些素材要靠教师平时点滴的积累。教师应该做个教育的有心人，例如常看报纸杂志、时政新闻；时刻关注专业期刊的教育

---

[1] [苏]瓦·阿·苏霍姆林斯基.给教师的建议（下）[M].杜殿坤，编译.北京：教育科学出版社，1981：312.

动态；学会从日常纷繁的教育现象和事件中发现值得研究和分析的问题；学会用写教育日记的方式记录下自己生活中发生的点滴感受和思考，不断培养自己对教育的敏感性，提高自身教育研究的视野、理解力和判断力。当教师的教育研究意识被唤醒，对教育的敏感性和洞察力才会逐渐增强，才能"慧眼识冲突"，从平淡中发现精彩[①]，在日常教育生活中敏锐地发现那些"值得写的事"。

2. 学会追问与思考，在教育实践中不断尝试和创造

教师处在教学工作一线，实践经验丰富，占据最佳的理论与实践融合的工作场域，但拥有丰富的写作素材只是一个基础，要想真正开展写作，就要通过追问和思考，对已有的经验进行"发酵"，在追问中发掘经验里的思想与规律。

教育写作的过程，本身就是对教育研究过程的一种回顾、梳理或建构，追问是对教育现象的追本溯源，是一种实践的再出发。教师要结合有关的教育教学理论去理解和反思实践中蕴含的问题：努力寻找值得深究的小问题，追究经常困扰自己的真问题，捕捉时代发展中的新问题。在日常教育教学中，不断尝试用一些新的做法去解决教育教学中的问题，用教育实践的探索和创新进行创作的积淀，用自己的教育行为开展"创作"。

正如陶行知先生所说，"行动是思想的母亲……行动生困难，困难生疑问，疑问生假设，假设生试验，试验生断语，断语又生了行动，如此演进于无穷。懒得动手去做，哪里会有正确的思想产生"[②]。只有在实践探索和变革中，教师才会收获更多鲜活的、有价值的、深刻的体悟，这些在变革中获得的体验与思考，往往更具研究价值。反之，如果没有学习、思考的习惯，没有尝试的动力，教师的教育生活就会永远是"模糊的旧事"。所以人们常说，好论文是做出来的，不是写出来的。

---

① 颜莹.教育叙事：讲述与发现［J］.江苏教育研究，2012（1A）.
② 陶行知.陶行知选集（第一卷）［M］.北京：教育科学出版社，2011：17.

3. 建构自己的"文化工具箱",实现理论与实践的融通

要想在写作过程中实现理论与实践的融通,教师要学会建立自己的"文化工具箱",因为"对教育现象的深刻理解应该来自'常识'与'专业知识'之间的对话"[①]。要想随时都能从"文化工具箱"里拿出可用的理论来观照实践,教师应努力保持学习的状态,尽可能广地涉猎教育学、心理学、学科理论、哲学等方面的理论知识,如此才能让自己具备深刻的理论洞察力。理论的营养可以让教师从日常实践的琐碎中抽离出来,去创造新的教育生活。教师具备了丰富的理论知识,才能运用理论观照实践,找到理论与实践之间的联系,揭示内隐于教育现象中的问题和成因。

4. 了解教育写作的相关知识,遵循学术规范

教育写作应是教师的职业写作,教育写作的最终成果形式有其多样性,包括教育叙事、教育论文、教学案例等,这些文体各有其文本特征和写作技术。例如教育叙事是用讲故事的方式表达自己的教育感悟;教育论文通常是先直接摆明观点,再进行论述和阐释,结合例证来印证观点,思维从抽象到具体;教学案例是通过典型事例来抽取出普遍规律,写作一般运用归纳思维,思维从具体到抽象;等等。教师只有了解这些不同文体的特质和写作方法,才能事半功倍地写出好文章。写作时,教师也应当努力遵循相应的学术规范,如正确标注参考文献,采用专业术语表达概念,等等,从而让自己的表达更科学、更准确、更专业。

5. 不断锤炼思维能力和语言表达能力

教育写作是一个将自己长期沉淀、孕育、提炼的教育经验、思想和认识"编织"为语言文字的过程,这个过程涉及精心选题、谋篇布局、准确表达等多种技巧与能力。但决定教育写作水平高下的并非写作技巧,而是

---

① 陈向明.教育叙事对教师发展的适切性研究[J].教育研究与实验,2010(2).

作者认识水平和思维能力的高下。

教育写作助力教师透过教育现象看清教学问题的本质，发现教育规律，深度理解和解读实践中的教育意蕴。这个过程需要教师用系统的思维去架构表达框架，组织材料；用严密的逻辑思维能力去论证表述，由表及里、由浅入深地解释问题缘由；用强大的概括能力进行提炼总结，这些都离不开教师对教育问题的深刻理解、对教育现象的客观分析、对教育实践的理性思考。

同时，无论何种形式和性质的写作都离不开语言的包裹，都需要语言技巧，教育写作也需要教师用专业词汇科学、准确地表达自己的理性思考，并采用合适的方式进行创造性表达。因此，除了阅读教育学的相关书籍外，也建议教师多阅读好的文学作品，包括小说、散文、诗歌、名人传记等，形成良好的"语感"，让自己的教育写作成果做到"形"与"质"的完美结合。

教育写作萌生于教师对自己教育教学生活的惊喜和感悟，意味着教师教育意识的觉醒。正像王维审老师在阐述写作的意义时所言："因为写作，我的精神世界有了意义上的朝向：一是对教育中那些不容易引起注意的细枝末节，时时保持着反思性的警觉，并能用文字充分表达和诠释；二是在教育思考中保持了高度的自我立场，始终能以'我'的方式教书育人；三是习惯了自我纠错和自我坚守，始终能与世俗的东西保持一段必要的距离；四是有了精神上的自觉，会以自由、创造、给予的人生态度赢得心灵的安宁。"[①]

教育写作从来不是教育之外的另一种生活，而是融于教师教育生活之中的专业行走方式。在写作中，教师不断实现着思想与实践的创新与飞跃，不断走向优秀，遇见更好的自己，也让更多的人因此"看见"自己，进而走向更广阔的世界。

---

① 王维审.写作，敲开教育意义的密码［J］.今日教育，2014（7）.

第二章
教育叙事：讲述与发现

·第一节·
文体特征：感性与理性的交织

教育叙事是一种鲜活灵动的教育文体，就是教师以讲故事的形式，记录自己在教育教学过程中发生的各种真实鲜活的教育事件，在故事的讲述中表达"自己在实践中的亲身经历、内心体验和对教育的体悟理解"[①]，有时也被称为"课程故事""教学故事"等。由于这种文体比较符合教师的思维方式和表达方式，因此广受教师的欢迎和认同。

但在写作实践中，大多数教师并不了解这类文体的教育意义和本质，因此只是凭感觉"讲故事"，有的教师不加选择地记录琐事，叙事成了流水账式的生活记录；有的教师叙事缺乏逻辑条理，没有诠释出故事中蕴含的教育"道理"，失去了教育叙事应有的意义；有的教师选择的叙事内容不恰当，既不能提升自己也无法启迪他人。与教学论文相比，教育叙事看上去是教师最容易把握的专业表达方式，但"小文章"里有大道理，要想写好教育叙事，仍需对它的文体属性和特征进行深入了解与认识。

一、什么是教育叙事

叙事，或称叙述，是人们经常进行的一种思维活动，指通过口头、

[①] 牛晓颖. 从中小学教师科研的困境看教育叙事研究[J]. 现代教育科学，2009（1）.

书面或映像的形式描述所发生的系列事件。通俗地讲，叙事就是"讲故事"[1]。叙事原来是一个在修辞学、文艺学、写作领域高频出现的词语，与描写、抒情、议论等概念并列。在学科交叉渗透的大背景下，叙事作为西方叙事学的核心概念，渗透到人文学科和社会学科中，后来又慢慢渗透到教育学科中，掀起了在教育研究中运用叙事方法的热潮。

20世纪80年代，叙事研究被应用到了教育研究领域，于是产生了一种新的教育研究方式：教育叙事研究。这种研究方法亲近教师、贴近实践，很快受到教师的欢迎。加拿大学者马克斯·范梅南也提出，教师从事实践性研究最好的方法就是说出和不断地说出一个个"真实的故事"。[2]

在规范的学术研究中，教育叙事研究的步骤通常是：收集故事—分析、解释故事—形成理论。因此教育叙事只是为了将故事记录下来，创建一个文本材料供专业研究人员后续分析、研究，形成教育理论。在这种研究中，叙事者和研究者是分离的。

但在当下教师的教育生活中，教育叙事不再只是"教育叙事研究"的一个研究步骤，而成为教师反思和成长的一种方式。教师在"讲故事"的过程中，重新审视自己的教育行为、检视自己的教育观念、发现和体悟教育教学的意义，进而改进自己的教育行为。对于教师而言，这种"草根式"的写作，是自我专业成长的重要途径。

二、教育叙事的写作意义

1. 留存精彩的瞬间

每位教师的生活中，都曾经发生过许多动人的教育事件。这些教育事件不管是带给教师创造的惊喜、失败的沮丧还是悠远的哲思、深切的感动，都蕴含着教师丰富的教育智慧，洋溢着鲜活的生命气息，折射出教师

---

[1] 周国韬. 略论教师叙事研究[J]. 中国教育学刊, 2005 (12).
[2] 康纳利, 克莱丁宁. 叙事探究[J]. 丁钢, 译. 全球教育展望, 2003 (4).

各不相同的实践智慧和教育个性。可是如果不及时把它们记录和整理出来，这些蕴含着智慧和意义的教育事件就会不经意地掠过，再也难觅踪影。反之，如果能把那些引起自身深切感受和思考的事件通过叙事的方式表达出来，就能使这些发生在教师"个人生活史"中的重要事件以文本的方式留存，可以不断回味与打开。因此，教育叙事能"把生活中偶然的教育事件历史化，把平凡的教育生活意义化，把过去的教育经历永恒化"[①]，是教师敞开生命意义之门的重要方式。

2. 俯瞰熟悉的风景

教育叙事虽然"叙"的是教育生活中看似平淡无奇的点滴琐事，但写叙事的目的不仅是为了保存记忆中的往事，更重要的是为了在故事中重温教育经验、体悟教育过程，对教育生活做出意义的梳理与提炼，将原初的教育经验提升成为知识性经验。因而，展现故事是次要的，在展现故事的过程中发现教育意义，才是至关重要的。每一个故事虽然谈的是旧事，但在写作过程中教师获得的应是新的启示。此时的回眸和叙述，不是简单的"回头看"，而是站在一个制高点上，俯瞰熟悉的教学实践；既要把真实的教育生活淋漓尽致地展现出来，又要解析现象背后所隐蔽的真实，从而使教育生活故事焕发出理性的光辉和智慧的魅力。[②]有位教师就非常真实地记录了自己教育生活中发生的一个故事。

还是不负责任的好[③]

晚饭还没有吃好，一个电话打了进来，一看是家长的，赶紧放下饭碗接听。"听孩子说，老师今天把他的纸头揉揉扔了，还骂了他……你这是什么意思？"声音非常愤怒，如果我在她身边，她一定是要吃

[①] 刘铁芳.教育叙事与教师成长[J].当代教育论坛，2006（3）.
[②] 王凯.教育叙事：从教育研究方法到教师专业发展方式[J].比较教育研究，2005（6）.
[③] 此叙事选自江苏省吴江区实验小学集团教师的教育叙事练习，选入本书时有改动。

了我的样子。

　　事情的经过是这样的：本学期，我每两个星期会开一张纸头，给几个写字很差的孩子练字，每天只要照着我开的头写一行即可，不要求数量，只要求质量。

　　昨天放学之前，我重新选了几个孩子，把他们叫到我身边，讲明了练字的要求。我再三说明只要写一行，明天带来。早上这个孩子把纸头给我，我一看，满满的两版字，全写好了。因为他平时上课经常不认真听讲，老师的话一直当耳边风，估计昨天我布置作业的时候他又没有专心听。想到这里蛮生气的，便瞪了他一眼，说："叫你练一行字，谁要你写那么多？"转身把他的纸头扔了。下课后，我觉得自己太急躁了，应该好好评评他的字的，于是叫他和我一起找那纸头，可是不见了。唉，就当给他一个不认真听讲的教训吧！

　　"我们是冲着你们实验小学的老师都比较负责任才来的……"是啊，我就是负责，担心有些孩子的写字输在起跑线上，所以比家长还着急，自己买练习纸让这几个孩子练字，我还要一个一个批改，给进步的孩子奖励笑脸，奖励本子，这些都是自己花钱买的，我这样做为啥呢？我完全可以对孩子铅笔字的好坏熟视无睹，只管完成课堂上的教学任务就可以了，何必自找麻烦呢！现在这样的负责却成了我的错。

　　我淡定地说："如果你觉得我这样做不好，我向你道歉，我以后会注意教育方式。"虽然心里很冒火，但是理智告诉我，和她吵架是降低自己的人格，我尽量用平静的语气说话。

　　但是，家长啊，当你觉得哪里不对的时候，请先想想问题是不是出在你的孩子身上，老师为什么把他的纸头扔了，而不是把别人的扔了呢？如果他平时一直很认真地听讲，很认真地做，我想任何老师都不会这样做的。不要一味地去指责别人做得不对，也要去考虑一下，你孩子平时做得如何。

　　我作为老师，也伤心啊，好心让孩子练字，他不认真听讲，不按要求写，我把自己开的纸头扔了，还要被家长指责……老师也是人，有七情六欲，有喜怒哀乐，你再三提醒的事情，孩子还是记不住，总要有一点惩罚措施的，不能打不能骂，只好把纸头扔了，却换来了一个如此咄咄逼人、气势汹汹的电话，确实让我寒心。这个电话告诉我，学生是不能受一点点惩罚的，不然家长会和你没完。可是全是表扬的教育，又有什么意义呢？

做了那么多年老师，现在才忽然明白，有时候负责任也是一种错。

从这篇教育叙事中，可以读出教师心中大写的委屈，原以为自己很负责，也付出了很多，却受到了家长的责问。教师在委屈的同时感到伤心和愤懑，甚至发出了"有时候负责任也是一种错"的呐喊。可如果只是把这个事件记录下来，抒发一下心中的情绪，不对这个教育事件进行追问和反思，那么，教师就不会有教育观念和教学行为上的改进，也就无法实现"叙事促成长"的目的。

仔细分析这篇教育叙事，我们可以看出教师在处理这个突发事件时内隐的一些教育观念：

（1）依据直觉或思维定式对学生行为做出判断。

当一个事件出现的时候，教师往往凭直觉和思维定式对孩子的行为做出判断。这位教师发现孩子没有按照自己的要求练字时，没有询问孩子原因就批评他，而且把纸揉了、扔了。教师判断的理由是"他平时上课经常不认真听讲，老师的话一直当耳边风，估计昨天我布置作业的时候他又没有专心听"。所以教师立刻开始生气，并有了后续一系列带有情绪的行为。而事实上据家长说，"都是我家长的错，叫他全部写完"，看来孩子是在家长的督促下把字全部写完的，并非没有听清老师的要求。

从教师的叙述中，我们可以看出他的潜意识：平时认真学习的孩子，出现同样事件的时候，教师不会这样做。可对一个经常受到批评的孩子，教师就理所应当这样做？这样"看人下菜"的教育方式并非教师的主观想法，可不知不觉中这种潜意识却支配了教师的行为。如果没有这篇叙事，教师可能很难发现自己的行为被这样的潜意识支配着。

（2）用消极的态度面对和解决问题。

从这篇教育叙事来看，当问题出现的时候，教师并没有反思自己的问题，考虑如何改进，而是消极地认为：如果不让孩子练字，就不会出现这种问题和矛盾。所以他得出结论：负责任是一种错。当教师把这样的想法呈现在教育叙事中，用文字记录下来的时候，相信他自己也会意识到这种负气的想法并不能从根本上解决问题。

由此可见，通过叙事过程中的回眸和描述，真实的教育生活可以客观、充分地展现出来，帮助教师反思自我的不足，深化自己对问题或事件的认识，改进自身的教育行为。因此，写作时，教师不能仅仅停留在记录事件经过或是抒发情绪的层面，而要重新审视熟悉的教学实践，让叙事的过程成为自己成长的过程。

3. 展现"缄默的知识"[①]

教师知识存在着结构化分层，如同一座冰山，外显于水面的是认知性知识（理论性知识），它决定着教师"知道什么"，隐藏于水中的是实践性知识，它存在于教师的日常教学行为和教育情境中，决定着教师"如何做"。

实践性知识是教师在长期的实践中积淀的智慧，通常是内隐的、缄默的，却是教师理解和解释教育教学事件最直接的知识来源，它影响着教师对理论性知识的学习和运用，支配着教师的日常教育教学行为。因此，如何洞悉和把握教师个人缄默的实践性知识也就变得格外重要。撰写和描述故事是探究、洞悉教师个人实践性知识的最佳方法。叙事本身是一个意义澄清的过程，在故事中表达出来的东西，就像一面镜子，映射出一些自己

---

① 英国学者波兰尼提出，在人的认知中存在一种缄默知识（tacit knowledge），它以隐蔽的形式存在于人的知识结构中，在很大程度上不能被清晰地陈述和传递，也难以与他人共同分享，只能靠个体去体悟和感受。

所不能看到的内在的东西。

认知性知识（知道什么）

实践性知识（如何做）

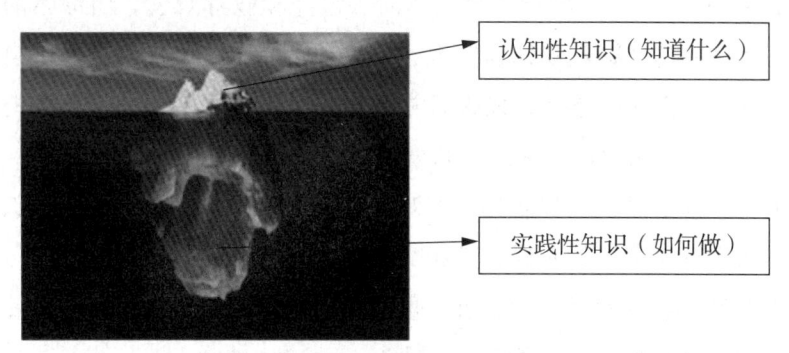

图 2.1　教师知识结构图

有一位教师在叙事中这样写道：

> 我知道，对待特殊的学生要有特殊的处理方法，为了调动班上特殊学生辰辰的学习积极性，在不影响大局的情况，我经常为辰辰"开后门"，用星卡作为"诱惑"，引导他去完成任务。……但是，如果哪一天，星卡对他失去了吸引力，我该怎么对他呢？对他来说，我只是一名老师，不可能跟他一辈子；对我来说，他只是我众多学生中的一个，我不可能把所有的爱心与耐心都给他。我甚至会反问自己：我有多少耐心来哄他？又可以哄他多久呢？

从这则叙事中，我们可以发现这位教师在调动特殊学生长久、持续的学习积极性方面，因为缺乏方法而感到有心无力。她把"发星卡"这样的行为称为"哄"，生怕仅有的招数失灵。叙事中教师流露出来的"忧"，实际上是自身专业能力不足引发的。在教育教学中，对学生进行激励，除了"发星卡"这样的物质手段外，还可以运用目标激励、行为激励、感情激励等很多种方法。如果这位教师能主动去学习、了解有关"儿童激励"的相关知识、案例，学会更多的解决办法，这种忧虑也就不会产生了。

因此，教师讲故事的过程不仅记录了自己的经历和体验，即"如何做事、何时何地做这些事情",更表述了自己"如何看待和诠释与教学行为相关的事件",展现和剖析了自己的内心世界和教育观念,将原本隐藏在教育行为背后的"缄默的知识"表达了出来,因而可以更好地发现自我在认识、行为等方面的不足,发掘日常教育教学生活中的习惯性行为的深层意义。教育叙事因此成为促进教师增长知识、提升实践的重要方式。

值得建议的是,当局者迷、旁观者清。当教师自身不能洞察到叙事中自身认知或行为不足的时候,互相交流、分享自己的故事,听取同伴、专家阅读教育叙事后的感受和建议,也能帮助教师更好地认识自己,使教育叙事真正成为教师专业发展的助推器。

4. 超越日常的自我

教育叙事,叙述的是教师教育生活中的故事,但每一次叙述都能促使教师沉静思考,质疑自己习惯性的教学行为,倾听自己内心深处的声音,反思自身的教学实践,对自己的言行给出合理的解释,追问教育的终极意义。因此,讲故事的过程是一个品味、体验、发现、评价、判断的过程,是教师对自身教育生活不断发现的过程,它让教师发现自己日常教育生活中蕴涵的丰富意义,也让教研不断地驻足沉思,走出"惯性",改进自身的教育观念和行为,提升日常教育生活的质量。教育叙事,让教师在"接近自我"的同时"超越自我",真正获得作为教师的价值与意义。

5. 生长"扎根理论"

"叙事既是一种推理模式,也是一种表达模式;人们可以通过叙事'理解'世界,也可以通过叙事'讲述'世界。"[1]教育叙事让教师亲历的教育生活自己说话,让教师在与自己创作的教育生活文本对话的过程中,产生基于自身教育生活、带有自身生命意义的教育理念、教育思考。这种教育的理念或思考是教师教育生活经验的结晶。它不仅为教师"已经历的事

---

[1] 陈向明. 教育叙事对教师发展的适切性研究 [J]. 教育研究与实验,2010(2).

情提供有意义的保留形式",而且"还提供一扇向前看的窗户",帮助教师"在遇到类似情况之前就有所准备"①。在这个"探索实践—叙述记录—反思整理—追问提升"的过程中,教师不断丰富自己的教育经验,形成自己的"扎根理论"。

6. 创建开放的文化

叙事,是人类表达、交流的方式,讲故事的人在讲述中不断理清自己的思路,驻足反观自己的经历;听故事的人获取故事的启示意义,因此叙事具有了教育意义,创建了一种叙事者与他人沟通交流的开放的文化。

一方面,作者把自己对教育教学的所识、所感、所困和所悟通过写教育故事的形式表述出来,为同行、专家、学者等众多不同角色的人创建了一个可以评说、讨论教育问题的平台。另一方面,阅读和倾听教育故事的人,可以"设身处地置身于故事所描绘的教育情境之中,把同行的教育故事作为一个教育案例认真地加以分析、梳理,认清其中所蕴含的哲理、规律或原则,在故事的阅读和倾听中……,把别人经过探索、努力得到的经验转变为自己的某种知识,为我所用,从而促进自身的提高和发展"。②

因此,教育叙事创造了一种分享思想、共享知识的有效方式,无论是对叙事者还是读者,这种沟通和交流都会给教师带来不同的惊喜和进步,这种多向、开放的教育文化也是新时代教师学习、交流方式变革的必然趋势。

三、教育叙事的类型

从内容上看,教育叙事通常包含三种基本类型,即教学叙事、生活叙事和自传叙事。

---

① 玛丽·伦克·贾隆格,琼·P·伊森伯格.是什么让教师不断进步——教师故事启示录[M].张涛,译.北京:中国青年出版社,2007:88.
② 陈列.叙事研究:教师个人知识管理的重要途径[J].当代教育科学,2009(17).

1. 教学叙事

教学叙事即教师将某节课堂教学的片段、细节叙述出来，是教师对过去的教学行为或过程的感受与思考。但教学叙事不是对课堂教学过程进行"录像"，而是要挖掘教学过程中有意思、有意义的"点"，将某些细节"故事化"。教学叙事通常采取夹叙夹议的方法，将教师对教学的理解以及对这一节课的反思插入相关教学环节的描述中，用"当时我想……""现在想起来……""如果再有机会上这一节课，我会……"等方式来表达自己对"教学改进"的思考。教学叙事与教案或教学设计的区别在于叙事要有主题，不仅要描述教学的过程，还要交代教学的结果，教学的背景、师生的感受等，要形成立体、完整的叙述情境。例如程英俏老师讲述了这样一个教学故事[①]：

> 一年级的写字课上，我在黑板上范写并提醒书写要点，孩子们在自己的习字册上安静地练习。个别没有认真听讲或接受能力较差的孩子把握不准笔画的大小和位置，会把字写得歪歪扭扭，甚至不规范，这就需要老师再次提醒，使之强化记忆。多数孩子会依照老师的提示或根据描红过的范字来安排笔画的大小和位置。"依样画葫芦"对于一年级的小朋友来说不算难事，所以很多孩子能写得较为工整、规范，已经达到了要求。
>
> 有没有刚刚学过就能写得美观、漂亮的孩子呢？
>
> 我边走边想，后排的男孩子博文举起了小手。孩子们一般在需要削铅笔或者有问题的时候会举手叫老师。我走到他旁边，他却指着一行"中"字，问："老师，你觉得我写的这三个'中'字哪个最好看？"
>
> 我仔细地看了看，告诉他："第三个。"他开心地笑了笑说："我也是这么觉得！"

---

① 程英俏.发现：教育的另一种美丽老师[J].江苏教育研究，2018（9B）.

本以为他只是想炫耀一下，可是他又反问我一句："老师，你知道为什么吗？"

　　我一愣。

　　他接着说："因为我写完第二个觉得不好看，我就在想为什么呢。看来看去，我发现自己第一笔竖和第二笔横折写得有点长，描红的范字都没有那么长，所以我写第三个的时候就写得短一点，写好了一看，真的变好看了！嘿嘿！"

　　孩子用天真的话语描述着自己写字时的想法，我认真聆听的同时感到非常吃惊：一年级的孩子竟然在练字时进行了这样看似简单却很深刻的思考——发现自己的问题并寻求解决办法。

　　多数"依样画葫芦"的孩子，能够在老师刚刚讲解完并且有范字仿照的情况下完成书写，但如果在没有范字可以仿照的时候，就不一定能记住笔画的大小和位置，甚至有的孩子会忘记字的写法，不会默写。但像博文这样的孩子便不会，因为在接触到这个字的时候他便进行了自我发现，这种发现是主动的、积极的，是用自己的观察和判断来审视范字与自己的书写之间的异同，思考如何写得更像范字、更美观。在经过这样一个过程后，他受到的启示也是深刻的、长久的。这样的孩子，会因为用心去思考而更加清晰地记住字的结构和写法，也会在得到老师的赞赏后有更高的主动性、积极性。

　　于是，在以后教学写字时，我先不告诉孩子们写这个字的要点，而是提问："谁能帮大家看看，这个字有什么需要注意的地方？怎么才能把它写好看呢？"在老师的激励、引导和适当的提示下，孩子们自发地思考，更加踊跃地回答，发现了不少从孩子的视角更需要注意到的地方，书写自然也进步了。自己思考出的成果远比老师灌输的更加甜蜜。孩子的自我发现，让教育更美丽。（有删改）

　　这篇教育叙事讲的是教学中教师和学生对话的一个细节，一年级孩子用天真的话语描述自己写字时的想法，孩子深刻的想法让教师很吃惊，进而引发了教师的思考。这些思考不仅帮助教师改进了日后的写字教学，还让教师对儿童有了更深的认识，甚至对教育的本质有了更深刻的理解。从案例中可以看出，这篇教学叙事并没有把一节课的教学过程完整展现出来，只是详细刻画了教师和孩子对话的"局部"过程，重点表达的是教师在这个教学细节中生发的教学思考。

2. 生活叙事

教师除了职业角色之外，还作为社会中的人存在于日常生活当中。教师所经历的日常生活，所获得的生活体验，也会在某些时刻以微妙的方式影响到教师的教育状态和对教育的理解。因此，教师可以通过叙述个人生活中发生的富有教育意蕴的故事，表达自己对教育的理解和思考。生活叙事更加关注教师个体的微观世界，强调个体经验的意义，具有很强的个人色彩，常常会给叙事带来新意。王馨老师撰写的这篇生活叙事就非常典型地体现了这类叙事的特点。

> **欲问教育何处寻　生活之中觅真谛**[①]
>
> 　　记得刚进北小，站在三尺讲台上的我满怀着年轻人的激情，一心想做一名好老师。可是真正实践，才发现"好老师"真的很不好当。那时的我也就只限于"教书"了——把知识教下去。面对课堂上的许多突发事件，我手足无措，面对学生考试成绩落后，我焦虑不安，面对班级里的特殊学生，我倍感受挫……每当遇到类似的事情，我的导师都对我说："这个没有办法教，不同的班级、学生，得采用不同的方法，这要靠你慢慢积累经验了！"没有经验的我就像在黑暗中苦苦挣扎的人，渴望光明，却遍寻不着。

[①] 王馨. 欲问教育何处寻　生活之中觅真谛 [J]. 江苏教育研究，2010（3B）.

我有一群爱玩的好友，在我情绪低落的时候，我跟随他们走出了城市，玩起了当时年轻人中很流行的一种运动——户外运动。第一次的挑战就是岩降。当一切就绪的时候，站在悬崖上的我突然感觉到什么叫恐惧，感觉到作为人的渺小！当我顺着崖边一步步走下去时，那种感觉真是美妙极了，心中长期以来的阴霾一扫而光，是呀，连生死的恐惧都能战胜，还有什么是不能解决的？

我爱上了户外运动与旅游，攀岩、定向、徒步……成为我调节工作的药剂，亦成为我蜕变的催化剂。在与自然的接触中，我感受到广阔；在与自然的挑战中，我领悟到坚韧；在与自然的融合中，我学会了释放！

遇到工作上的难题时，我不会再垂头丧气，我会仰望蓝天，回想在自然中面临的更大更多的极限考验，于是工作中的这些困难在我的眼里已经不能叫困难了。这种"会当凌绝顶，一览众山小"的感觉，让我面对课堂上的突发事件时能从容对待，面对落后学生时能耐心指导，面对叛逆学生的挑衅时能智慧处理……这些丰富的人生经验不但帮助我突破了教育中的瓶颈，赢得了学生的喜爱，更让我懂得了如何将工作与生活相融合，让我明白教育是与学生心灵的契合。我跳出了工作，走进了生活，却意外收获了坚强、勇气、耐心、坚韧等众多品质，也让我走出了初为人师的迷茫与无措。

2008年，一场大雪、一场地震，让很多人难以忘怀。在那场大雪中，我来到了云南的西双版纳，跟随当地的朋友去了很多贫困的村寨做义工。在那里，我结识了许多富有爱心的人，在他们的身上我逐渐领悟到什么叫使命感：想他人之所想，给他人之所需，不计得失，不言回报……我也终于明白我对学生有一种错误的态度——我总认为自己为他们付出了很多心血，他们就应该用好的成绩、听话的表现来回报我。当学生做不到时，我会烦恼，会滋生不良的情绪，尽管我已学会调节，却总还是在乎自己的付出。于是，我开始学着平和地对待每

> 一个学生，不求回报地付出自己的心力。
>
> 　　佛家说："行住坐卧无不是禅。"教育又何尝不是呢？教育的真谛在日常生活中，如何从世间万象去体味并没有一定的法理可寻，但只要有心，即便是从吃饭、喝茶这样的小事里也能够明白与学生的相处之道、教育之理。（有删改）

　　这则生活叙事向读者展现了王老师丰富的个人生活，旅游、定向、徒步、攀岩、做志愿者……但作者写这些个人生活的目的，是表达自己如何用在生活中获得的感悟打开了教育的"心结"，真正明白了与学生的相处之道、教育之理。从叙事中，我们可以真切体会到教师的工作烦恼，感受到她执着的教育追求。正因为她想要成为更好的老师，更好地开展教育教学工作，在生活中发生的每一件小事才会被她在潜意识中关联到教育工作上去，即作者所说的"有心"。心中有教育，才能从日常生活中获得教育的真谛。

　　有时，自己行不了万里路，但从别人的游记中可以看到远方的风景。同样，教师生动地讲述自己的故事，也可以让读者仿佛"亲历其事"。这种由生活感悟带来的教育启示，尽管是非常个人化的，却非常能够打动读者，也能启发读者联系自身进一步去体悟和思考。这也正是教育叙事特有的文体功能。

3. 自传叙事

　　自传叙事也可以称为"个人的教育史"，是围绕某个主题，用"讲自己的故事"这样的方式，来表述教师个人的亲身经历，在自身成长过程中的专业思考和对教育生活的独特理解，具有很强的真实性、互动性和感染力。读者可以从自传叙事中了解教师的教育观念、教育行为、教育经历，从中汲取优秀人物的精神力量和智慧做法，获得新的启示。写好这类叙事的关键，是用现在的眼光来看过去，形成叙事的"纵深感"。通过选择个人生活史中的一些关键人物、关键事件、关键细节进行描述,凸显其对于个人成长和转变的意义,表述过去与现在的关联以及过去对现在的影响。

第一声"呐喊"[①]

我的第一声"呐喊",是在1987年,那其实纯属偶然。因为第一次评职称,风传要有论文,于是赶紧发奋,洋洋洒洒写了5500字,题为《对高师中文专业教育的反思》,以一个"过来人"的身份回头看师范大学的教育,火药味很浓,批评多于建议。投给《江西教育科研》,编辑大概以为还有价值,于是又转给了《江西高教研究》,没多久就发在1988年第1期上,《江西高教研究》的编辑厚爱有加,还在论文的开头特意加了编者按,给予推荐。一时间我昏了头,一种优越感油然而生。以后就一头扎进书山文海之中,整理了平常的许多心得,写就不少自鸣得意的文章,然而,一年之内,毫无所获,一文未发,所获得的是一封封退稿单和我的"大作"。

天生属牛、生性执拗的我,就这么固执地写下去,不断地投出去,在不断地投寄、不断地被退回和不断地修改的过程中,自己也朦胧地感觉到:我在成长。大概老天爷对我的考验限期是一年,一年过后我的文章开始见刊了。我用自己的眼光审视中学语文教学,把方方面面做了一个扫描,我的批判涉及语文教学领域的许多方面,写了一些与语文教学界的"大腕"商榷的文章,当时我无所顾忌,也许是年轻气盛,也许是缺少城府,我真诚地袒露了自己的真实想法。这些后来都收集到《语文教学的人文思考与实践》一书当中。

我在自己的班级里开展了很有意思的实验:让每个学生每个月读一本文化名著,海明威的《老人与海》、茨威格的《人类的群星闪耀

[①] 程红兵.在教学的旅途中捡拾几片落叶[J].江苏教育研究,2009(1B).

时》、房龙的《人类的故事》，还有《歌德谈话录》《时间简史》《别闹了，费曼先生》……就这么一本一本地读下去，要求学生每周做书摘笔记，和大师对话，写眉批感想。每月写一篇书评或读后感，用一两节课时间来讨论，互相交流、碰撞，不时有思想的火花闪耀出来，这是文化的积淀、思想的熏陶、人格的升华。我要求每节语文课由一个学生（按学号轮流）介绍一首诗，然后全班同学用三分钟左右的时间把它背下来。一个月一本书，一节课一首诗，这是什么？这是丰厚的养料，是人生的文化基石，基础教育不就是为孩子们的人生奠基吗？

我让孩子们收看中央电视台《焦点访谈》节目，看着看着，把家长也吸引到电视机前，一家三口围绕电视内容争论不休……学生在随笔中说道，阅读文化名著是点亮一盏心灯，收看《焦点访谈》是打开社会之窗。几年来我所教的学生，无论是高考还是作文竞赛，都取得了很好的成绩。

作为一个批判者固然不易，但毕竟有一份潇洒和痛快，可以自由地挥洒自己的思想。而作为一个建设者其实更为艰难，因为没有那份潇洒痛快，却有着背负行囊长途跋涉的感觉。为了不至于过于寂寞，我依然像先前一样，在旅途中不时地"呐喊"几声，以壮行色。（有删改）

从这段自传叙事中，不同的教师可以有不同的体悟：有的教师体会到名师是如何一步步走上思考、写作、实践、升华的成长之路的；有的教师学习了如何提高学生的语文素养；有的教师感悟到坚持教育写作，可以运用思考的力量让自己成长……因此，尽管作者讲述的是自己的故事，读者却可以在故事中有所收获。

教育叙事展示的是教师在特定教育情境中的综合体验，这种体验交织着感性与理性、情境与意义、实践与理论，具有丰富的教育意蕴。

·第二节·
写作方法：创造属于自己的故事

当我们深刻认识了教育叙事这种文体的本质特征，认识到它对于教师教育生活专业表达的意义，写作的时候就有了更明确的方向。从具体的写作策略来讲，可以从以下一些方面着力。

一、选材：寻找熟悉中的"陌生"与"冲突"

写好教育叙事的前提是找到一个好故事。如何在自己的教育生活中发现那个"好故事"呢？

1. 讲述属于自己的故事

教师所叙之事通常是自己在日常教育教学工作中深有感触、难以忘却的"特殊"事件：可以记录自己一次成功的教育教学活动——发掘亮点；可以叙述教学中的突发事件——呈现矛盾、展现机智；可以讲述自己与学生交往中的一个故事——追忆难忘；可以呈现自己在教育事件中的困惑与遗憾——反思缘由。教师通过在叙事过程中融入自己"在事情发展过程中不同阶段的感受、体验，特别是伴随这种体验、感受而带来的思考、反思"[1]，引发读者的共鸣。只有讲述那些引发了自身深层思考和深刻感悟的故事，在写作的过程中才能用真挚的叙述和情感打动读者。反之，"虚假故事""想象性故事"就不可能具备这样的力量，也是教师教育叙事所不提倡的。

教师既是故事的叙述者，也是故事的实践者。如果不有意识地进行尝

---

[1] 赵敏，杨淑文.中小学教师教育叙事研究与案例[M].桂林：漓江出版社，2013：16.

试和探索，教师就很难在千篇一律的教育生活中有新的发现。如果说作家是用自己的想象进行创作，教师就是用自己的教育行动进行创作。教师只有创造了自己的教育实践，才可能创造出属于自己的教育故事。

2. 搜寻那些看似平淡却对自己产生深层影响的故事

一篇好的教育叙事，不仅是教师心路历程的真实反映，也是其他教师借以反思、对照、学习的镜子。因此，要想让自己的故事吸引读者、打动读者、引发读者的反思，教师要学会寻找"熟悉风景"中的"陌生"，搜寻那些看似平淡无奇却对自己产生深层影响的故事；要在看似无问题的地方发现问题；要从不同的角度、用不同的方法去发掘与选择题材，使自己讲述的故事具有"陌生化"的效果，从而让自己和读者都有新的发现。因此，好的故事，有时是"创造"出来的，这里的"创造"不是编撰，而是指教师关注某些看似平常的事件，运用教育的洞察力，创造性地对故事进行发现和解读，从而赋予"平淡"以丰富的内涵，给人带来启迪。

二、挖掘：追问故事"背后的意义"

对于教育叙事这种文体来说，叙事只是一种表达形式，故事之中仍然"包裹"着思考。"鲜活的故事只不过是教育意义披在身上的一件漂亮外衣，叙事研究的价值不在于为讲故事而讲故事，而在于背后的意义。"[1] 如果纯粹是讲故事，没有专业的视角，教育叙事就和文学作品没有区别。

在写作过程中，教师不仅要把鲜活的故事讲述出来，还要对自己在事件中的教育行为进行解释，"在叙述中融入思考、反思，对于叙述者来说，标志着对特定教育教学问题有了较深层次的把握，形成了含有一定规律性的认识"。[2] 一方面，教师在教育叙事中，必须通过叙述的整体谋划、布局

---

[1] 杨明全.教育叙事研究：故事中的生活体验与意义探寻[J].全球教育展望，2007（3）.
[2] 孙启民.教育叙事叙何事？[J].江苏教育，2004（3A）.

和表达，传递出自己对教育的思考和理解，映射出自己的教育观和教学哲学，教育叙事才能真正成为促进自身专业发展的写作载体。另一方面，对于读者来说，才能从叙事中产生思考、联想，得到启发和另一种方式的专业引领。

薛法根老师写过一则教育叙事[1]，讲述了他经历的一次真实的"失败"。

> 每个人都渴望成功，唯恐失败。然世上不如意者十之八九，失败是经常的事。面对失败，真正的失败者常常为失败找借口，而真正的成功者却往往从失败中找原因。换个角度来看，失败为我们破解难题提供了素材，为我们揭开教育的规律提供了契机。从这个意义上说，失败是成功之母。
>
> 从教20多年，上过无数次公开课，满意的、成功的不少，但不如意的甚至上得"出汗"的失败课也不少。记得一次到某地上公开课，我请学生朗读课文。第一个学生带着读书腔极其认真地读了一遍，我不甚满意；第二个学生也带着读书腔极其深情地读了一遍，我更不满意；想不到的是，第三个学生依然如此。听课的老师不禁哄堂大笑：这个班的学生个个带着读书腔，已成习惯。我汗如雨下，却又无可奈何，尴尬收场，急忙转入下个教学环节。
>
> 回程中，我纠结不已：难道对学生的读书腔可以放任自流？难道没有办法破解读书腔？难道除了评价学生读得好、读得坏之外，就没有更有针对性的评价方法？……由此，我专门研究了朗读及朗读教学，想出了破解读书腔的几个妙招：示范读，让学生听到纯正悦耳的朗读；模仿读书腔，夸大那个令人难受的腔调，令学生醒悟、改正；用读词、读词组、读词串的方式，帮助学生掌握停连及转换、重音及转移的朗读技巧，从源头上纠正读书腔……事实证明，我不擅长朗读，却能让学生读得声情并茂、有声有色，这要归功于我从那堂失败的朗读指导课中找到了失败的原因，想到了不止一个对策。当你面对同一个教学

---

[1] 薛法根.做一个大写的教师[M].北京：教育科学出版社，2014：76-77.

> 问题，有"一百个"破解的方法和策略的时候，你就拥有了上课时的那种淡定和悠闲的气度，也就会在不经意间闪现教学的智慧。如果你只有一个办法，那么就会黔驴技穷，这也是教学中最大的悲哀。
>
> 教学需要思想与理念，也需要方法与经验。解密失败，就是一个运用教学思想与理念剖析问题、正确归因，并寻找对策、积累经验的过程。整个过程的价值正在于悄悄地促进了我们教师的专业成长。所以，败走麦城并不可怕，可怕的是重复败走麦城。

对于这段"败走麦城"的独特经历，薛老师通过叙述，给了读者多种启示：（1）对于成功者来说，失败是成功之母；（2）拥有专业力量，才能拥有教育智慧和教育气度；（3）解密失败，才能实现专业成长；（4）失败不可怕，可怕的是消极对待失败，重复失败。这样的叙事蕴含了丰富的哲理，耐人寻味，给人启迪。

教育叙事写作的专业意义不是为了简单地记叙，也不是为了评判、分析故事中的对与错，而是要在叙述中流淌出自己的感悟和思考，带给他人更多的启示。因此，作者基于特定情境的独特感受和思考才是叙事的核心。教师要带着思考进行叙事，把教育理论巧妙地隐藏在叙事之中，潜移默化、自然而然地表达出自己的观点，让读者领会故事背后的意义。如果在叙事中以说教的口吻"讲道理"，就失去了教育叙事特有的研究价值和文体风格。

三、叙述：在叙事中把自己"摆进去"

作为一种研究，教师讲述自己的教育故事，仅仅用事实说话是不够的，要在故事中融入自己的思考和情感，把自己"摆进去"。把自己"摆进去"，意味着要有勇气和胆识敞开自我，直面自身存在的问题，不仅讲述自己的成功，还能将自己的失误与遗憾显现出来。张颖老师撰写的《踢拖踢拖小红鞋》①就讲述了这样一个故事。

一个冬天的早上,张老师一进办公室,小朋友就来向她报告,小丽同学穿着拖鞋来学校上课了。看到同学们都在议论纷纷,她只好把小丽喊到了办公室询问情况。

到了办公室,我给小丽倒了杯热水。小丽一愣,大眼睛里写满了不解。

"冷不冷,这么冷的天穿拖鞋不冷吗?"

"冷的。"

我一听,真觉得不可思议。"冷,你还穿过来?"

小丽低下头,想了一会儿,然后小心翼翼地问我:"张老师,我说了,你能不批评我吗?"

"这个要看情况的,但老师保证不发火。"

"我看见老师也穿拖鞋的。"

小丽这话一说,我就再也坐不住了。我穿拖鞋?我低下头看看自己的鞋,虽然不是棉鞋,可是好歹也算穿得"严严实实"。小丽看见我低头一个劲儿地猛瞧自己的鞋子,连忙说:"不是今天这双,是那双绿色的。"绿色的?我怎么不记得了?

"夏天的时候,我看见你穿的,绿色的有蝴蝶结的,你穿着踢踢踢拖的很好看的。"哦,原来是那双。我突然记起来了,那天早上,马上要迟到了,来不及穿运动鞋,随便套了双鞋就奔学校来了,也没顾得上看是什么鞋。没想到,小丽把这双鞋记住了。

"哦,我是穿过。可那是夏天,你现在穿拖鞋,好像不太合适吧?"

"嗯,可是我觉得张老师穿拖鞋很好看,我也想试试。这双是妈妈昨天买的,我觉得和张老师那双挺像的。"这时,我才注意到小丽这双鞋。这是双红色的小毛绒小拖鞋,鞋面上是只小蝴蝶,和我那双还真

---

① 张颖.踢拖踢拖小红鞋[J].江苏教育研究,2010(3B).

> 有点相似。
> ……
> 　　小丽的事情，让我对"为人师表"有了新的认识。为人师表，不仅是在孩子面前要做一个有品德、有学问的老师，而且要注意着装，不要给孩子错误的引导。教育真是无小事啊！（有删改）

　　老师由于上班来不及，无意中套了一双凉拖鞋去上班，没想到这个细节却对孩子影响很大。甚至到了寒冷的冬天，孩子还要模仿老师穿着拖鞋来上学。张老师用了《踢拖踢拖小红鞋》这个题目，其实有着多重含义，拖鞋的踢拖声引起了孩子的注意，也在孩子心中放大了老师"无心的失误"。于是教室里出现了这双踢拖踢拖的小红鞋。而这件事让张老师意识到：教师是学生的榜样，哪怕是一个无心的错误，也可能给孩子带来不良的影响。这双小红鞋的踢拖声会一直回响在张老师的心中，时刻提醒她"教育无小事"。

　　把自己"摆进去"，意味着要对故事中的问题进行追问，在反省中重新建构自己对教育的理解。把自己"摆进去"，还意味着教师不是一个旁观者，也不是一个评论家，教师要在写作中对教育问题有新的理解和发现，找寻新的行动和解决问题的策略。如此，教师叙事才能成为教师提升自我、改进实践的有效专业发展方式，照亮教师未来的教育生活。

四、深描：让故事引人入胜

　　不同类型的文章有不同的表达技巧。教育论文的基本形式是用"论证"的方式"讲道理"，教育叙事的基本形式是用"描写"的方式"讲故事"。相对于其他教育文体来说，教育叙事更强调艺术化的表现手法：故事情节是否生动，人物形象是否鲜活，文辞是否优美，都会影响到教育叙事作品的写作高度。但教育叙事是否成功，在很大程度上取决于对故事的描写和分析是否有"深度"。"深描"能够将日常教育事件制作成引人入胜的教育故事。

1. 深度描写细节

在叙述时，作者可以把自己当作一个作家或画家，充分关注故事所发生的特定背景，对当时的情境进行细致的描述和分析。通过对细节的描述，运用一定的叙述手段和技巧，如倒叙、渲染等文学手法，把读者带入现场，让读者产生身临其境的感觉。在描写事件的过程中，要特别注意那些能引起读者共鸣、难于调控、意蕴深刻、值得反思的细节，尽量具体地把它们描述出来。只有这样，才能使反思和阐释拥有扎实的"情境基础"，同时要注意用词鲜活、行文活泼、叙述有吸引力。

举个例子[1]，一件事情，如果浅度描述，只是列出事实，是这样的：

> 2005年12月20日，上午8点，W校长来到办公室，准备打开电脑，看看老师们的"博客"。

同样的事情，深度描述则是这样的：

> W校长先倒了杯水，他每天都有个习惯，一上班先打开电脑，登录学校的网站看看昨天老师们发表的新的网络日志。因为自从学校建立了"博客"，老师们的积极性很高，这成了老师们敞开心扉、分享专业经验的共同平台。他还记得这几天大家对一位老师关于课堂纪律的日志讨论十分热烈。他把电脑打开，开始浏览。他昨天就在想应该参与一下，谈谈自己的看法，再与老师们做些讨论。

从这样的深描中，读者不仅知道了时间、地点、人物、事件，还对

---

[1] 丁钢.教育叙事研究的方法论[J].全球教育展望，2008（3）.

W校长有了初步的认识和印象，知道他是一位热爱科研，善于使用新媒体平台与教师交流、共同成长的校长，这样就为后续揭示故事的道理做好了铺垫。

2. 深度描写故事，揭示其中深藏的教育意义

"深度描写"并不意味着华丽辞藻的堆砌。叙事的"深度"其实来自所描写的故事背后隐含的相关的教育道理或教育理论。教育叙事并不直接论述教育道理，但需要讲故事的人有自己"个人化的教育理论"，并把这些教育道理巧妙地隐藏在"描写"中。

"一千个读者就有一千个哈姆雷特"，每个故事都具有多重意义，每个读者对故事的理解也不一样。因此光叙述故事的经过是不够的，还要在叙述的过程中对相关事情进行解释，作者对事件的理解和故事的内在意义才能被别人领会。因此，在叙述事件时，要尽可能地描写自己的心理状态和对细节的感悟、反思，做到夹叙夹议，使故事中蕴含的教育意义外显。但要注意事件和意义不是两张皮，而是融于一体、水乳交融的。教育意义蕴含在字里行间的叙述中，体现在基于故事内容的适时而巧妙的议论、抒情中。

3. 围绕主题描写和阐释，形散神不散

教育叙事是教师个人理论的一种表达，但这种"理论"并不是空洞的"讲道理"，而是伴随着教师的叙述，自然地流淌、显现出来。因此，每篇完整的教学叙事必须有一个主题。教师在讲故事的过程中，要围绕这个主题，设计、把握叙事的主线，并对叙事的方式和内容有意识地进行选择，哪些讲、哪些不讲，哪些详讲、哪些一带而过，都应根据主题来决定。一个讲得好的故事犹如一部交响乐，其结构、背景、人物和思想完美地融合为一个天衣无缝的统一体。

莎士比亚告诉我们"世界就是一个舞台"。在教育这个舞台上，每天都发生着许许多多平凡的和不平凡的故事，这些故事不仅是教师教育生活

的一部分，也会使他人思考与借鉴，甚至产生心灵的共鸣。因此，对真实的教育生活进行描述与研究，无论对学生、教师、教育研究者来说，还是对社会来说，都具有深远的意义，这也正是教育叙事的意义所在。

·第三节·
例文赏析：叙事何以动人

教育叙事的写作素材往往是教师亲身经历的教育教学事件，这个事件一定使作者受到深层的触动，才能被加工成一个生动的教育故事。因此，在写作时，作者要充分把握教育叙事的文体特征，运用欲扬先抑、夹叙夹议等多样的写作手法，将这个打动了自己的故事生动地描述出来，并在这个过程中，充分表达出自己的情感和体悟，让读者在不知不觉中受到启发和感染。本节中的这篇叙事就很好地凸显了教育叙事的特点，让人动容，耐人寻味。

> **那个叫小王的孩子**[①]
>
> 我工作的第二年，接了一个大班。这个班是原来的两个班合并起来的，其中有一半是我原来教的学生。
>
> 班上有个孩子小王，是个外地学生，在我班上借读。其实对借读的孩子，在情感上总是难以归为"自己的孩子"。而且小王一年级的时候不是在我班上的，这样就更难亲近起来。对于小王，我的要求很低，只要不惹麻烦就可以了。至于成绩什么的，我的要求不高。开始小王是坐在前面的，他上课也不怎么听。我想他其实是听不懂，因为他到

---

① 张颖.那个叫小王的孩子［J］.江苏教育研究，2011（1B）.

我们学校的时候没上过学前班，一年级的时候肯定是跟不上的，成绩很差，到了二年级那更是听不懂了。他爸爸在我们那的砖瓦厂打工，说实在的，外地生的家长不怎么重视孩子的学习，当然经济原因占了很大的部分。我们做老师的，压力也很大，能少操点心就少操点心。

刚到我班上时，小王很乖，总是做自己的事情，很少和别的孩子交流。我忙着上课，批改作业，组织活动。既然小王不惹麻烦，自得其乐，我也就乐得少管一点。现在想想，平静未必是真的平静，就像大海，平时看上去波澜不惊，谁能想到风雨来临时，它掀起的滔天巨浪足以摧毁一切呢！我想小王是孤独的，我对他放任自流的态度，也影响了其他小朋友对他的态度。他没有朋友，所以在课间的时候总是一个人坐着。这种压抑的孤独，对一个孩子来说是沉重的心理负担。他成绩不好，无法从学习上获得成就感。他没有朋友，学校对他来说是个冰冷的所在。许多年以后，我读到一本小说，内容是作者回忆自己的学生时代。这个作者和小王是多么的相似啊。原来，一个被忽略的孩子的生活是如此艰难，原来一个老师是孩子的童年是否幸福的重要保证。而童年是否快乐，能影响一个人整整一生。

沉默的时间越久，爆发出来的能量也越大。我没想到小王会以这么一种方式，提醒我他的存在。和往常一样，我在办公室办公，孩子们课间休息。突然，班长小玲急匆匆地跑过来，脸涨得通红。"张老师，王某某耍流氓。"王某某？一听到小王的名字，我还一愣。教了他很长时间了，对他几乎没有印象。现在小王从教室前面调到教室后面，更是想不到他了。他会耍流氓？我怎么也没有想到。我急了，连忙往教室里赶。小玲和我边走边说："张老师，他，他脱裤子把那个给女同学看，还说流氓话。"听了小玲的话，我彻底无语了。

赶到教室，教室里闹哄哄的。小王坐在他的座位上，裤子已经拉上了。他望着我，那是一双怎样的眼睛啊？平静无波，没有恐惧，他就这么看着我。

孩子们见我来了，连忙围过来，告诉我事情的经过。如果是现在，我一定先让自己平静下来，然后再处理。可那时的我，年轻气盛，我不允许在我的班级有这样的孩子。在教室脱裤子，耍流氓，这是多么大的事情。现在我知道了，孩子对于这种行为未必理解，其实男孩们在私底下也会有点这样的小动作。可能被我忽视得久了，小王试图以这样的方式引起我的注意。

记得当时，我让其他小朋友回到座位，然后怒气冲冲地来到小王的座位旁，以几乎暴力的方式把他拖出了教室，拉到了我的办公室。在办公室对小王一阵铺天盖地的训斥，我既恨又羞愤。当时我也是年轻的女孩，我不知道该用怎样的语言来表述。我在教育上的无知，也让这件事情恶化了。

我觉得自己是无法容忍这个孩子在我的班上了，那天我直接把小王送到了校长室，果断地告诉校长，我不要这个孩子再在我的班上了。我把小王定义为小流氓，小小年纪在教室做这样的事情。我不允许这个很优秀的班级，有这么一个"坏苗子"。校长自然是维护我的，先让小王回家反思几天。当小王的爸爸带着脸上有伤痕的小王到学校的时候，事情已经过了几天了。小王的爸爸恳求我们收下他，给他一次改正的机会。我已经无心再在这样的事情上纠缠，没有同意。就这样，小王被他爸爸送回了老家上学。后来怎样，我没有问过。在当时，我也没想太多，也没觉得自己的处理方式有什么不好。就这样，一个在班上近半年的小王，以这样的方式告别了学校。后来，我们也渐渐地忘了他，似乎他从没有在这里存在过。

本来我想我应该已经把他忘了，在写下这些文字的时候，我甚至都想不起他的名字，只记得他姓王。可是为什么，出事情那天他的那双眼睛总是在我的记忆里。自始至终他都没有申辩过，只是望着我。后来，做老师的时间长了，也读了点书，才知道自己为什么总记得那双眼睛。如果能回到当时，我一定不用几乎驱赶的方式让小王离开学

> 校。我一直觉得很沉重,后来在对待外地学生的态度上,我变了很多。我从心里把他们当成自己的孩子,对他们一视同仁。而这些外地的孩子,也给了我他们最真的感情。也许在潜意识里,我对小王是愧疚的,而这份愧疚让我改变了自己的工作作风。我不知道我对小王的影响有多大,但仅仅是愧疚已经无法挽回什么。
>
> 现在,处理班上孩子事情的时候,我变得慎重了很多。这么多年,我努力读书,认真地去了解这些孩子。小王,我已经无法再为他做什么了,而现在面对另外一个个"小王"的时候,我知道我该怎样去做。
>
> 童心是珍贵的,我希望我有限的力量能给他们带来温暖。在将来的某一天,希望他们用笔写下自己年少岁月的时候,学校能是一个温暖的所在!(有删改)

这是一篇非常打动人的教育叙事,也是一篇非常出色的教育叙事。其成功之处主要在于:

一、故事蕴含了激烈的教育冲突和真挚的个人情感,真正做到了把自己"摆进去"

作者大胆、真诚地袒露了自己刚工作时,因对班级出现的特殊事件处理不当,导致学生"失学"的一段失败的教育经历和感受。这样的教育事件,对于作者来说,是"唯一";对于其他老师来说,可能经历过但并不多见,因而故事有着一种"熟悉的陌生感",引发了读者的阅读兴趣。

之所以时隔多年还忆起小王的眼睛,忆起这段令作者愧疚多年的往事,是因为这件事情看似已经随着时间逝去,实则已经深入到作者心中,并对她多年的教育生活产生了深刻影响,"也许在潜意识里,我对小王是愧疚的,而这份愧疚让我改变了自己的工作作风"。

这是一个深深触动了作者的教育事件。这份触动不仅表现在事情过去多年后，作者仍然难以忘记，想要讲述，而且表现在这个事件改变了作者对待学生的态度——"后来在对待外地学生的态度上，我变了很多。我从心里把他们当成自己的孩子，对他们一视同仁。而这些外地的孩子，也给了我他们最真的感情"，改变了她对教育的理解——"童心是珍贵的，我希望我有限的力量能给他们带来温暖。在将来的某一天，希望他们用笔写下自己年少岁月的时候，学校能是一个温暖的所在！"甚至于她在读书的时候，都会时时想起这件事，并用书中的理论知识来解释"小王"的行为，来理解小男孩的"耍流氓"。

选择这样一个事件来写，需要很大的勇气，因为这是一件可能引起读者的批评、议论甚至更多其他反应的"过错性事件"。作者也在字里行间流露出自己强烈的愧疚感。但恰恰是因为作者勇敢地、真实地讲述了这个故事，袒露了自己因"无知"而犯错—因犯错而愧疚—因愧疚而竭力改变的心路历程和行为改进过程，这份"直面过错"的真诚，让读者感同身受，甚至反观自己的教育生活：我是否也存在这样的错？我班上有小王这样的孩子吗？我该如何改进自己的教育行为？……

因此，从选材的角度来说，这篇教育叙事十分成功。设想一下，如果作者在很多年前，事情刚刚发生后就写，可能不会有这么深刻的感悟。有时，叙事题材的发掘与选择不是一步就可以完成的，它需要有一个过程。

二、故事蕴含了多重教育意蕴，使读者获得了多重新鲜而深刻的启示

教育冲突、教育矛盾、教育困境是教育道理、教育规律栖居的地方。出色的教育故事总是悄悄地把教育道理隐藏在教育冲突和教育矛盾中。这个故事蕴含的冲突是比较鲜明的。全文按照"冷落—爆发—驱逐—愧疚—改变"的线索进行叙述，明线是小王从被冷落到被转学的事件经过，暗线

是作者从一个经验不足的年轻教师走向成熟的成长过程。作者在表达这个教育事件的过程中，并没有简单地批判自己，表示改正错误的决心，或是大张旗鼓地描写现在的自己是多么"善解人意"，而是通过恰如其分的表达、不动声色的叙述、真挚自然的情感流露，让这个教育故事如同一面多棱镜，折射出多重教育意义，引发读者的多重思考：教师该如何正确处理孩子的特殊表现？如何对待外来务工人员的子女？如何让教育充满温度？如何成为呵护孩子幸福童年的守望者？……这些不同角度的教育问题，随着事件的推进和作者的情感表达，不断涌现在读者的脑海中，引发出他们更多元、更深远的思考，从而使这篇教育叙事意蕴深刻。

三、故事的叙述手法灵活多样，引人入胜

在讲述故事的过程中，作者娴熟地运用时空交错、前后对比、夹叙夹议、欲扬先抑、前后呼应等多种写作手法，使得故事层层深入、扣人心弦、发人深省。

作者并没有简单地按照事情发展的顺序叙述事件的经过，而是采用了倒叙的手法，在叙述的过程中不断表达自己的感受，用夹叙夹议的方式，把过去的自己和现在的自己做比较，在比较中表达自己对整个教育事件的理解，反思自己的教育行为。这样的叙述方式让过去与现在交织在一起，用叙事的明线"小王转学"和叙事的暗线"教师成长"勾画出岁月的流转、时空的延展，让读者看到了更丰富的故事内容。而在"过去的自己"与"现在的自己"的不断对比中，读者理解了故事中的"我"为何犯错，"我"如何成长为今天的"我"，这种艺术化的表现手法很好地避免了"承认错误—表明决心—改正错误"的僵化表达，让故事中"我"的转变显得更加真实，也更容易打动读者。

同时，作者还不断运用前后呼应的写作手法来表达自己教育认识、理解的不断加深：

> 他没有朋友，学校对他来说是个冰冷的所在。许多年以后，我读到一本小说，内容是作者回忆自己的学生时代。这个作者和小王是多么的相似啊。原来，一个被忽略的孩子的生活是如此艰难，原来一个老师是孩子的童年是否幸福的重要保证。而童年是否快乐，能影响一个人整整一生。
>
> 童心是珍贵的，我希望我有限的力量能给他们带来温暖。在将来的某一天，希望他们用笔写下自己年少岁月的时候，学校能是一个温暖的所在！

这样的对比从另一个角度引发了读者的思考：教师如何面对自己在教育中的失误？

文章语言平实，并没有太多华丽的辞藻，也没有特别夸张和艺术化的表达，反而增强了叙事的真实性，与整个故事的内容非常匹配，让读者感受到作者的真心、真诚、真意。她仿佛就站在你的面前，向你诉说，与你交流，期待着你的回应，你的成长……

·第四节·
例文评析：叙事背后的道理

教育叙事看上去写作难度不大，但在写作过程中，还是很容易出现一些"跑偏"的现象，本节将呈现一个蕴含着"常见问题"的教育叙事，并通过细致的解析，让教师理解叙事背后的道理。

仰 望[①]

"你就是王晓奕?""是的,我是王晓奕。"永远记得那第一次对话,记得第一次见到高高瘦瘦,背挺得不直,一说话就露出两颗大板牙的他。

那是1999年的春天,是我在盛泽实验小学的开始。我是实习生,他是我的导师。第一次见面,我心里小声地嘀咕。"啊?他是薛法根?薛法根就是他啊!"这是第一次听到介绍后,我心里不小的问号。我不认识薛法根,也从未看到过他的照片,但这个名字我真的不陌生,他是我们师范老师津津乐道的人物之一。"他是江苏省最年轻的特级教师,他的组块教学很有前瞻性,他上的课是真正的语文课……"已经记不全老师是怎样激动地为同学们介绍薛老师,如何以薛老师的课堂为例,向我们讲述语文教学的追求与本真,但老师当时发亮的眼睛、飞溅的唾沫却在我脑海中依然那么清晰。

【评析】

这是一篇人物叙事,作者想要通过自己和薛法根老师交往的二三事,表达自己对他引导和培养自己的感激之情,表达自己如何一步步读懂了"名师的意义",并如何在"走进"和"仰望"的过程中获得了成长和发展。作为叙事的切入点,王老师想从和薛法根老师的第一次见面开始,从外人对薛法根老师的高度评价和自己对他第一印象的巨大落差入手,表明自己开始对薛老师不是"仰望"的。这种欲扬先抑的写作手法,在文学创作中经常会用到,也符合叙事的主题。但毕竟这只是一个切入点,简单明了就可以,作者却花费如此多的笔墨,使叙事的开头显得拖泥带水,而且淹没了作者的表达意图。

---

① 王晓奕,颜莹.仰望——教育叙事案例评析[J].江苏教育研究,2012(1B).

第一次听薛老师上课，才发现语文课不是读读课文、抄抄词句这么简单。批学生的作文，评语竟然可以写得比学生的作文还长，那一天我的下巴真的差点磕到地上。身为学校教科室主任，单元练习卷竟然还要自己在蜡纸上一笔一画地刻写……"他，真的是一个力求完美的人。"当我沾沾自喜地上完实习汇报课《苦柚》的时候，迎来的却是他一连串的责问："谁让你把这句话也板书出来？""这几个问题学生一读课文就明白，还用得着你问吗？""粉笔字，好好下功夫练练"……现在想想，亏得我是个"硬骨头"，如果换个人，估计看着他当时一脸严厉的表情早已泣不成声了。但那一次，我真得记住了薛老师的理念：学生已经读懂的，不必教；学生自己能读得懂的，不需要教；你教了，学生也未必能懂的，暂时不教。

【评析】

　　这里究竟是想写"我第一次听课"还是"薛老师批改作文"，是写"薛老师刻单元练习卷"还是"我上实习汇报课"？教育叙事的特点是形散而神不散，通常采用"以点带面"的叙述方法，"点"就是叙事中的中心事件，"点"的选取要围绕主题，表达详尽，而带出的"面"应该紧紧围绕"点"，补充说明"点"。由于作者缺乏深入思考和选择，在这里没能围绕"仰望"的主题，选取最合适的事件来详尽叙述，叙事因而显得散乱、缺乏逻辑。

　　我是幸运的，当我踏出苏州教育学院的大门，来到盛泽实验小学，就正式地拜薛法根老师为师。这11年，在教学之路上一路走来，迷茫与探索、成功与失败、努力与收获，都与师父的智慧、训斥与鼓励分不开。

【评析】

教育叙事的特点是夹叙夹议，在叙述的过程中表达思考和感受。但这一段感受却显得很突兀，问题就在于这个感受与上面叙述的"实习汇报课"事件没有紧密的联系，不是"基于事件"生发的感受，因而显得突兀而生硬。所以，无论表达什么样的思考和情感，一定要紧紧扣住叙述的事件。

第一篇教学论文，是师父的限时作业。第二天，当我捧着那满是圈圈点点批注的论文稿时，真的有点愕然：案例的分析不准确，这个案例的价值应该是……；文章的观点不鲜明，标题不醒目；文章缺少理论的依据，建议去读……。每读到师父的一点建议，心里就会涌动起对他的无限敬意。于是，那一次，那篇论文就这样一改再改，最后，获得了苏州市优秀论文评比一等奖、"南长杯·教海探航"论文评比二等奖。第一次拿到奖状，心里满是感动，也第一次真正体会到：不经历风雨怎么见彩虹？以后，每当师父读完一本好书，看到一篇好文章，他都会放在我的办公桌上；每当听课时发现某个有价值的环节，他都会示意我记下来……我的老师，他就是这样率真、这样严厉。

第一次参加赛课，师父为我全力以赴。一篇又一篇课文，我们从对教材的理解谈起，到教学内容的选择、教学目标的定位、教学板块的架构。一次又一次试教，推翻了重来，否定了再试。比赛那天，我的课赢得了评委老师的一致好评，获得了苏州市赛课一等奖，我才知道：公开课不是作秀，没有哪个人、没有哪堂课是一次就成功的。以后每一次，我听完师父的课，他都会让我谈谈体会和收获；以后每一次，师父听完我的课，都会仔细地分析我的成功与不足……我的老师，他就是这样睿智、这样执着。

是的，他真的是个睿智的人。每一次，无论是何种文体、怎样的文本，他一解读我们就会豁然开朗，他一设计我们就会眼前一亮，一听他上课我们就觉得没人可以上得更好。我们总想，他的脑袋里装的到底是什么，他的脑子是不是和常人的构造不一样。从《我应该感到自豪才对》《螳螂捕蝉》，到《爱如茉莉》《我和祖父的园子》，到《真理诞生于一百个问号之后》《哪吒闹海》，透过师父一堂堂精彩的课例，我似乎也能触摸到他对语文教学的深度思考——"从'教课文'到'学语文'：语文教学的华丽转身"，"从'教语文'到'育智能'：语文教学的本真回归"。

2010年开始，在师父的提点和努力下，我开始有了走出学校上课、历练的机会。第一次站在舞台上上课，第一次在聚光灯下执教，第一次有近千名老师听我上课……真的会惶恐，真的会不安。于是，整堂课我在做的就是记教案、背教案，我开始为那些备课时还沾沾自喜的、衔接巧妙的过渡语而懊恼，面对那些预设之外的学生的答案，我捉襟见肘……那一刻，我觉得自己就是一个跑龙套的，在舞台上来回穿梭，最终却什么都没有留下。之后，师父告诉我：课堂上每个教学环节应该是简化自然的，每个教学环节所设计的学生的学习活动都应当有鲜明的针对性，聚焦核心目标，集中教学内容，宁愿教得少一些，务必教得透一些；有效的评价、适时的点拨正是一根让学生可以在课堂上自由行走的"拐杖"。从"全国小学语文'挑战名师——同课异构'课堂教学研讨会"到"'睿智大讲坛'全国中小学学科名师教学观摩会"，从"海峡两岸小学语文名师课堂教学观摩研讨活动"到"特级教师徐长青工作室成立二周年成果展示暨全国著名特级教师观摩课研讨会"……一次、两次、三次，师父从一开始听课时一脸的凝重，到偶尔地点头微笑，我知道，那是我小小的进步，那是我慢慢地成长。

【评析】

这四段作者想要围绕师父为自己修改论文和指导上课，来表达自己每一次都在师父的要求和点拨下，获得了新的启示和进步，逐步成长起来。可为什么读来却觉得印象不深，仰望之情不浓呢？原因在于作者没能运用"深描"的写作方法。其实，薛老师可能给王老师指导过很多次论文、帮助她备过很多次课，但是写论文和指导上课这两个角度要各选取一件印象最深的事件具体来写，不能泛泛而谈。比如可以具体写上哪一次公开课时，师父是如何帮"我"争取机会，认真准备的；在准备的过程中"我"在他的严格要求下有什么感受；"我"在上公开课时心情如何，怎么表现的，出现了什么问题；课上完后师父如何点评，"我"是如何反思的……这样紧紧围绕一件具体的事情深度描述，就能让读者穿越时空的阻隔，仿佛和作者一样，经历了整个"痛并成长"的过程，从中感受到薛法根老师精湛的教学艺术和培养青年教师的拳拳之心。如此叙述，"仰望"之情也就自然而然地在读者和作者心目中生发了。

> 有人说，如此扶着走路你又怎能成长？但我总会骄傲地抬起头，自豪地说："我就是这样成长的。"2000年，我在苏州市小学语文教师评优课活动中获得了一等奖；2009年，我参加"小学语文优质课评比"，经过层层选拔，分别获得了吴江市、苏州市、江苏省的一等奖；2009年，我参加了江苏省中小学"杏坛杯"优质课评比，获得了一等奖；2009年，我参加吴江市第二届AA级优质课评比，获得了AA级教师称号；2011年，我被评为吴江市名教师；2011年，我的论文获得了江苏省"教海探航"征文一等奖……是的，我就是这样成长的，看着薛老师一路辛勤地耕耘、智慧地播种，跟着他一步一个脚印地前行，我知道教学之路没有止境，唯有坚定对教育的执着信念，边学边积淀厚实生命的力量。
>
> 薛法根，我的老师，一个牵着我稚嫩的手，带着我在语文教学的跑道上起步的人；薛法根，我的老师，一个永远在语文教学的星空，让我仰望的人……

【评析】

　　叙事的结尾作者自己的奖项可以简略些，应该站在一定的高度去回顾和总结，师父在"我"成长的过程中究竟在哪些方面给了启示和引领，师父的精神和情怀带给了"我"什么感受和思考，等等，让读者明白作者"仰望的心情"，寻找到"仰望的理由"，也由这篇叙事生发出更多关于"我和我的老师"的感悟和思考。

第三章
教学案例：从实践走向研究

·第一节·
文体特征：透过现象看本质

每位教师谈起自己的教育教学经历，都会有许多值得思考、研究或回味的人和事。从自己的教学实践中选择一些事例进行描述和分析，总结成功的经验，分析失败的原因，从而更清楚地认识有效的教育行为及其理论依据，是教师梳理、记录自己的教学经验，反思、提升自我的一种很好的形式。"案例不仅记叙了教学行为，也记录了伴随行为而产生的思想、情感及灵感。它是个人的教学档案和教育史，有独特的保存和研究价值。"[①]

尽管教学案例非常适合一线教师来写，但大多数教师对教学案例的认识还很模糊：有的教师将整个教学事件不加选择地全部记录下来，或是随意摘取一个片段泛泛而谈，写出来的教学案例没有明确的主题，让人不知所云；有的教师对教学情境的丰富性、复杂性和联系性认识不够，所写案例情境描述与问题分析不匹配；有的教师对教学实践没有深入挖掘与反思，在记录这些事例时往往只局限于具体的做法、直观的感受，未能凸显案例中丰富的教育意蕴和价值，让案例达到提升自己、启示他人的效果；有的教师把教学案例写成"教学实录+教学反思"或"教学设计+教学反思"的简单"拼盘"，写出来的案例并不具备举一反三解决教学问题的本质特征。

---

① 张肇丰.谈教育案例［J］.中国教育学刊，2002（2）.

教学案例写作的根本价值在于通过一个具体的教学过程或几个教学片段，提出、解决某个具有普遍意义的教学问题，挖掘和提炼教育理论，促进教师的专业成长。所以，要写好教学案例，发挥出教学案例应有的教育价值，还需要我们对这种教育文体进行深入理解和探讨。

一、正确认识教学案例

1. 教学案例是什么

案例，英文称为"case"，即个案、实例、事例之意。案例的开发和应用最早见于西方医学界、军事界和法律界，特别是工商管理教育对案例的广泛应用，使这一概念逐步深入人心。哈佛商学院就完全采用案例教学法进行教学，每一个商业案例都来自某个领域里有代表性的企业的经典运作。案例中的很多细节都可以成为商业灵感的来源，比如星巴克是如何进行服务管理的，沃尔玛是如何进入中国市场的，等等。从 20 世纪 70 年代起，案例教学为教育界所借鉴，被教育理论工作者引入教育领域，成为一种新的研究方式。

教学案例是集理念、实践与反思于一体的教学事例，这个事例不仅包含对教育情境的描述或是教学过程的记叙，还包含对案例发展变化及结果的深刻反思。教学案例开发的最终目的不是为了再现教师"如何教"的过程，而是通过呈现教学实例，告诉大家可以用怎样的认识和方法解决某个教学问题。因此，教学案例开发是教师基于教学实践梳理、归纳、提升教学经验，形成"扎根理论"的有效途径。

2. 教学案例不是什么

（1）教学案例不是教学实录。

很多教师把教学实录等同于教学案例。其实，二者是有区别的。

教学实录是将教学过程完整或片段地以文字记录下来，整个过程必须真实、完整而且不能加以选择或加工。教学案例则需要根据自己选择的案例主题，从课堂教学中选择某些内容、环节、细节，聚焦、叙述和说明，围绕明确的教学问题有选择地加工、描述、分析是它的特点。"教学实录的特点是'录'，讲究'原汁原味'，成败得失均在过程记录中自然体现，由读者自己去分析、评论、借鉴。教学案例的特点是'例'，即必须让读者能够由此及彼，举一反三"[1]，从案例中获得解决同类教学问题的启示。

因此，"忠实地再现"课堂，并不是教学案例的写作目的。教学案例写作的价值在于发现和放大"课例"中发现原本不为人注意的细节、特点、现象等，引发读者对这些蕴含了"研究问题"的现象或细节进行思考，提出不同的解释或看法，使案例具有研究的意义和价值。

（2）教学案例不是教育叙事。

有教师疑惑，教学案例和教育叙事有何区别？有的教育叙事"叙教学之事"，并不代表就是教学案例。教育叙事的基本特点用讲故事的方式表达自己的理解和感受，让读者有所感悟，"一般不阐述新的教学理念或构想，也不直接倡导教学应该怎么做、不应该怎么做"[2]。教学案例则强调理性分析，要通过教学事件提出教学问题，细致描述问题解决的过程，表达作者的教学观点、教学改进策略，提出值得进一步探讨的问题。写作手法上，教育叙事常常夹叙夹议，教学案例则大多是先叙述再集中分析。

江苏小学数学特级教师张齐华曾经叙述过这样一个教学事件[3]：

> 面对这样的质疑，如果说，最初的我依然可以凭借自己对这节课的深入思考而做出一一回应的话，四川成都的那节课后，学生给出的如下评价，无疑给了我最沉重的一击："有些时候，我不知道老师你究竟想要我们干什么。"是呀！数学教育，不仅仅只关乎数

---

[1] 段志东. 教学案例写作中应注意避免的几个问题[J]. 中小学教师培训，2006（11）.
[2] 同①.
[3] 张齐华."疑似成功"的背后——《交换律》一课的实践困惑[J]. 江苏教育研究，2010（3C）.

学，更应该关乎教育。更进一步，教育的对象是人，是正在成长过程中的儿童，是一个个具有特定认知水平、思维方式的个体。作为一门课程，数学终究只是个体获得教育的一种载体和途径而已，如果我们的眼中只有数学，没有教育，没有对我们的教育对象的准确把握与深刻了解，那么，数学教育总有一天会重新陷入教育者个体所谓的精彩独白与"自我秀"，而这，却不是我们所期待的好的数学教育。

回到这节课本身，一个更为一般的问题自然就展现在我们面前，那就是，数学课堂在权衡"数学"与"儿童"这一对具有普遍意义的矛盾时，究竟该有一个怎样辩证、理性的姿态？我以为，这恰是《交换律》一课给予我的深刻教训。（有删改）

在这篇文章中，作者叙述了几次执教《交换律》一课的不同感受和由此产生的困惑，并在叙述中提出了很多问题：学生知道举例的必要性吗？究竟怎样的过程才是真正意义上的举例？数学知识与方法的学习，究竟应该一步到位，还是允许其有一个过程？……但对这些具体的教学问题，张齐华老师并未给出答案。相反，基于这些实践困惑，他提出"如何对待和处理'数学'与'儿童'的矛盾"这样一个深层次的教学问题，引发读者进一步思考和感悟。因此，这篇文章属于教学叙事，而非真正意义上的教学案例。

（3）教学案例不是教学论文。

从文体特征和表达方式上来看，教学论文的主要目的是说明观点、总结经验，以论证、分析、提炼为主，通常直接摆明观点，举例只是为了进一步印证观点，但并不是论文的主体。教学案例是通过分析案例来揭示教学规律，记叙、分析和说明兼有，案例本身和案例的分析都是写作主体。"从写作的思路和思维方式上来看，二者也有很大的区别：教学论文写作运用的是演绎思维，思维的方式是从抽象到具体；教学案例写作运用的是归纳思维，思维的方式是从具体到抽象。"[1]

二、教学案例的文本结构

从教学案例的文本结构看，一则完整的案例通常包含背景说明、情境描述、分析讨论、总结提炼四个部分。

1. 背景说明

主要交代教学事件发生的时间、地点、人物、环境等，为后续教学事件的描述和分析奠定基础。围绕主题和对后续的分析有作用的背景要特别交代和说明。

撰写背景说明的目的，是让读者和研究者了解这个案例中蕴含的教学问题是什么，其值得关注、研究和解决的价值在哪里，以及作者是从什么角度出发去分析和解决这个问题的。"一千个读者就有一千个哈姆雷特"，背景说明犹如案例的阅读指南，有了这些背景情况的介绍，读者和研究者就可以循着作者的思路，去聚焦特定教学问题及问题解决的过程，明晰作者解决问题的思路。因此，背景说明是教学案例不可或缺的一部分。

2. 情境描述

情境描述部分要生动形象地反映教育教学的具体过程，用生动的教学情境引发读者思考。叙述时要突出主要事件，舍去那些与主题关系不大的内容，不仅要描写语言、行为，还要对人物的内心进行刻画，对关键性的细节更要描述清楚，以为读者提供足够的信息。情境描述切忌不加选择，流水账式地记录教学过程，描述的内容要与案例主题相匹配，突出重要细节，为后续分析做好铺垫。

---

[1] 张肇丰.谈教育案例[J].中国教育学刊，2002（2）.

3. 分析讨论

分析与反思是教学案例的重要组成部分，分析的主要内容有：（1）说清行为依据。为什么要这样做？在这样的教学情境下，自己依据什么做出价值判断和行动选择？这可以促使教师实现从经验到理论的升华。（2）判断真伪和价值。这样做为什么是好的，价值何在？失败的原因是什么？这可以引导教师感悟案例中的问题及解决问题的思维方式和支撑理念。（3）提出假设和对策。如果再碰到这样的情境和问题，应该如何行动，如何改进实践中的教学行为？

需要特别注意的是，分析是在记叙基础上的议论，不能浅层地就事论事，而要注重从案例情境中归纳出问题并进行分析，以进一步揭示事件的意义和价值。但应当尽量避免偏离案例主题，反思、分析与主题无关的内容。

4. 总结提炼

如果说，教学案例的分析讨论部分是"就课论课"，是作者对教学事件本身的分析和评点，那么在总结提炼部分，教师要基于教学事件进行普遍意义上的理性反思，除了阐明自己经历这个教学事件之后的理性感悟、体验和独特的认识外，更重要的是运用教育理论对案例进行多角度的解读，从理论的层面分析失败的原因，总结成功的经验和做法，从这个教学事件中总结、提炼出教育教学原理和规律，提出值得进一步思考和研究的问题，或是下一步的教学变革行动策略。

值得说明的是，这四部分写作内容是教学案例写作的结构要素，但并不是固定的表达程序。作者可以根据自己写作的主题、案例的内容等具体情况，相机对这些要素进行安排和组织，体现出自己的写作创意和风格。本章第三节呈现的两个不同类型的教学案例，都包含了这些要素，但呈现方式不同，读者可以在阅读中进一步分析和体会。

·第二节·
写作方法：创生实践，创生精彩

一篇好的教学案例应当有鲜明的主题、清晰的背景、典型生动的事件、深入浅出的分析和富有启发性的教学行为改进策略。根据教学案例的基本特征和文本结构，依据一定的步骤和规律，才能真正完成一篇高水平教学案例的开发和写作。

一、教学案例撰写的步骤

1. 提炼主题

写作教育案例写作首先要有鲜明和贯穿始终的主题。案例的主题是案例结构与内容选择的依据，有了主题，才能在叙述过程中思路清晰、重点突出、有的放矢。确定案例的主题时，教师应从教学过程中选择有普遍性且能引起读者共鸣的问题进行聚焦和提炼。可以在交代背景后就鲜明地揭示出主题，下面的描述和分析都围绕这个主题进行，也可以在后面的叙述分析中逐步凸显主题。主题定下来后，再考虑是将一个完整的课例还是几个教学片段作为案例内容；是用说明的形式还是白描的手法呈现案例；是用"实录＋反思"的方式分析案例，还是边记叙边评析……这些都需要根据主题来确定。

值得注意的是，教学案例的主题不是一个边界，也不是一个研究范畴，而应该是一个明确的教学问题，这个教学问题应当是值得分析和研究的，具有普遍意义，可以让读者举一反三地运用到实践中去解决同类问题。

例如，"语文活动化教学"只是一个研究范畴，但"语文活动化教学中的活动设计"就是一个明确的教学问题，可以成为案例的主题。后续的素材选择和分析也应当围绕这个具体问题来进行。

2. 搜集素材

主题确定后，就要围绕主题收集素材。优秀案例的特点是寓普通于特殊性之中，以小见大。教学案例的素材可以来自自己的教学经验，可以来自身边其他教师上课的教学片段，也可以来自阅读。教学案例可以记录成功的精彩，也可以分析失败的教训。但在选择时，教师始终要追问"我为什么选择这个素材？""我选择的这个教学事件（教学片段）能够反映我的问题，表达我的思考吗？"

尽管给教师留下深刻印象和感受的教学事件很多，但并不是所有的教学事件都能作为案例。能够成为教学案例的事件必须具备三个特点：

（1）教学中真实发生过。

教学案例应是实际教学生活中已经发生过的事件，内容可以是课堂教学实况、学生的反馈、教师的课后访谈、某一教学事件的个案追踪、对学生作业的分析，以及其他一些教学行为观察的结果等，也可以包括课前集体备课中的争议或课后评课引发的讨论。但不管选择什么内容，事例应当是真实的，因为只有真实的教学事件才具备反思、分析和提炼的价值，也才会引起读者的共鸣，并起到举一反三的效果。

（2）能引发多数教师思考与讨论。

教学案例可以是一个教学片段，也可以是一个完整的课堂教学过程。但一个仅让自己有深刻记忆的教学事件不一定能成为案例素材。案例中要"包含有一个或多个教学疑难问题，同时也可能包含有解决这些问题的方法和思考"[1]，只有能引起多数教师的关注、思考、反思，带给读者启发和借鉴的事件才能成为案例素材。

---

[1] 转引自：张翼.教学案例与教师发展[J].渝西学院学报（社会科学版），2005（6）.

（3）蕴含着丰富的教育理论。

好的案例蕴含着丰富的教育理论，可以从多个角度解读。一篇好的教学案例要呈现教育实践的经验与方法，包含对特定教育问题的深刻反思，并将教育思想隐含其中，它呈现的是教师如何用教学行为回答教育问题。"它所提供的各种来自实践的相关的原始资料，均可以成为建立各种教育假设的基础，作为验证及推理的来源，以促进教育理论和教育实践的进一步发展。"[1]

因此，教师选择的素材不应仅仅是"教得精彩"的教学事例或片段，而应该是蕴含了教学规律和理论，值得回眸和回味的教学事件。

3. 确定题目

案例的主题并不等同于案例的题目。主题是写作的范围，题目是更加精准的写作内容表达。教学案例的题目，应当明确表达本案例研究和解决的教学问题。例如，幼儿游戏指导是一个主题，而"创造性游戏的有效指导策略——以'潮童养成记'游戏指导为例"就是一个案例的题目。

在拟定教学案例题目的时候，教师常常会出现这样几个误区：有的直接用学科或课题名称作为教学案例的题目，造成题目表达泛化，如"请到我家来做客""小学体育教学案例"；有的用口号式、文学化的语言来表达主题，造成表达模糊，让人不知所云，如"细品'划'外音""张口说，大声说"；有的用生活用语替代专业概念，表达不科学，如题为"让 There be 句型'转起来'"的案例，内容是围绕英语"隐性语法教学"进行研究和分析，以"'隐性语法教学'的有效策略——以五上 Unit2 A new student 语法教学为例"作为题目，更为科学。

4. 撰写背景说明

背景说明主要交代在教学中遇到、发现了什么样的教学问题，这个问

---

[1] 商利民. 试论新课程改革中的教学案例及其研究价值［J］. 教师教育研究，2004（6）.

题的研究价值和意义在哪里，你从什么角度研究或解决了这个问题。围绕主题和对后续的分析有作用的背景要特别交代和说明，为后续的描述和分析奠定基础。

背景说明可以从以下几个方面展开：（1）描述你遇到或发现的教学问题；（2）提供案例研究的背景情况，如调查中的发现、教师情况、教学起因等；（3）叙述对这次教学产生重要影响的时代、教育背景，揭示案例研究的意义；（4）简要介绍教学内容。来看下面这个例子[①]：

> ①"开学第一课"作为新学期每个学生辞旧迎新的必修课，其意义不言而喻。关于小学数学学科，开学第一课究竟该上什么、怎么上，学生该学什么、怎么学，成为近年来教育圈持续困惑和探讨的话题。②有调查显示，44%的教师认为，开学第一课可以不上"正课"，按部就班地总结假期活动，讲讲课堂思维习惯、作业格式要求、新学期学习计划等等。也有46%的教师持有这样的观点，开学第一课直接上新学期新单元第一课时的内容，一如既往地正常上数学"正课"不就行了？这有什么值得探讨和研究的？……③一张简单的数学目录页酷似一个拥有巨大能量的磁场，小学数学开学第一课不仅需要研思，而且要研思出内涵、韵味、深度、品质，它包括知识结构、数学关联、整体思维、数学能力、数学情怀、数学期待、公共素养、理性精神的培育等等。很显然，这种价值是对核心素养背景之下"人的整体素养"和"人的整体能力"的持续关注，这样的教学实践与尝试具有十分宝贵的引领和借鉴意义。（有删改）

这段教学案例的背景一共写了三部分内容，第一部分直接揭示了作者在日常教学中发现的教学问题：数学开学第一课怎么上？第二部分作者介

[①] 董文斌.寻找儿童数学深度学习的坐标——北师大版四（下）"开学第一课之目录课"课堂教学实录［J］.江苏教育研究，2017（7B）.

绍了这个案例研究的起因是一次教师调查，大多数数学教师对开学第一课的态度是忽视、轻视，甚至是无视。第三部分作者结合时代背景和教学意义阐述了开学第一课的重要性，也在引导读者循着作者的意图，去发现和体会案例中教师是如何上出开学第一课的内涵、韵味、深度和品质的。

5. 进行情境描述

情境描述一要完整，二要细致。完整并不是指要把一个教学事件从头到尾讲述出来，而是要选取最能反映问题和解决策略的相关教学过程和细节进行描述。细致是指要把事件中人物的活动、事情的起因、教学的过程、教学的结果，包括学生的反应和教师的感受等都细腻地描述出来。有的地方还要适当加入细节和心理描写，说明当时自己怎么想的，为什么会这样去做。让读者了解这些教育行为背后的思考是什么，不仅"知其然"，也"知其所以然"，这也是教学案例不同于教学设计和教学实录的地方。

情境描述通常有三种方式：一是课堂实录型，二是片段描写型，三是教学叙事型。

（1）"课堂实录型"情境描述。

对于特别精彩，无须删节就能充分说明问题的教学片段，可以采用课堂实录的方式直接再现教学情境。来看下面的例子[1]：

> 师：回顾这节目录课，你有哪些收获呢？
> 生：没想到一张目录里竟然藏着这么多秘密。我觉得目录就像一个宝藏，我感受到了它有强大的功能。
> 生：这节课中，我们用画一棵大树的方法把这学期要学习的单元分了类，让我了解了每个单元要学什么，我更清楚了单元和单元之间的关系，这让我对本学期的学习内容有了更清晰的认识。

---

[1] 董文斌. 寻找儿童数学深度学习的坐标——北师大版四（下）"开学第一课之目录课"课堂教学实录［J］. 江苏教育研究，2017（7B）.

> 生：我学会了用画思维导图的方式梳理知识，我认为这是一个很好的学习工具，它能帮助我找到知识之间的联系，梳理之后我头脑中就有了一个清晰的框架。这节课对我新学期的学习有很大帮助。
>
> 师：哈哈，我们的认识又提升了。那就让我们带着对数学学习的美好期待一起进入新学期的学习吧！谢谢大家的积极思考和精彩交流！（有删改）

通过这样的课堂实录，读者仿佛身临其境，真切了解了课堂上究竟发生了什么。但这种描述方式的缺点是比较占篇幅，而且无法对教学过程进行选择性呈现。读者要读完后续的案例分析，才能明白作者呈现这段教学过程到底想说明什么问题。

（2）"片段描写型"情境描述。

对于有些教学案例，只需要选择性地运用教学中的某些片段或细节来说明自己的观点，那么采用"片段描写"的方式进行情境描述再合适不过。教师可以选取课堂教学中最能说明问题的细节进行描述，使情境描述更有针对性。例如，雷燕老师撰写的《情韵交融　理趣共生》[①]一文描述了当时的课堂情景：

> 《渔歌子》是唐朝词人张志和所作，在学生反复朗读，理解这首词大意的基础上，我把时间留给学生展开丰富的想象，旨在让学生把每一个景物都想活、说透。此时不给学生任何画面辅助，让他们尽情地想、充分地说。此时，老师充分享受着学生的精彩描绘，在倾听中，偶尔点拨学生发言中的问题，从而让学生更准确地理解词的意境，让学生在不知不觉中，体会到词的意境美、语言美、情韵美。
>
> 如学生说："顶着斜风细雨，悠然自得地在雨中垂钓。"我提醒道：

---

① 雷燕.情韵交融　理趣共生[J].江苏教育研究，2015（10B）.

> "这里'顶着'你认为用得怎么样？"让学生体会那是斜风细雨，那是轻风拂面，那种感觉是温暖的、舒服的、惬意的。再如，学生说："我感觉这么美的景色就像一位仙女把那位渔翁勾引了。"虽然学生的表述不是很准确，但词的意境已经完全融化了他。教师把学生发言中的不足当作有效的教学资源，及时点拨、动态生成、加深理解，此时学生已经完全沉浸在美妙的画面中。当平面的诗句通过学生的想象生成为一幅幅鲜活的画面、一幕幕立体的场景时，学生才能感诗人之所感，想诗人之所想，诗句背后的情韵与意境，就会在想象的召唤和引领下，喷薄而出。（有删改）

对于这段教学情境，作者用夹叙夹议的方式进行了描述，从中我们不仅了解到了教师的教学过程、教学设计意图，还看到了课堂上师生互动的生动场景，真实感受到了当时"情韵交融、理趣共生"的课堂氛围。需要注意的是，采用这种方式描述情境，一定要撇去无关内容，只描述和放大与案例主题相关的过程和细节，为后续分析服务。

（3）"教学叙事型"情境描述。

有些教学案例不是在一节课中发生的，而是一个较长的过程，时间跨度大，只有展现整个教学过程才能表达主题。这类案例就适合采用叙事的方式再现，通过作者有选择的、概括的、精当的描述，让读者了解整个教学过程。

例如，曹韧基老师发现，在古典文学的教学中，写作长期缺席。他尝试通过一份寒假作业及一次探索性课堂对古典写作教学进行探索，让学生更好地理解、感悟古典之美，发挥自身的学习力及创造力。这个案例实施的时间跨度比较大，他就采用了叙事的方式来描述整个实践过程，为后续的分析做好准备。该叙事如下[①]：

---

① 曹韧基.古典写作：对一份寒假作业及一次探索性课堂的思考[J].江苏教育研究，2018（1B）.

2016年寒假前，笔者对假期的语文作业做了些改变，一方面是为了配合下学期的一节探索性课堂；另一方面，也想让孩子们在寒假做点突破性的作业，最好既能减轻负担又能在这个过程中享受到语文带来的乐趣。这份作业的调整主要体现在写作上，由原来规定的三篇800字文章，变成如下几条：

（一）拟对联两副（每副字数不少于8个字）。

1. 姓名联：将自己的名字融入其中，且最好能对自己的性情、心志等有所抒发；上下联对仗大致工整即可。

2. 书斋联：表现自己读书、求学、为人的兴趣、志向和性情，对仗大致工整。

（二）创作七言绝句一首，注意格律。

（三）写作文言札记一则（不少于150字）。

（四）练毛笔字：将以上三条作业的成果，用毛笔书法的形式表现出来。

作业调整做出以后，笔者分别对每一项进行了示范，并提出了明确要求。说完以后，教室里一下炸开了锅，孩子们多有摩拳擦掌、跃跃欲试之势，有的基础好的学生甚至流露出倚马可待的神色。事后想来，这次作业的调整，激起了学生完成它的兴趣和动力，一扫学生领作业时低迷的情绪，学生大多是以好奇、积极、尝试的态度接受，这就为之后作业的高质量完成打下基础。

寒假中期，孩子们的作业陆续提交，由于各自的语文素养不同，作业质量亦参差不齐。根据孩子们提交的作业情况，笔者决定以姓名联为主要内容，设计一节探索性课堂。笔者将之命名为"汉字的魔方"：汉字本身就是一个个充满魔力的方块字，而由一个个汉字组成的各种文字形式，也是充满了无穷无尽的变化的神秘魔方，对联就是其中最为基本和普遍的一种。本次探索性课堂聚焦姓名联这一形式，主要探索如何通过嵌字、典故、谐音等技巧，将自己的姓名融入一副语言雅致、韵味幽深的对联之中。

开学正值元宵时节，笔者事先挑选了12副学生创作的姓名联，让班上书法较好的同学写成对联的形式，悬挂于黑板两侧。这些对联中的名字或显而易见或深藏不露，形式上或完善或有瑕疵。课堂上的主要教学活动设计为：效法《红楼梦》中元宵猜灯谜的形式，猜姓名联的主人；在猜的过程中，探讨作者是如何将自己的名字巧妙地藏于对联中的；对形式上尚有瑕疵的作品，由学生结合对联的基本写作知识和自己的语言素养，提出修改意见，教师提供修改参考方案。新颖的课堂形式、具有吸引力和挑战性的教学内容最大限度地激发了学生参与课堂的热情。

例如一位名为姜冰的学生所撰的姓名联：剑阁走马明星陨，冰城牧羊新岁更。因为运用了典故，所以猜中的难度较大。长时间的沉默和不着边际的推测之后，终于被一位爱好阅读《三国演义》的学生看出端倪，猜中主人。上联运用了姜维剑阁折兵的典故，下联则将自己的名字直接嵌入。

另有一副名为华宇的学生所写的姓名联：华夏春来千顷碧，宇穹云开万里蓝。用了藏头的手法，对于朝夕相处的同学而言，猜出的难度不大，几乎所有人在第一时间喊出了他的名字。

在接下来讨论这副对联是否还有可以修改的地方时，有同学发现"春来"与"云开"的平仄是一致的，不符合对仗的要求。经过讨论，同学们给出两种修改方案：其一，改上联"春来"为"春至"；其二，改下联"云开"为"云散"。

这两种方案，乍一看都是可行的。但是哪一种更优呢？在老师的追问下，吸取了"姜冰"同学姓名联的教训之后，大家一致觉得选用第一种为好，因为第二种修改方案中，"云散"的"散"有萧瑟破灭的感觉，与姓名联的雅致风格不统一。在对这则对联的修改讨论中，学生呈现出来的对于汉字的敏感与推敲能力，让笔者感到惊喜。

> 45分钟的课堂在对12副姓名联的猜测和讨论中很快过去。孩子们通过这节课，对嵌字、谐音、典故、拆字、藏头等传统的汉语艺术手法有了直观的认识，同时对对联的基本写作要求有了更为深入的理解（如词性相同、平仄相对、仄起平收等）。在此基础上，更体会到传统汉字艺术形式的美妙：变幻无穷的组合方式、言有尽意无穷的神韵。（有删改）

这样一个实践探索，如果不展示实施过程的全貌，读者不容易理解，但从头到尾地交代整个过程，很容易写成流水账。作者用很短的篇幅把一份历时一个寒假的作业、一节颇具特色的古典写作课，甚至孩子们精彩的课堂表现充分展示了出来，很大程度上得益于他选择了一个正确的案例描述方式。采用叙事型的情境描述，可以让主动权完全掌握在作者手中，作者可以根据需要概括、剪裁、加工整个案例实施过程，使一个完整的案例犹如经过加工的"微电影"，恰当又充分地展现在读者面前。

因此，如上三种情境描述方式各有所长，作者可以根据撰写案例的不同特点选择适合的方式。

6. 进行案例分析

背景说明、情境描述都是为了后续更好地开展案例分析。案例分析即作者围绕案例提出的问题对相关教学过程或片段进行评述、分析，提出自己的见解，"挖掘故事中蕴含的教育教学原理和规律，把感性认识上升到理性认识。……对细节的看法可以穿插在叙述中，对事件的整体看法最好放在文末集中表达"[①]。

分析的主要内容有：（1）围绕主题，从教学案例情境中凸显出问题并进行分析，以进一步揭示教学案例事件的意义和价值；（2）分析教学情境

[①] 毕平平，成晓利. 案例开发：教师专业发展的有效模式[J]. 继续教育研究，2007（2）.

情景中蕴含的问题及解决问题的理念和策略；（3）说清行为依据，即讲清行为背后的教育教学理念：为什么要这样做？为什么要这样教？（4）提出假设和对策，即说明如果再碰到这样的情境和问题，应该如何改进教学。分析要围绕主问题进行，如果只局限于具体的做法和感受进行发散性反思，这样的分析就会东一榔头，西一棒子，主题不明，逻辑不清，无法让案例达到提升自己、启示他人的效果。

需要注意的是，分析应回到对教学基本层面的探讨，要分析教学的基本特点以及值得研究的问题，要对课堂教学进行整体的考察和深层次的分析，不要过分集中于个别情况或特殊问题。必要时还要进行文献分析，通过查阅文献，从已有的研究成果中受到启发，从中找到课堂教学现象的理论依据，从而增强案例的说服力。

例如，张嘉老师在《一场穿越古今的体验——基于历史文博视角的社会实践体验课程》[1]一文中，为了说明各类社会实践体验课程对培养学生综合素养的作用，分析道：

> 各类课程精心设计体验活动，配合任务单及评价方式，指向培养学生的综合素养。例如在"探寻农机具，感悟农业发展"体验课程中，通过"亲身体验摇柴龙、智力拼图找农具"的体验，引导学生关注农机具的发展，培养学生的动手能力、探索能力、认知能力及团结协作的能力等，使他们成为有探索精神和创新意识的一代新人。再如"青花瓷文博课程"，通过"年代排序、竞猜年代、触摸文物"三项体验，引导学生建立以文物史料来了解历史的思维方式，构建相关知识体系，着力培养学生的学习能力、探究能力；通过"夸夸自己制作的宝贝"，让学生在碰撞中反思成长，提高审美力，体会传统文化的魅力，思考如何对传统文化进行传承与创新。这些指向综合素养培育的体验课程

---

[1] 张嘉.一场穿越古今的体验——基于历史文博视角的社会实践体验课程[J].江苏教育研究，2018（4B）.

> 设计，让学生在"玩中学，玩中得"，有所习得，多元发展。
>
> 杜威认为，最好的教育就是"从生活中学习"，他主张"学校即社会"。陶行知在杜威的基础上进一步发展，他主张"社会即学校"，主张用社会各方面的力量，打通学校和生活的联系，学校应该带着孩子走向社会，走向生活。另一方面，社会应该向学生打开。学生在学校里，获得的教育更多的是科学世界的教育，而走进社会实践体验馆，可以获得生活世界的教育，相对而言，这种真实情境中的教育更具有奠基性。
>
> 这些社会实践体验课程，以综合实践活动课程理念为导向设计，以丰富的内容、立体的文化，开辟了学生生活化学习的新领域，让学校教育和社会教育相联结，成为学生快乐学习和成长的摇篮。

在分析的过程中，作者先就两个实践案例"探寻农机具，感悟农业发展"体验课程、"青花瓷文博课程"进行了具体分析，然后引用杜威、陶行知的观点作为理论依据，进一步说明社会实践体验课程的价值和意义，从而增强了案例分析的理论深度和说服力。

7. 进行总结提炼

如果说分析的过程是"就事论理"，总结部分就要跳出对教学案例的具体分析，基于教学事件进行普遍意义上的理性反思。对案例描述的事实和提出的问题，在分析的基础上，进一步运用教育学、心理学等相关理论，把教师课堂教学的经验、行为提升到"说清其理论依据"的层面上，总结出可以运用于其他学科、学段、教学内容的教育教学规律，以及问题解决的经验。

例如，《如何用评分规则促进学生的学习——四年级美术〈猜猜我是

〈谁〉课例描述与分析》[①]一文中，作者最后总结出了四条制定评分规则的规律：（1）评分规则应合理、清晰、完整；（2）评分规则的制订注重过程；（3）确保学生理解评分规则；（4）科学合理地使用评分规则。这四条规律的运用，可以不局限于《猜猜我是谁》这节课，或是四年级的美术教学，它们还可以帮助不同学科、学段的老师在进行"教—学—评"一致性的教学时，举一反三，制定本学科、学段的评分规则。

二、审视教学案例的多重视角

教学案例的写作，是一个蕴含了多重意义的综合性过程，从下图可以充分看出教学案例的文本包含的要求、写作方法、写作步骤以及写作过程中的教师成长。

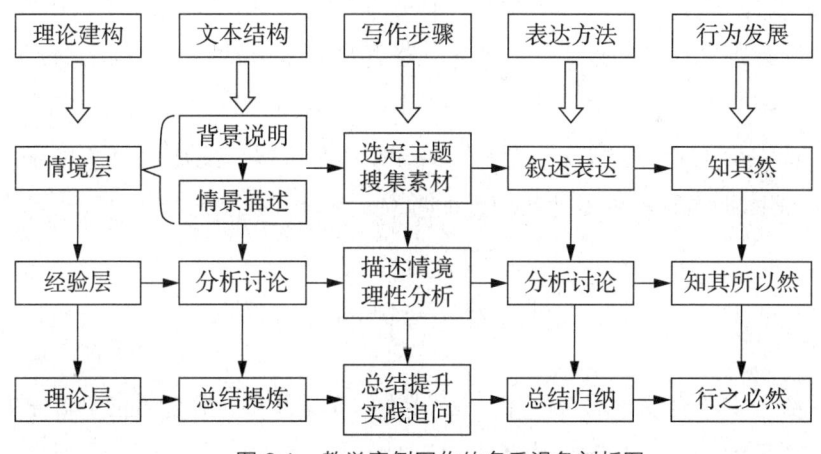

图 3.1 教学案例写作的多重视角剖析图

从理论建构的角度看，教学案例分为三个层次结构，即情境层、经验层和理论层。情境层是对于教学过程及细节的描述；经验层是对教学情境的讨论，对课堂中的教学经验进行总结和反思；理论层则是探究教学情境

---

① 潘洁琴.如何用评分规则促进学生的学习——四年级美术〈猜猜我是谁〉课例描述与分析[J].江苏教育研究，2014（1B）.

中的具体经验在更大教学范围内的普遍性意义与价值。

从最后呈现的文本来看，教学案例的文本结构可以分为背景说明、情境描述、分析讨论、总结提炼几个板块。在这些板块中，通常运用叙述表达、分析讨论、总结归纳等表达方法。

从写作步骤看，教学案例大致要经历"选定主题、搜集素材—描述情境、理性分析—总结提升、实践追问"三个环节。在"选定主题、收集素材"过程中，教师有条理地对自己零散的经验进行梳理、提炼和加工；在"描述情境、理性分析"过程中，教师重新回到教学事件当中，对自己的教学行为进行深层审视和理性思考；而"总结提升、实践追问"的过程，不仅是教师案例开发的过程，也是教师从实践中总结规律，形成"扎根理论"，将教学研究引向深入的过程。

从案例写作过程中教师行为发展的变化看，撰写教学案例，让教师关注到教学的点滴事件，总结经验，自我反思，并在以后的实践中更加自觉地调整自我教与学的行为，经历了"知其然—知其所以然—行之必然"的升华。这一过程是教师将教学实践经验上升为教育理论的过程；是帮助教师有意识地改进教学行为，将"无法预约的精彩"变成"必将出现的精彩"，不断提高自己的专业化程度的过程。

三、创生教学案例的行动策略

从文本角度说，写出一个主题明确、情境真实、分析透彻的教学案例并不是最困难的，如何饮水思"源"，跳出写作技术层面，走向教育生活的改变，用行动创生教学案例才是关键所在。

1. 善于审视和发现——形成案例意识

教学案例的撰写始于问题的发现，没有问题也就没有案例。这就要求教师要善于审视日常的教学生活，培养自己捕捉教学问题的能力，学会从熟悉的、纷繁复杂的教育现象中发现问题、提出问题、解决问题。在实践中，教师不仅要具备敏锐的观察能力，更要形成强烈的案例意识，形成善于思考、随时捕捉的习惯。只有具备强烈的案例意识，才能善于发现和洞察自己身边具有典型意义的教学事件，并有意识地对此加以阐释、分析、反思，这是课堂教学案例成功开发的前提条件。

2. 勇于探索和行动——坚持行动研究

案例开发不是进行纯理论研究，也不是撰写经验总结，而是一个不断反思教育行动、解决实际问题的行动过程。"一个优秀的案例不是在实践中自然产生的，也不是在教师头脑中自发形成的，而是在反复实践—反思—再实践—再反思中形成的。"[1] 教师在教学中要带着研究者的意识，用眼睛去看，用耳朵去听，用心去体会，仔细观察学生的言行，特别是关注与众不同的声音、行为以及思维方式。用敏锐的洞察力去发现每堂课的精彩之处或缺憾之处，用情感、意识、思考去触摸事件的本质。通过观察、分析、思考、行动，让整个教学过程成为一个活的教学案例。只有在教学实践中勇于尝试、勤于思考、敏于行动，精彩的案例才会信手拈来。

3. 学会分析和反思——提升专业素养

教学案例以教学情境作为基础，并将具体的教学实践性知识与理论蕴含在对教学情境的描述之中。撰写案例，不是一个简单的"回忆"过程，而是一个"再创造"的过程。在这个过程中，教师要学会以新的方式来审视自己，对自己的认识、行为进行反思和澄清，寻找自我与他人的差距，寻找教学设计与教学现实的差距，从而更新理念，改进行为，提高自己的教育决策和行动的能力。

这就要求教师平时多关注和积累教学经验，通过阅读了解教学研究的最新进展，关注学情的变化等，不断拓宽专业视域，使自己在今后的教学中能更好地处理各种教学问题，提高教学效益。

---

[1] 毕平平，成晓利. 案例开发：教师专业发展的有效模式［J］. 继续教育研究，2007（2）.

4. 乐于分享与创造——建构"扎根理论"

写教学案例的目的是让教师结合自己的教学实践，赋予抽象的教育理论以生命和血肉，为理论与实践的结合提供生动的注解，并从中获得对教学新的理解。"对于教学一线的教师来说，我们拥有的最大资源，就是我们每天都面对的大量丰富而具体的教学案例。……撰写教学案例实际上就是教师对自身教学工作的自我叙述，叙述他自己的教育活动方式，他对教育的理解，他自己的成长经历。"[1]

教师在撰写教学案例的过程中，通过"关注教学事件—发现教学问题—寻求解决策略—梳理教学经验—提炼教学观点—改进教学行为"的循环上升过程，逐步建构起基于自身教学实践经验的"扎根理论"。这样的理论因其丰富具体而对实践更有价值。如果能把这些案例和同行、专家交流，听取他们的想法和评价，就能促使自己的思维走向深刻，视野走向广阔，实现自身思想和实践的创新与飞跃。

总之，撰写教学案例不是一个单纯的写作过程，而是给了教师一个契机，让教师能在实践中发现问题、解决问题、创造实践、创生理论，从一个单纯的教学实践者走向教学研究者，在教学中散发绚烂的生命之光。

· 第三节 ·

对比评析：两种不同类型教学案例的写作分析

教学案例的结构要素包括背景说明、情境描述、分析讨论、总结提炼四部分内容。不同教学案例的要素基本相同，写法却可以多样。本节将呈现两种不同类型的教学案例并进行评析，案例一是"片段式"教学案例，

---

[1] 黄河清. 尝试改变自己——努力写好"教学案例分析"[J]. 基础教育研究，2010（9）.

即选取多个教学片段来说明主题；案例二是"整体式"教学案例，即依据一堂完整的课来撰写教学案例，分析教学问题。通过对两种不同类型的教学案例对比评析，读者一定会获得更多的启示。

案例一

"片段式"教学案例

一、案例呈现

改一改，更精彩
——例谈数学教材的适切处理[①]

教材是专家们经过科学的论证后编写出来的，是比较规范、比较科学的教学资源。不过，同一套教材对不同地区学生的适应性是各不相同的，而且它与每个学校的现实资源情况多少会有点距离，这种距离，影响了课程的适切性。不过，在使用过程中，好多老师明明看到了教材与现实不太适应的现象，但就是不敢处理教材，因为在他们心中有一个观念——教材是神圣不可侵犯的。那么应该怎样理解教材呢？叶圣陶老先生说："教材只是一个例子。"我们在使用教材时完全可以基于现实的需要，基于学生的需要，将原有的教材进行适切处理。在以人为本的理念下，通过对教材的遴选、调整，局部的改编、整合、补充、拓展等方法，使教学内容更具"适时性""亲切性"和"鲜活性"，从而更好地适应本地区、本学校、本班级的儿童。

一、灵活调整教学顺序，确保学习内容的适时性

学习是学习者主动建构的过程，是对新信息意义的建构，以及对自己原有经验的改造和重组。学习内容顺序的安排，如果符合学习者

---

① 吴建亚.改一改，更精彩——例谈数学教材的适切处理[J].江苏教育研究，2011（11B）.

的认知规律，适合实际教学条件与学生的认知时机（也就是适时），便能起到协助学习、促进建构的作用。我省的数学教材就是按照数学知识的内部逻辑和儿童认知规律来编排的，是一套非常出色的教材，被教育部评为优秀教材。不过，由于我们的教学对象是活生生的人，教学过程中又存在种种动态生成现象，所以在实施过程中，可能还会出现教材安排的教学顺序不适合本班教学时机的现象。这个时候，为了提高学习效率，我们就可以对教材进行人本化处理，从儿童视野出发来灵活地使用教材，通过灵活调整内容的先后顺序，让教学内容更适合学生的认知时机。

如苏教版国标本第一版四年级《垂直》一课的内容，教材先安排教学"从一点向已知直线画的线段中垂直线段最短"的知识，然后安排教学"画垂直线段的方法"。当时我们在研究这节课时，发现这两个内容调换顺序，会更有利于学生自主学习，就是将"垂直线段最短"的内容移后教学，先教学"画垂直线段的方法"，然后让学生在画垂线段的练习过程中去探索"垂直线段最短"的知识。通过同课异构证明，这样调整后的教学效果更好。于是，我们学校就将这个建议递交给教材编写组，专家们采纳了我们的建议，目前的版本中，《垂直》一课的教学顺序已经调整过来。当然教学顺序的调整不能随心所欲，应该谨慎，必要时需要备课组的论证。

二、本土化改造教材内容，提高学习内容的亲切性

教材与学生的距离，除了表现在知识呈现顺序与学生的认知规律不匹配，还可能表现在学习区域的差异上。教材中涉及的具体事例、情境，因为地域差异，可能会远离本地学生的生活，导致学生对学习情境产生陌生感，从而起不到应有的作用；也有一些需要操作的学具准备起来非常麻烦或在本地区根本找不到。遇到这些情况，也可以对教材进行本土化改造，使学习内容更具亲切性。

比如第八册《搭配规律》这一课，教材创设的情境是"在一家商店里，有三个不同的木偶和两顶不同的帽子，小明要买一个木偶，再配上一顶帽子，问小明可以有多少种选配方法？"这种有序搭配的知识，对学生来讲是比较抽象的。学生光凭想象，很难找到正确答案，容易出现重复或遗漏现象。所以根据情境，在教学时最好让学生拿着木偶和帽子实际操作一下，有了操作经验再来寻找里面的规律，会更容易一些。但是，在我们地区，却找不到木偶和与之相配的小帽子。笔者第一次拍摄全国录像课时，请了一帮老师，用了一个星期，帮我一起手工制作了一批木偶和帽子，才完成了拍摄任务。

后来，笔者对这节课进行了反思，发现这个情境完全可以修改，只要能完成它所承载的教学任务。

笔者第二次教这节课时，将这个情境进行了改造。将它改为"有两杯不同的饮料和三份不同的点心，要选一份点心再配一杯饮料，问小明可以有多少种选配方法？"这个情境中要操作的学具，准备起来就简单多了。第三次教时，笔者索性将它改为"有三支不同颜色的铅笔和两个不同颜色的笔套，要选一支铅笔再配一个笔套，问小明可以有多少种选配方法？"这样学具准备就更容易了。同时因为这些情境都是孩子们熟悉的，他们有相关的生活经验，所以，对这些情境感到更亲切，学习过程中的参与度也更高。这样的改造更有利于激发孩子的兴趣，更有利于激活孩子的生活经验。

三、补充生活实际内容，增强学习内容的鲜活性

人本化处理教材可以补充相关的生活知识，让教材中的知识与生活相互打通，使教材变得更丰厚、更立体、更鲜活。

首先，可以结合教材内容补充生活中相关的时代性知识。从新教材出版使用到现在已经有九年，而现代社会的信息更新又比较快，导致教材中的一些内容已不符合学生生活实际。针对这种内容滞后的现

象，就要及时补充相关的新内容，让数学学习内容保持鲜活性。例如苏教版十二册第一单元《百分数的应用》例3，研究储蓄中的利息问题，其中谈到储蓄需交5%的利息税这个知识点。但是，去年开始，银行出台新政策，储蓄不需交利息税了。针对现实中出现的新情况，笔者在教完例题后，就补充了现在不需交利息税的信息，让学生及时获得相关的最新动态。

其次，可以结合教材内容补充生活中相关的地方性知识。我们学校地处无锡农村，大部分孩子都来自农村，他们在生活中经常会接触到农村里长辈们常用而教材中没有的一些知识。因此，可以基于学生的认知水平，适当地把这部分知识补充到课堂上，让学生知道这些知识与相关的书本知识之间的联系，从而理解生活中的这部分知识。比如，教学单位名称的时候，笔者就补充了无锡农村里至今还常用的长度单位"寸""尺""公分""里"，重量单位"斤"，面积单位"亩"等内容。

再次，可以结合教材内容补充生活中相关的兴趣性知识。学生有着天生的求知欲，他们会对生活中的好多知识感兴趣，并带着一系列问题来问老师。在这个时候，我们可以选择其中与教材联系比较紧密的部分知识，补充到课堂上。如苏教版十二册《百分数的应用》例4，教学"打折"的知识，有一个学生学完后问："过年的时候，我和妈妈一起去商业大厦购物时，看到他们在搞'买满200元送100元购物券'的活动，在这个活动中，商品价格是打了几折呢？"这个问题引起了全班同学的兴趣，因为无锡今年大部分商家新推出的促销方式是买满几百元商品就送数额不等的购物券的活动，同学们在生活中已经熟悉这种促销信息，但还没有研究其中蕴含的数学问题。打折问题激起了孩子对这个促销信息的数学思考与研究兴趣，在这个时候，补充这个知识，引导学生寻找它与打折问题之间的联系，促进学生对打折问题深入学习，激发学生用数学的眼光观察生活的热情，就水到渠成了。

> 实践告诉我们，在使用教材时，要潜心钻研教材，当发现教材与学生的认知、生活之间有距离，或学生有拓展性需求时，可以基于学生的需要，将原有的教材进行人本化处理，使教学内容更接近学生的知识经验，更贴近学生的生活实际，更符合学生的兴趣要求，更照顾学生的个性特长。这样巧妙地改一改，教学效果会更好！（有删改）

二、案例评析

这篇教学案例选取的写作主题是：数学教材的适切处理。在本文的背景说明部分，作者先界定了本案例的核心概念"教材"，接着描述了当下教师对教材的普遍态度——敬畏。因为觉得教材神圣，教师不敢处理教材，影响了课程的适切性。这种描述就引出了案例主题的写作由来，即为什么要强调教师应有适切处理数学教材的意识和方法。接着，作者进一步阐述了这个问题的价值，表明了自己的观点：

> 我们在使用教材时完全可以基于现实的需要，基于学生的需要，将原有的教材进行适切处理。在以人为本的理念下，通过对教材的遴选、调整、局部的改编、整合、补充、拓展等方法，使教学内容更具"适时性""亲切性"和"鲜活性"，从而更好地适应本地区、本学校、本班级的儿童。

通过这样的交代，这篇案例主题的由来、主题的界定、主题的价值三部分内容就十分清晰地表达出来，构成了本案例的背景说明。

文章的主体部分，作者是把情景描述、分析讨论和总结提炼结合起来写的。采用的写作方法是：

1. 用一级标题提炼出适切教材处理的方法

> 一、灵活调整教学顺序，确保学习内容的适时性

> 二、本土化改造教材内容，提高学习内容的亲切性
>
> 三、补充生活实际内容，增强学习内容的鲜活性

2. 用论述对案例进行分析和讨论，表明自己的观点

例如，为了说明教师可以通过本土改造教材内容，提高学习内容的亲切性这个观点，作者将《搭配规律》这一课作为案例进行分析：

> 比如第八册《搭配规律》这一课，教材创设的情境是"在一家商店里，有三个不同的木偶和两顶不同的帽子，小明要买一个木偶，再配上一顶帽子，问小明可以有多少种选配方法？"这种有序搭配的知识，对学生来讲是比较抽象的。学生光凭想象，很难找到正确答案，容易出现重复或遗漏现象。所以根据情境，在教学时最好让学生拿着木偶和帽子实际操作一下，有了操作经验再来寻找里面的规律，会更容易一些。但是，在我们地区，却找不到木偶和与之相配的小帽子。笔者第一次拍摄全国录像课时，请了一帮老师，用了一个星期，帮我一起手工制作了一批木偶和帽子，完成了拍摄任务。
>
> 后来，笔者对这节课进行了反思，发现这个情境完全可以修改，只要能完成它所承载的教学任务。
>
> 笔者第二次教这节课时，将这个情境进行了改造。将它改为"有两杯不同的饮料和三份不同的点心，要选一份点心再配一杯饮料，问小明可以有多少种选配方法？"这个情境中要操作的学具，准备起来就简单多了。第三次教时，笔者索性将它改为"有三支不同颜色的铅笔和两个不同颜色的笔套，要选一支铅笔再配一个笔套，问小明可以有多少种选配方法？"这样准备学具就更容易了。同时因为这些情境都是孩子们熟悉的，他们有相关的生活经验，所以，对这些情境感到更亲切，学习过程中的参与度也更高。这样的改造更有利于激发孩子的兴趣，更有利于激活孩子的生活经验。

通过这个例子的呈现，读者可以看出作者在实践中如何通过第一次教学后的反思，本土化地改造了教学情境，节省了教学准备的时间，效益更高，也更利于学生参与，通过三次课的对比充分展现了教师适切处理教材的价值。

3. 选取了不同的案例分别来匹配、说明相关观点

文章共选取了五个不同的教学实例来进行描述和分析，具体安排如下。

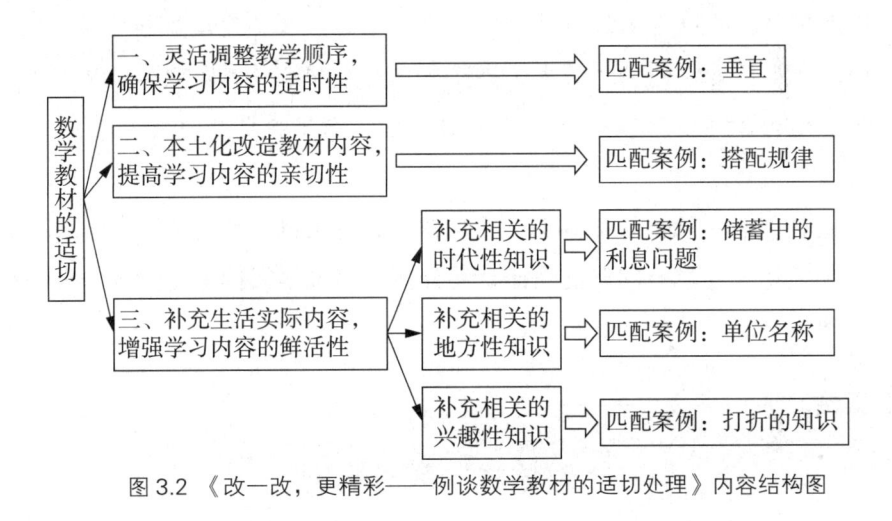

```
                          ┌─ 一、灵活调整教学顺序，──────→ 匹配案例：垂直
                          │   确保学习内容的适时性
                          │
 数学教材 ────────────────┼─ 二、本土化改造教材内容，───→ 匹配案例：搭配规律
 的适切                    │   提高学习内容的亲切性
                          │                              ┌─ 补充相关的 ─→ 匹配案例：储蓄中的
                          │                              │   时代性知识       利息问题
                          │                              │
                          └─ 三、补充生活实际内容，──────┼─ 补充相关的 ─→ 匹配案例：单位名称
                              增强学习内容的鲜活性        │   地方性知识
                                                         │
                                                         └─ 补充相关的 ─→ 匹配案例：打折的知识
                                                             兴趣性知识
```

图 3.2 《改一改，更精彩——例谈数学教材的适切处理》内容结构图

从这个图中，可以看出文章的所有内容都是紧紧围绕"数学教材的适切处理"这个案例主题来写的，而且通过一级标题总结了适切处理数学教材的具体方法：调整顺序、本土化改造和补充内容。补充内容可以从时代性知识、地方性知识、兴趣性知识三方面来考虑。这些适切处理数学教材的方法和策略经过提炼，明白具体，可以帮助其他教师举一反三，运用到自己的教学中去。整个教学案例主题鲜明，内容充实，有实际推广的价值。

从写作素材的选择来看，这篇教学案例的作者分别从不同年段的教材中选取了五个教学片段来进行分析，这样的方式非常契合本案例的主题。

不同年段的数学教材处理示例形成了一种内在的张力和研究的纵深感，更加让人体悟到这个教学问题的重要性和普适性。反之，如果只选用一节完整的课例来分析反而不容易说明主题。由此可以看出，案例主题的内容和特点决定了教学实例素材选取的角度和写作的方式。

在案例的总结部分，吴老师写道：

> 实践告诉我们，在使用教材时，要潜心钻研教材，当发现教材与学生的认知、生活之间有距离，或学生有拓展性需求时，可以基于学生的需要，将原有的教材进行人本化处理，使教学内容更接近学生的知识经验，更贴近学生的生活实际，更符合学生的兴趣要求，更照顾学生的个性特长。这样巧妙地改一改，教学效果会更好！

这样的总结和提炼，其实已经超越了这些案例，超越了数学学科，成为教师适切处理教材的普遍规律，充分体现出教学案例由此及彼、举一反三的独特价值。

案例二

"整体式"教学案例

一、案例呈现

教会学生提问：基于核心提问法的教学实践[1]
——以《桃花心木》教学为例

从"教课文""教语文"到"学语文"，小学语文走出了"教什么"的争论，关注如何让"真正的语文"成为课堂的主体，更关注如何真

---

[1] 顾丽芳.教会学生提问：基于核心提问法的教学实践——以《桃花心木》教学为例［J］.江苏教育研究，2018（1B）.

正让学生成为"学习语文"的"主动者"。"基于问题"的语文阅读教学以学生在老师导学之下的自学提问为教学起点，以梳理问题、交流分享解决问题为课堂主干，以产生新的问题为结束与新开端的课堂样式，在一定程度上改观了传统语文课堂生态。课前学生有了自学质疑的空间，课中以师生讨论问题、分享思考取代传统课堂老师的"一言堂"，学生很自然地成了"站在课堂中央的人"。

但是，综观这些基于问题的课堂，我们发现，学生的提问还处在非常低的水平。主要表现为：1.问题浅尝辄止，缺乏深刻性。停留在对某个词语或者某段文字理解的障碍处。2.问题零碎，缺乏整体性。通篇都去找问题，涉及面挺广，但是缺乏核心问题的意识。3.问题偏重内容理解，缺乏语用意识。总是在问"不懂"，鲜有"不会"的追问。这导致在课堂上同一层面的问题不断低水平重复，课堂难以求得思维的深度与实践的效度，学生的问题意识和阅读能力的发展自然比较缓慢。

当然，这不能全部归咎于学生。看看我们的语文教学，究竟有没有教过学生"如何提问"？美国一位老师说：真正的学习就是带着很多问题到很多地方寻找答案。只有学生敢"问"会"问"了，个人的思考开始了，"学"才会成为可能。我们的教学现状多数情况却是老师带着很多自认为"应该是学生的问题"的问题，不厌其烦地问，问完了也就下课了。我们经常说提出一个问题比解决一个问题更重要，但是教师一直只在试图解决问题，而没有思考过如何让学生来学着提问。长此以往，学生"问"的"机会之窗"就慢慢关闭了。

提问可教吗？回答当然是肯定的。那么，提问到底怎么教？近年来和老师们一起尝试了不少基于问题的阅读教学课，从学生提出的形形色色的问题中似乎发现了点端倪，更让我豁然开朗的是美国学者乔·尼尔森所著的《关键在问——焦点讨论法在学校中的应用》一书。

尼尔森认为，无论在什么学科，什么课堂，都必然存在某种方法，可以帮助我们更清晰、深入地思考，一定存在某种途径来引导学生，让他们爱思考，会提问，从而发展出解决问题所需要的高阶思维能力，最终达成有意义的学习，这就是"焦点讨论法"。它包含四个思维层面：客观性层面（Objective），处理信息和感官的觉察；反应性层面（Reflective），有关个人的反应和联想；诠释性层面（Interpretive），关于意义、重要性和含义；决定性层面（Decisional），关注解决方案。分别取每个单词的首字母命名，即ORID结构的焦点讨论法。其实它不是什么新发明，这四个步骤遵循了人类认知的内部过程：认知—感应—判断—决定。正如一个刚学会走路的婴幼儿看到有红色的在燃烧的东西，他碰到这燃烧的东西，灼烧的疼痛令他把手缩回来并且发出尖叫。当他把手指放到嘴里吮吸时，他看着燃烧的东西，心里想："这可太痛了！"于是他决定去找别的东西玩，下次再看到红色燃烧物的时候，他就会想起来第一次碰触的疼痛感，联想到红色的燃烧物会灼痛自己的这个知识，决定不再碰它。"看到红色燃烧物"—"触碰后疼痛"—"判断燃烧物会伤人"—"决定不再触碰"，这个最简单的认知过程，让我们更清晰地看到"认知""感应""判断""决定"在具体认知事件里的表现，也让我们更清醒地意识到，教学该在学生认识的哪些阶段更有效地着力。

这个例子提示我们，以某一个"知识点"（或"教学点"，这里是"认识火"）的教学为例，"焦点话题"只有一个——"如何防范火"。教学其实就是引导学生围绕这个核心话题在四个层面进行提问，提出若干个相关的问题：你看到了什么？（客观性层面）你有什么感觉？（反应性层面）为什么会这样？（诠释性层面）以后应该怎么应对？（决定性层面）笔者把这样基于焦点讨论法四个层面的提问方法称为"核心提问法"。

为了更好地说明问题，以下结合人教版六年级《桃花心木》一课的教学，具体阐述遵循 ORID 结构引导学生尝试核心提问法的实践和思考。

《桃花心木》是林清玄先生的散文，讲述了作者由种树人培育树苗的特别行为引发思考，感悟到育人和种树相通的道理。运用核心提问法，笔者从四个层面对提问的内容作了梳理和建议。

表 1 《桃花心木》一课的提问内容和建议

四个层面	提问的方面	迁移到课文的具体提问建议
1. 客观性层面	关于事实、外部现实或印象的问题	客观性问题：这篇课文是什么体裁？写了一件什么事情？语言表达形式方面有没有特别之处？在阅读课文的过程中有没有阅读障碍？
2. 反应性层面	唤起个人对信息反应的问题，这种反应包括内部回应、情绪或感受、与事实相关的隐藏意象或联想	反应性问题：喜欢这篇课文吗？这篇文章中哪些地方让你感到很好奇或不理解？哪些地方给你的触动很大？有没有让你恍然大悟的感觉？
3. 诠释性层面	挖掘意义、价值、重要性、含义的问题	诠释性问题：种树人为什么要用"不确定"的方式去培育桃花心木？人和木是一种怎样的关系？课文有没有让你联想到在现实生活中与种树人和桃花心木的关系相类似的人和事？能否举一些例子？
4. 决定性层面	引发解决方案、结束讨论、促使个人或团体就未来进行思考	决定性问题：课文给予你的启示是什么？如果你是种树人，该如何面对生活中的"桃花心木"？如果你是桃花心木，又要如何面对种树人的考验？

研究一下表内第三栏"迁移到课文的具体提问建议"可以看出，四个层面的问题组成了以"种树人和桃花心木的关系"为核心的"结构问题群"，这组问题清晰地引领着学生由表及里、化零为整地达成对整篇课文的领悟内化。由此，我们也可以提炼出指导学生提问的相关策略。

一、客观性层面：消除陌生感，以"人阅文"的视觉和解为目标起疑

第一次阅读新的课文，就像第一次与陌生人会面，本能地会有很多的问题。但本文讨论的不是"本能"，是指导学生学会从本能的问题中筛选出具有认知和思维发展意义的问题。首先，引导学生对课文有个整体印象——这是什么？整体上识别这是"一头象"还是"一匹马"，而非一开始就只抱着鼻子或者腿去琢磨。比如，阅读《桃花心木》后建议思考，这篇文章是什么体裁（小散文），说的是什么事（作者看到种树人培育桃花心木的事引起的联想和思考）。其次，引导学生自己尝试与文本实现视觉和解，即扫除阅读的表面障碍。这个字、那个词怎么读？什么意思？比如学生的问题中有："桃花心木是什么样子的？""什么是插秧？""不确定是什么意思？"开始尝试自学的时候，学生总是会提一大堆这样的问题。最初的问题呈现总是零散的、杂乱的，经过问题分析和引导，他们会主动通过查阅工具书或者伙伴共学解决这些比较粗浅的问题。

在传统教学中，学生提的问题大部分都是客观性层面的问题。这些问题只是拨开了文本表层的枝蔓，使文本在学生面前"混了个脸熟"，并没有涉及文本的核心问题。真正的问题应该是从反应性层面开始的。

二、反应性层面：捕捉违和感，以"文启人"的心理冲突为抓手设问

真正意义上的疑问是从这个环节开始的。似乎很难找到一个能比"违和感"更恰当地表达意思的词语，只好冒着语言不规范的风险借来一用。"违和感"是指文章对学生的情绪、情感造成的一种"突兀感""冲突感"。当认知冲突或者认识的不平衡出现时，学生学习的动机就会被激发，思维也才会得到发展。有人说，本质上，学习就是

从"新的"或"矛盾的"证据里"获取意义",并把它们纳入我们的心智模式中。这篇文章哪里让我很陌生?哪里让我匪夷所思?哪里让我若有所思?哪里令我恍然大悟?问题的出现意味着文本已经开始作用于学生的已知世界,或者说学生的已知世界已经分泌出准备接受和消化新内容的"酶"。因此,这个环节是最为关键也是最需要老师用智慧去启发的。要让学生学会自学之后的"扪心自问"。每个孩子的起点不同,能力有别,但不影响他们学会问自己:这篇课文为什么值得我多看一眼?我读过以后的心情是兴奋、好奇,还是惊讶、赞叹?这个层面的问题要以是否"动心"为标志,如果学生对此非常茫然,没有反应,那要么是文本内容太熟悉令他不屑,要么是离他的认知世界太遥远导致建构没有前提。就《桃花心木》而言,"种树人的行为真是奇怪!""树的成长和人的成长真的一样吗?""小小的生活现象里居然藏着如此深刻的人生哲理呢,这是一种怎样的智慧?"这些问题都是非常好的"反应性疑问"。

语文教材的育人方式是"以文启人",和其他所有学科一样,教育效果一定是通过学生的自主建构达成的,而能否实现学生的有效建构,就看学生能否提出基于他们认知水平的反应性层面的问题。可以说,反应性层面的问题冲突越鲜明,说明学生对文本研究的兴趣越浓,进一步探究的欲望也就更加强烈,学习效果也会更加明显。古人说"思"起于"疑",这个层面的"疑"才是真正"思"的开始。

三、诠释性层面:培养归因感,以"人追文"的溯源心理为动因追疑

反应性层面的问题为探究文本的深层意义提供了方向和入口,接下来就是引导学生追根溯源,进入文本核心问题的"深水区"。种树人的行为为什么那么奇怪?(不定间隔时间和浇水时间,不定浇水的量,是为了模仿老天下雨,让桃花心木练就自己在土里找水源的本领,最

终实现自己成长）这个问题的答案课文中就有，只要找一找，读一读，似乎没有什么难度。而真正考验学生能否理解通透的诠释性层面的问题是：种树人和桃花心木的关系有什么特别之处？有没有让你联想到生活中有类似关系的人和事？如果学生不能提出这个问题的话，可以由老师引导追问。因为只有解决了这个问题，才能真正领悟作者的表达意图，凸显文本的主旨意义，从"种树"这一自然层面的生活细节提炼出"教育"这个社会层面的普遍意义。有的学生一开始只是联想到了那些杰出的、优秀的人物个体，似乎有了点"成才的木"的意思，却忽视了原文中种树人和桃花心木两者关系。直到他们联想到"家长和孩子""老师与学生"这些相似关系的时候，才真正触及了文章的本质。意义建构的标志是新的信息与学生已有经验的无缝衔接，只有唤醒了生活，激活了认知，真正的学习才能发生。

文本的意义在于读者的建构，从文章表面意思的理解到核心内涵的挖掘需要有新的疑问为冲突，以此引导学生顺藤摸瓜，渐入佳境。一篇课文的教学不在于问题的数量，而在于问题的质量。这个层面的问题可以成为撬起整篇文本教学的"支点"。对于这个环节的问题，一开始不必对学生提更高的要求，老师在准确把握教材和学生实际的基础上给予点拨，长此以往，学生自然会耳濡目染，思维会随之走向高阶，在这样的过程中，慢慢学会深层质疑，学会自己学习。

四、决定性层面：提升获得感，以文"化"人的终极审美为目的诘问

核心提问法的最后一个层面是决定性层面，重在引导学生从文章的阅读对思想的提升、对行为的改变方面进行诘问，从而总结学习过程，梳理"获得感"，理性地思考学习活动对于自己的触动，指向真正有意义的行动。阅读教学的终极审美是以文"化"人——教育促使人的行为正向改变。《中庸》提出的学习观将博学、审问、慎思、明辨、

笃行作为主要内涵，其中的"笃行"正是对应决定性层面的终极目标。学习《桃花心木》的过程中，引导学生站在以文"化"人的终极审美高度自问：如果我是种树人，我要用怎样的心态和方式去培育桃花心木？种树与育人，最合乎大道的方法是什么？我该如何面对师长的教育引导方式，从而成长为一棵具有独立自主内心的"有用之树"？我该如何体察生活的现象和种种细节，格物致知，以作者那样的智慧与细腻书写生活？对于这些问题的思考，有助于学生跳出文本，超越课堂，进入学习的更高境界。

基于核心提问法的教学，引导学生用学习的理论进行提问，习得质疑的方法，让所提问题有梯度、有深度、有广度，更重要的意义在于使学生重新认识质疑的价值，真正体验到"提出问题比解决问题更重要"，在提问的过程中，不断提升自己对学习的理解，在提问的过程中学会学习。语文学习是这样，其他学科的学习莫不如此。（有删改）

二、案例评析

这是一篇写得相当出色的教学案例。

案例的题目《教会学生提问：基于核心提问法的教学实践——以〈桃花心木〉教学为例》明晰地表明了本教学案例的三个研究要点：

（1）要研究的教学问题——教学生提问。

（2）研究的视角——基于核心提问法的教学实践。

（3）研究的课例——《桃花心木》教学。

教学案例与课堂实录或课例分析不一样。课堂实录只是"再现"课堂教学的原貌，课例分析是针对课堂教学的各个要素和环节进行评析，评析的内容是多方面的。教学案例则要求挖掘、聚焦教学过程中的教学问题，并体现出解决教学问题的思想和策略。从题目中可以看出，这篇教学案例要解决的教学问题相当明确，就是教会学生如何在语文课上提问。

案例的背景描述从两个方面展开。一是指出了当下语文课堂教学中存在的突出问题：学生敢于提问，提问的水平却非常低；教师着力解决学生的问题，却忽视了如何让学生来学着提问。二是介绍了美国作者乔·尼尔森所著的《关键在问——焦点讨论法在学校中的应用》一书，对"焦点讨论法"的概念和含义做了介绍，并基于"焦点讨论法"提出"核心提问法"。为了让读者更清晰地了解"核心提问法"，作者以人教版六年级《桃花心木》一课为例，具体阐述遵循焦点讨论法结构引导学生尝试核心提问法的实践和思考。

这样的背景说明，一方面介绍了本教学案例尝试解决问题的现实价值，另一方面介绍了解决教学问题的思考角度和理论依据，很好地交代了案例的教学背景，也更清晰地引导读者在接下来的案例中去关注教者如何运用"核心提问法"教会学生提问。

为了让读者更清晰地看出课堂教学设计的内核——依据核心提问法设计的四个层面的提问及在《桃花心木》一课中的具体运用，作者用一张表格清晰、完整地展示了整节课的设计理念和教学过程。与把整堂课的实录呈现给读者或是用语言描述相比，这张表格的整体性更强，更能让读者看清整节课的教学过程。而一节课的全过程之所以能浓缩在一张表格里，就在于作者只保留了与核心提问法相关的教学细节，而完全略去了课堂上的其他流程和细节，可以说是一种"聚焦式"的情境描述，这种写作方法相当大胆，又十分有效。

案例的分析讨论和总结提炼，作者是整合在一起写的，特别对一级标题的结构、内容和表达做了精心的雕琢，把核心提问法的实施策略总结得相当精当、明白，可以说是精彩的标题范例：

一、客观性层面：消除陌生感，以"人阅文"的视觉和解为目标起疑
二、反应性层面：捕捉违和感，以"文启人"的心理冲突为抓手设问
三、诠释性层面：培养归因感，以"人追文"的溯源心理为动因追疑
四、决定性层面：提升获得感，以文"化"人的终极审美为目的诘问

教学案例中的分析与反思是案例的重要组成部分，应当尽量避免偏离案例主题。本案例的分析部分，作者完全围绕着"如何教会学生提问"来展开分析。例如：

> 第一次阅读新的课文，就像第一次与陌生人会面，本能地会有很多的问题。但本文讨论的不是"本能"，是指导学生学会从本能的问题中筛选出具有认知和思维发展意义的问题。首先，引导学生对课文有个整体印象——这是什么？整体上识别这是"一头象"还是"一匹马"，而非一上来就只抱着鼻子或者腿去琢磨。比如，阅读《桃花心木》后建议思考，这篇文章是什么体裁（小散文），说的是什么事（作者看到种树人培育桃花心木的事引起的联想和思考）。其次，引导学生自己尝试与文本实现视觉和解，即扫除阅读的表面障碍。这个字、那个词怎么读？什么意思？比如学生的问题中有："桃花心木是什么样子的？""什么是插秧"？"不确定是什么意思？"开始尝试自学的时候，学生总是会提一大堆这样的问题。最初的问题呈现总是零散的、杂乱的，经过问题分析和引导，他们会主动通过查阅工具书或者伙伴共学解决这些比较粗浅的问题。

在这段分析中，作者说明了自己为什么提"这篇文章是什么体裁？""说的是什么事？"这两个问题，因为这两个问题可以引导学生对课文有个整体印象。而对学生初次阅读课文产生的其他问题，则引导他们尝试与文本实现视觉和解，即扫除阅读的表面障碍。这样做的原因是"最初的问题呈现总是零散的、杂乱的，经过问题分析和引导，他们会主动通过查阅工具书或者伙伴共学解决这些比较粗浅的问题"。由此，读者不仅了解了作者教的过程、教的方法，也了解了作者这样教的原因和目的。

其他的三个部分，作者同样也是采用这样集中分析的方式来论述的。

案例的总结提炼部分，要求教师基于本节课的教学，做出理性反思，总结出可以推广的教学经验和策略。作者并没有将其单独作为一部分来写，而是在每一部分分别做了提炼。例如：

> ◎ 在传统教学中，学生提的问题大部分都是客观层面的问题。这些问题只是拨开了文本表层的枝蔓，使文本在学生面前"混了个脸熟"，并没有涉及对话文本的核心问题。真正的问题应该是从反应性层面开始的。
>
> ◎ 语文教材的育人方式是"以文启人"，和其他所有学科一样，教育效果一定是通过学生的自主建构达成的，而能否实现学生的有效建构，就看学生能否提出基于他们自己认知水平的反应性层面的问题。可以说，反应性层面的问题冲突越鲜明，说明他们对文本研究的兴趣越浓，进一步探究的欲望也就更加强烈，学习效果也会更加明显。古人说"思"起于"疑"，这个层面的"疑"才是真正"思"的开始。
>
> ◎ 文本的意义在于读者的建构，从文章表面意思的理解到核心内涵的挖掘需要有新的疑问为冲突，以此引导学生顺藤摸瓜，渐入佳境。一篇课文的教学不在于问题的数量，而在于问题的质量。这个层面的问题可以成为撬起整篇文本教学的"支点"。对于这个环节的问题，一开始不必对学生提更高的要求，老师在准确把握教材和学生实际的基础上给予点拨，长此以往，学生自然会耳濡目染，思维会随之走向高阶，在这样的过程中，慢慢学会深层质疑，学会自己学习。

最后，作者对全文做了总结提炼，进一步明确了核心提问法的教学价值，并特别指出这种教学方法除了语文学科，其他学科也同样适用，将语文教学的规律推演到了其他学科，实现了教学案例从"一个"到"一类"的写作价值。

第四章
教育论文：转识成智的专业表达

·第一节·
文体特征：问题解决与理性思辨

2012年9月，为了提升中小学教师专业素养，教育部颁布了《中学教师专业标准（试行）》《小学教师专业标准（试行）》《幼儿园教师专业标准（试行）》，这些标准明确指出，教师要主动收集分析相关信息，不断进行反思，改进教育教学工作；针对教育教学工作中的现实需要与问题，进行探索和研究。这对教师科研能力的发展提出了明确要求。

但现实的状况是很多教师的教育论文始终只能停留在感性描述层面，教师难以认清教育现象中的本质问题，分析问题产生的原因，因而在实践层面也就难以有所突破。如何结合自身实践中的体悟和经验，将实践与思考进行升华，结构化为教育论文，成为教师写作中最大的难点。

教育论文是衡量教师研究能力及水平的重要标准。广义的教育论文可以指所有的教育写作样式，如教育叙事、教学反思、教学案例等。狭义的教育论文[1]，专指通常所说的科研论文或学术论文。与教育叙事、教学案例等其他文体相比，教育论文的写作要求更高，也更能体现作者的研究功力和专业表达水平。教育论文通过一种"对外"的表达，促使教师"向内"反思，帮助教师将零散的教育教学经验转化为切实的研究成果，并让其充分

---

[1] 本章论述的是狭义的教育论文。

服务于教学实践，因而对于教师来讲，是更为重要的一种写作方式。

有研究者将一线教师写的论文称为经验总结，将理论工作者的论文称为学术论文，以此来区分理论工作者和一线教师论文写作的差异。在教师实际的写作中，有部分教师的论文写作是以"基本经验＋典型事例"的经验总结形式为主，部分科研能力较强的教师也会写一些"基本观点＋理论依据"的思辨性较强的学术论文，还有的教师的论文写作样态在这两者之间。本章所分析的教育论文是指中小学教师撰写的"研究教育现象、总结教育经验、揭示教育规律、阐述教育成果的论述性论文"[1]，涵盖教师论文写作的不同形态。教育论文的主要文体特征包括问题性、结构化、理论性和创新性。

一、问题性

写教育论文的目的不是讲述一段给自己留下深刻印象的教育教学经历，也不是像教育随笔那样恣意发表自己对某些教育现象的看法，而是要通过作者的深度思考和研究，去展现、分析和回答教育问题。因此，透过纷繁复杂的教育现象，去发现值得思考、分析的教育问题，是教育论文写作的前提。

英国哲学家波普提出了"P_1—TT—EE—P_2"的著名公式来说明科学家的思维和科学史的发展逻辑。这个公式中的"P_1"和"P_2"表示不同的问题，"TT"表示解答"P_1"的尝试性理论，"EE"表示有待消除的错误见解。这个经典的公式表明，科学家们的思索几乎无例外的是从问题开始的：第一个问题被提出后，得到了尝试性的解答，但这种解答也许是错误的，通过对这种错误见解的清理，新的问题又应运而生，从而带动了新的探索过程，科学得以继续向前发展。

---

[1] 丁昌桂. 名教师是写出来的？——基于专业发展的教育写作路径与方法［M］. 南京：江苏凤凰教育出版社，2014：173.

教育科学的发展也是如此。问题的发现是关键性的环节。任何问题只有被意识到并被提出来，才可能引起人们的思索并得到合理的解决。教师在教育教学工作中，总会遇到各种各样的困难，行动生困难，困难生问题。当教师带着各种各样的疑问去思考，去研究，去尝试解决问题，就形成了经验；在这些经验中探寻和总结出规律，就成了教育思想和理论。经验、理论和思想均源于问题，因此，发现问题，是教育论文写作的第一步。

1. 具备强烈的"问题意识"

要想在看似循环往复的教育生活中发现有价值的问题，教师首先要树立强烈的问题意识。所谓"问题意识"，就是人对自己周围的各种现象，尤其是在自己研究的领域里，自觉地抱着一种怀疑的、思索的、弄清楚问题的积极态度去思考和发现。

例如，时任安徽省合肥市屯溪路小学校长的陈罡在一次交流中发现：课程改革持续深入，但许多学校的建筑却多年不变，空间格局的设计也无太多新意。为什么呢？那时，他们正在设计一所新学校，循着这个问题，他开始了更深入的思考：目前学校建筑及其空间最大的问题是什么？学校中最重要的空间是哪里？如何改进以适应新的课程变革？建筑如何真正促进儿童的学习？他们带着问题查找文献、外出参访、理性思考，并与设计师细致地沟通，打通建筑设计与教育需要的"界"，以"社群""交往""系统""平等教学""持续发展"为核心元素，确立了"别间趣院"的设计理念，并在之后的建设中得以实施。

在实践的基础上，他又进一步思考：学校建筑何以成为课程并且更好地服务课程？如何让学校建筑更加适应儿童的天性？如何适应真实的学习？通过这样一个发现、学习、思考、实践、总结的过程，他撰写了《学校建筑：成为课程、服务课程》一文，发表在《中小学管理》杂志上。由此可见，当教师具备了强烈的问题意识，就能具备一种职业敏感，从具体的教育情境中抽象出具有研究意义的教育问题，带着从实践中生发的问题，再思考，再研究，再实践。由此教师就能够更好地改进自己的工作，在此基础上形成的论文，也能呈现更有价值的经验和规律，鲜明地体现出教师论文写作的意义和价值。

2. 寻找合适的写作问题

教育论文写作的实质是将个人的教学经验转化为教学生产力。以问题的提出和问题的解决为前提，教育论文作为一种专业研究成果才有意义。因此，寻找一个好的问题，是研究的开始，也是写作的首要任务。

教育的问题是多样化的，"从问题的属性上来看，有的属于知识性问题，解决的途径是探究；有的属于应用性问题，解决的途径是在实践中寻找对策；有的属于理解性问题，解决的途径是学理的诠释；有的属于价值性问题，解决的途径是做出判断和选择"[1]。性别、个性特征、研究旨趣、知识基础、生活经历等因素都会影响一个人发现问题的类型和思考问题的方式。对于不同的作者来说，没有最好的写作问题，只有最适合的写作问题。

如果问题过于宏大，作者并没有足够的知识底蕴和思维能力去驾驭，会出现题目惊人、内容单薄的不匹配现象；有的问题是潮流热点，但作者对此并没有多少研究和思考，一味跟风，只能人云亦云，难以深入；有的问题看似陈旧，如果作者有全新的认识，探索出新的解决办法，那就非常值得一写。

例如，关于学生的学习成绩分化问题，几乎每个教师都会遇到，已经成为教师教育生活中的常态问题。大多数教师会把成绩分化的原因归结为学生的学习态度、学习方法、学习习惯、家庭背景或是教师教学等因素。王新刚老师在探究三年级学生数学学习差异的过程中发现[2]：学生数学知识

---

[1] 丁昌桂.名教师是写出来的？——基于专业发展的教育写作路径与方法[M].南京：江苏凤凰教育出版社，2014：62.

[2] 王新刚.分化：自我流淌的差异——三年级学生数学知识建构差异的本源追寻[J].江苏教育研究，2015（10A）．

建构差异的本源,应该基于学生的主体视域来探寻。知识(基础)、思想(方法)和语言(中介)三方面的差异,是导致三年级学生在数学认知中的主体意义产生差异、学习成绩产生分化的真正本源。他结合理论分析和具体的教学观察,详细分析了差异产生的原因及解决的策略,给解决学生成绩分化问题带来了全新的视角和启示。老问题有新发现,就是一种创新与进步。

3. 准确地表达问题

大多数教师都能认识到发现问题的重要性,却常常忽略准确地表达问题的重要性。事实上,准确地表达问题是论文写作的核心,能为作者立论树立"靶子"。很多教师的论文之所以出现泛泛而谈、空洞无物的现象,就是因为没能准确地表达问题,使得论文内容无法聚焦。

例如前段时间,由于疫情带来的特殊环境,全国各个学段都开始了"停课不停学"的线上教学。由于这是一个在突发状况下进行的全新教学变革,教师、家长、学生以及社会相关人员对线上教学都在摸索、适应当中。变身为"十八线主播"的学科教师,更是面临着巨大的专业挑战,几乎每天都会遇到各种各样的新问题。可当教师试图把这些困惑表达出来的时候,却发现难以准确地从感受中提炼问题。很多教师写了《"停课不停学"带来的挑战》《"停课不停学"引发的思考》这样的论文,由于选择的论题范围太大,并没有挖掘出困惑中的核心问题,因此论文写出来通常是没有边界的"漫谈"或是缺乏逻辑的"散议",停留在表达感受的层面,缺少深度和研究价值。但如《学校灾难教育课程体系的专业建构》《"停课不停学"是学教改革的一次契机》这类论文就准确地表达了这个论题范围中的某个具体问题,聚焦这个问题去写,就能写出有内容、有深度的论文。

因此,无论是写什么,教师都要不断地思考:我要通过这篇论文回答和解决什么问题?如何才能准确地表达这个问题?把明确的问题准确表达出来,才能真正找到论文的写作点。

二、结构化

与教育叙事、教学案例等文体不同的是，教育论文要求作者围绕研究问题，把相关的观点和材料按照一定的逻辑组织起来，使论文言之有序、思之有理，成为一个完整、严密的整体。要把自己的想法有条理、有层次地表达清楚，使论文的观点和材料具有内在一致性，就要学会结构化。

结构化是论文最主要的表达特征，也是一个复杂的智力劳动过程，它要求作者寻找观点和材料之间的关联，把观点与观点、不同的理论论据通过有机建构，融为一体。建立有逻辑的结构需要系统思考，因此结构化对作者的认识和思维能力有较高的要求。如果作者对已有的观点和材料没有深刻、清晰的理解和认识，就无法找到观点和材料之间的关联，厘清它们之间的内隐逻辑。

结构化的过程，是一个合理安排材料与观点的过程。教师在结构化的过程中，经常出现的问题有：

1. 无逻辑结构

有些教师在写作前并没有想清楚自己到底要论述什么问题，用什么样的角度、方式、材料来论述，仅仅凭着感觉陈述各种经验，论文表面看起来有层级结构，但各部分内容之间没有逻辑联系，全文也没有逻辑主线，论文显得内容零散、观点不明，不具有说服力。例如：

低年级品德与生活课堂生活化的实践探究

一、用生活为品德课堂打开一片天空
二、用生活化的课堂为学生打开品德学习的新视野
三、让品德课堂成为学生生活的一个新体验
四、以真实的生活作为品德学习的升华

从一级标题呈现的内容可以看出，论文并没有中心问题，内容的安排也没有逻辑，无序的结构表明了作者写作思路的模糊，从而使这篇论文成了有经验事实而无逻辑框架的"拼盘"。还有的教师在写作时，喜欢用"镜头一＋议论""镜头二＋议论"……这样的"片段拼接"的形式来安排论文结构，片段与片段之间没有逻辑关联，可以随意更换顺序，也可以继续叠加，无限循环下去。这种碎片化的结构是论文没有逻辑的一种表现，并非结构形式上的创新。

2. 结构混乱或不完整

很多教师在写作过程中，尽管积累了许多好的选题和素材，但因为缺乏结构化的能力，一旦动起笔来，思路就被经验事实的材料淹没，不能科学有序地安排观点和材料，这样写出来的论文从逻辑和学理的角度来看，是不完整的，形成事实上的"结构缺失"。另外下笔前没有很好地对材料、观点进行梳理，也会造成论文逻辑结构的混乱。

教育论文的特点是结论先行，通常在标题就表明了论文的中心观点。写作的目的是要分析、论证这个观点，让读者信服。因此，从表达的角度来讲，不只标题要结论先行，每一级标题都要是一个分论点，作为理由、依据来支撑论文的中心论点，即上面有结论，下面有理由，结论概括理由，理由支撑结论，上下对应。因此，教师在写作过程中，要先从结构的角度把写作素材梳理清楚，看看哪些是结论、哪些是理由、哪些是事实，以及事实是否支撑理由，理由是否支撑结论。

为了更好地发现论文逻辑结构上的问题，可以采用"思维显性化"的方式——列提纲，来进一步检视论文的结构是否完整、严密。

例如，钟建林主编在策划"当课堂遭遇意外……"这个专题时，发现很多论文都在讨论如何利用课堂意外，联想到一些课堂上教师对意外的过度关注和肆意开发，于是决定写一篇以案例分析为主要内容的论文，对常见的过度开发课堂意外的不当行为进行分析，让读者理性地对待课堂意外。于是，他搜集分析了十余个案例，将过度开发课堂意外的情况归为三类,即"气氛活跃,缺少思维含量""思维活跃,背离教学目标""思维独特,远离教学常态",这种归类其实就是一种结构化的思维方式,在此基础上他确定了论文的框架,拟定了写作提纲:

有些课堂意外不宜放大[①]

引言:课堂意外并非越精彩越好,要与教学目标、学生思维、数学本质相结合。

一、气氛活跃,缺少思维含量

很多教师巴不得来点课堂意外,活跃气氛,体现自己的动态调控能力。这样的课堂活跃了,精彩也有了,但是无论是对知识目标的达成还是对学生的思维发展都无实质的帮助。

拟用案例:"求邮票各有多少张"。

二、思维活跃,背离教学目标

有些教师对课堂意外的调控,虽然蕴含思维含量,但是与课堂教学目标关系不大,影响了教学目标的落实。

拟用案例:"求三角形的周长"。

三、思维独特,远离教学常态

课堂意外中,有一种是极具个性的思维的体现,通常非常精彩。但是这种独特的思维已经远离了教学常态,远离了学生的思维实际。

拟用案例:《聚焦意外源头 优化应对策略》一文中求长方体表面积方法的案例及"求梨有多少千克"的案例。

结语:分析过度开发课堂意外的原因。

[①] 钟建林,等.写作并非难事——写给小学数学教师[M].北京:教育科学出版社,2012:117.

从这篇论文的思考、结构过程，我们可以看出结构化最终的表现形式是论文结构，但本质是有逻辑的思考过程。写作前，精细地谋篇布局，有序地安排好观点和材料，才能保证论文具有整体性、科学性和逻辑性。

三、理论性

教育论文的主要特征是说理，不仅要说明自己是怎么做的，更重要的是运用理论和事实的依据，说明为何如此，证明自己想法、做法的科学性。很多教师惧怕写教育论文，就是觉得自己没有理论储备，难以说清行为背后的道理，也难以从实践经验中归纳出普遍规律。

与其他文体相比，教育论文是理论性很强的教育写作文体。即使是中小学教师写教育论文，也仍然需要理论。因为论文写作是通过经验的呈现与事实的描述来阐述、论证某种道理，事实与经验并不能自动地反映、折射出其蕴含的道理，必须通过理论的渗透、引导，才能从事实中抽析出道理来。经验犹如一个人的血肉，而理论则是人的骨架，缺少了骨架的人仅仅是一个平面的人，无法站立和行走。正如李政涛教授所说："当教师学会用理论的方式表达经验，被立论表达后的经验，不仅更加清晰、深刻，而且反过来会变成促进教师生长的力量，使教师更有能力透析洞察自己的实践经验。"[1] 由于缺少对理论的学习、理解与运用，在很多教师的论文中常常存在生搬硬套理论、理论与实践"两张皮"等问题。在教育论文的写作中，论文的理论性主要体现为"理论的抽象与理论的运用"。

1. 从经验、现象中抽象理论

教育理论的来源是真实、丰富的教育实践。教师撇开教育过程中的细节和个别化因素，从中抽取出一般性的规律，就是将实践上升为理论的过程。经过提炼的规律性经验，可以被广泛学习和运用，因而更有价值，也

---

[1] 李政涛.教育常识（第二版）[M].上海：华东师范大学出版社，2016：174.

能展现写作教师的理论水平。

例如，王文英老师撰写的《课堂冷场现象的分析及应对策略》①一文，就在描述和分析了常见的课堂冷场现象后，抛开了课堂冷场现象的不同外显状态和原因，从中抽取出课堂冷场的两种本质类型：习惯性冷场和偶发性冷场，描述了这两种课堂冷场的本质特点及产生原因。这样从现象中抽取出来的理论，可以帮助教师更好地去判断自己课堂上发生的那些冷场现象到底属于哪一类型，该如何解决。

2. 运用理论建构概念、解释实践、创新理念与方法

（1）将理论作为概念界定的依据。

对于教师来说，科学地界定论文的核心概念是比较难的。为了证明论文中观点或概念的科学性，作者可以选取一些合适的理论来阐明观点的正确性。

夏翠莲老师在《乡村少年硅谷：科技教育学习场的建构》②一文中，提出了"科技教育学习场"的概念，这个概念的产生是基于德国拓扑心理学家库尔特·勒温（Kurt Lewin）提出的"学习场"理论。勒温认为，"场"既包括直觉到的环境（物质环境），也包括认知意义（个体的情感、态度、目的）等。学习是依托这两者产生的。一个有效的学习过程是在一定的场域里发生的，在具体与抽象、生活与文本、认知与行动中，与儿童学习发生有意义的连接。儿童不仅仅在学习场中学习，也是学习场的建构者。通过这样的阐述，作者说明了"科技教育学习场"概念建构的理论依据，使读者对"科技教育学习场"的界定和解读更加信服了。

（2）运用理论对实践进行描述和解释。

教育理论主要是指教育现象和教育规律的理性认识的成果，"表现为以独特的范畴、术语、逻辑，描述教育事实或教育现象，揭示教育特征或

---

① 王文英. 课堂冷场现象的分析及应对策略［J］. 江苏教育研究，2017（1A）.
② 夏翠莲. 乡村少年硅谷：科技教育学习场的建构［J］. 江苏教育研究，2017（11A）.

教育规律，论述教育的价值取向或行为规范"①。从这个定义来看，教育理论的直接功能是描述和解释，即说明"谁在做什么"以及解释"为什么这样做"。因此，恰当地运用教育理论来解释自己的实践行为是很有意义的过程。

比如，石剑波老师在《基于审美创造的幼儿园绘画教学策略初探》②一文中提出，在绘画教学中，注重分享评价，可以让幼儿萌发再创作的愿望，因而在评价中要"注重肯定与欣赏，延续创作热情"。为此，她引用了美国心理学家威廉·詹姆斯（Willian James）的理论观点"人类本质中最殷切的要求是渴望被肯定"，用于解释自己在教学评价中的行为。"所以在讲评作品时，我们一改往日'教师讲评范围狭小'（只对少数画面丰富的幼儿作品大加赞赏，而对画面单调的幼儿作品则不予肯定或批评、指责）的现状，采用激励保护的原则，不评价作品的对错。多角度、多层面地努力解读每幅幼儿作品，领会其创作意图，用表达自己感受的方式发现和揭示幼儿的创意及表达的情感，在积极的、有效的评价中让幼儿积累审美经验，提升创造能力，始终保持和延续幼儿的创作激情。"这样运用理论来解释自己教学行为变化的原因，也是一种很好的方式。

（3）让理论成为新研究、新方法与实践策略的生发点。

对于教师来讲，发现一些有价值、有针对性的理论，用于启发自己进行创造性实践，这个过程就是运用理论指导实践的过程。例如，陈荣春老师在介绍盐城市南洋中学"三学"课堂的相关经验时，是这样写的③：

> 著名儿童心理学家皮亚杰认为，学习是学生自主建构知识的过程，学习的意义是学习者通过新旧知识经验间的反复的、双向的相互作用过程而建构。为此，我们把"学习是学生自主建构知识的过程"作为"三学"课堂建构的核心。依据约翰·杜威的"儿童中心""社

---

① 顾明远. 教育大辞典（简编本）[M]. 上海教育出版社，1999：231.
② 石剑波. 基于审美创造的幼儿园绘画教学策略初探[J]. 江苏教育研究，2017（1A）.
③ 陈荣春. "三学"课堂：以"让学引思"为内核的深度学习变革[J]. 江苏教育研究，2017（1A）.

> 会中心""活动中心"理论,我们将"教育应以人为本,以促进学生的全面发展"作为"三学"课堂建构的起点。哲学家海德格尔认为,教是为了让学生学,要实现从"学会"到"会学"的转变,认为"教比学要难得多",并提出"学习是学生的责任,是学生的权利"。我们从海德格尔的思想中得到启发,设计了"三学"课堂的教学策略——"让""引"并重,"学""思"结合,充分发挥课堂教学中教学双方的能动作用。

这段话充分说明了在建构"三学"课堂的过程中,教师们从心理学家皮亚杰、教育家杜威、哲学家海德格尔的不同理论观点中得到启发,由此设计出了"三学"课堂的教学策略。

四、创新性

创新性是衡量教育论文质量高下的价值指针。选题的新颖性、独特性、吸引力在一定程度上决定了论文整体的质量与水平。教育论文的创新从何而来?

1. 发现有新意的教育问题

问题是创新活动的内在推动力。任何问题只有被意识到并被提出来,才可能引起人们的思索并得到合理的解决。而任何一个问题的解决,或多或少会带来思想或方法上的创新。因此,教师要在教育生活中始终保持强烈的问题意识,即"对自己周围的各种现象,尤其是在自己研究的领域里,不采取轻信的态度,而总是自觉地抱着一种怀疑的、思索的、弄清楚问题的积极态度"[1],去发现实践过程中有新意的教育问题。创造性的

---

[1] 俞吾金.如何理解"问题意识"[N].长江日报,2007-06-28(12).

发现需要教师有敏锐的教育眼光，丰富的教育经验和强烈、持久的研究意识。

许卫兵是江苏省小学数学特级教师，多年来一直围绕着"简约数学"开展研究。随着研究的深入，他将目光从群体儿童转向了个体儿童。带着对儿童个体生命的关注，他在听完北师大钱志亮教授《回到教育原点看人》的演讲后，对有关剖宫产的理论产生了浓厚的兴趣。医学研究表明，在我国，剖宫产出生的孩子占比很高，剖宫产对孩子生理和心理的发展都会产生一定的负面影响。他很想知道：剖宫产对孩子未来的成长具有诸多影响，这种影响是如何发生的？从哪些方面表现出来？随着年龄的增长，因为剖宫产所衍生的各种危害会不会逐渐消失？作为教育工作者，教师是否能敏锐地捕捉到这些"异常"表现？如何基于孩子的生理基础和现实表现进行有效的学习干预呢？于是，他聚焦"剖宫产儿童的学习关怀"这个问题，开始了探索研究，撰写了《剖宫产儿童的学习关怀——走向儿童主体发展的简约教学研究侧写》[①]一文，为教学研究呈现了一个崭新的视角、一个跨界的教育问题。

这一有新意的教育问题，让教育研究更加关注学生的个体成长，更好地尊重生命，真正实现了教育的个体转向。这一发现和研究也得到了专家的认可。2016年，"剖宫产儿童学习关怀的实证研究"被立项为江苏省教育科学"十三五"规划人民教育家培养工程对象专项重点资助课题，也让越来越多的人开始关注这个研究的进展，期待他们结合医学、现象学、生命科学、教育科学等众多学科的理论、实践，去解答这个神秘而又神奇的问题。

2. 发布有新意的教育观点

针对教育教学中的常见问题，如果不随波逐流，能保持独立、深入思

---

① 许卫兵.剖宫产儿童的学习关怀——走向儿童主体发展的简约教学研究侧写[J].江苏教育研究，2015（5A）．

考，并在实践中予以考量，也可以产生一些有新意的教育观点。

2018 年 11 月，常州市局前街小学召开了一次关于教育惩戒的听证会，并成为社会热议的话题。在现实的教育活动中，教育惩戒的实施面临许多难题。一方面，学生是成长中的人，难免会犯错，犯错应该受到惩罚。另一方面，对于教育惩戒的度在哪里、会不会给学生造成伤害这个问题，家长和教师有着不同的立场，对于"惩戒"与"体罚"的理解也不相同，不少所谓的"过度惩戒"的案例总是让教师成为众矢之的，不少教师"想管而不敢管"。如何让赏识教育与惩戒教育相互补充，共同作用于学生的成长？如何让教师理直气壮、得心应手地运用教育惩戒的手段实施教育？学校应该采取什么行动、制定哪些相关的制度呢？

2019 年 4 月，常州市局前街小学教育集团校长李伟平发表了《小学教育惩戒的制度设计》[1]一文，旗帜鲜明地提出：对学生实施教育惩戒具有教育价值，有利于学生的健康成长，是对学生成长、教育规律、教师权利的尊重。教育惩戒的对象是被惩戒者的不良行为，实施教育惩戒须遵循针对性、合法性、教育性、清晰性、有序性原则。教育惩戒的实施方式主要包括严厉批评、加倍完成任务、取消部分特权、暂时收管、静坐、诵读、隔离、陪读等。教育惩戒的实施过程要因人而异，循序渐进，并让学校、教师、学生和家长一起参与管理与监督。这些观点令人耳目一新。

2019 年 11 月 22 日，教育部就《中小学教师实施教育惩戒规则（征求意见稿）》向社会公开征求意见，证明了这一教育观点提出的前瞻性、现实性和价值意义。

3. 阐述有新意的教育理解

创造性地表达已有理念，用有新意的材料进一步论证某个教育问题，或是发表对某个教育问题有新意的理解，引发大家多角度的思考，也是一种创新。

---

[1] 李伟平．小学教育惩戒的制度设计［J］．江苏教育研究，2019（4B）．

学者张文质在《奶蜜盐：教育的慈悲与力量》[①]一文中，就对家庭教育提出了很多有新意的观点。他旗帜鲜明地指出：任何好方法，都支撑不起一个生命的成长。因为在今天，父母们对家庭教育的关注已达到一个前所未有的高度。但他们的家教视点都放在找什么样的方法上；铺天盖地的育儿书，也在用各种方式来解决父母们面临的各种问题。一种方法对应一种问题，看似玄妙，实则无用，甚至对孩子的成长有害，因为孩子的成长不是你消灭一个个问题就能完成的，它是一个连续的、系统的、复杂的过程。如果不从根源处找到问题出现的原因，不从父母自身反思中找到问题的答案，类似的问题就会像施了魔咒一样重复出现，发展到一定的程度，那些方法就统统失效了。家庭教育要抛却功利的育儿观，还原教育的本来面目。这些观点给当下很多寻找家庭教育妙招的家长、要求家长学习家庭教育方法的教师等人群以新的理解和思考的角度。

4.总结有新意的实践经验

运用新的理论，采用新的视角、方法对旧问题进行再研究，是从已有经验中寻找突破、获得新的发现和进展的方式。对教师来说，对日常教育生活中的问题有所思考，有所尝试，有所改进，就是一种创造性实践。这样的实践做法可能是别人没想到的或没做过的，但只要能解决教育中的共性问题，给其他教师提供借鉴和参考，就值得总结。

例如，立德树人是当下每位教师的育人使命和目标。但单纯地运用说教的方式对学生进行思想教育，已经不契合当下学生的特点和社会的发展。谭小华老师敏锐地意识到，影视作品在内容上涉及摄影、戏剧、音乐、绘画、文学、哲学、科学、心理学、社会学等领域知识，在形式上具有以叙事和情感改变人的特点，在塑造学生的世界观、人生观、价值观及道德品行等方面有着潜移默化的渗透和内化作用。因此，可以结合高中学生的认知水平、教育发展需求和学校资源条件，通过观影与写影评、排练

---

① 张文质.奶蜜盐：教育的慈悲与力量[J].江苏教育研究，2017（9A）.

历史剧、制作微电影等途径，使影视教育在立德树人中发挥出特有的优势与价值。基于这样的问题思考和实践，他撰写了《充分发挥影视教育在立德树人中的独特作用——高中影视课程的开发与应用》[1]一文，发表在《人民教育》上，给更多教师开展德育工作带来启示。

归根结底，教育论文是一种理性思辨特征鲜明的研究性文体，其内容应源于经验又高于经验。写作时应当"赋常识以理论"，力求获得一种"与常识决裂"但"道不远人"的最终效果。

·第二节·
写作方法：思维、逻辑、语言的三重转向

尽管教师科研论文写作的目的、主题、视角、语言表达风格都与理论研究者有很大的不同，但如果教师仅停留在经验总结的层面，进行经验回顾，那么写出来的论文只能停留在"此时此地此人此事"的个别化的经验层面，很难转化为可以推广的教学生产力。因此，教育论文要求作者从感性认识上升到理性，发现问题的本质及规律，使自身的经验更广泛地运用于实践。

对长期从事教育教学实践的教师来说，要在教育论文写作中实现从感性体悟到理性认识，从教育现象到教育问题，从偶然经验到必然规律的跨越，写出高水平的教育论文，必须实现思维方式、结构逻辑、语言表达的三重转向。

---

[1] 谭小华.充分发挥影视教育在立德树人中的独特作用——高中影视课程的开发与应用[J].人民教育，2019（20）.

一、实现"散点—聚焦"的思维转向，将研究问题落实为写作点

1. 强化问题意识，发现有效问题

发现问题，是教育论文写作的"首要问题"。许多教师的论文之所以显得平面、单调和浅薄，就是因为缺少发现和聚焦写作问题的意识和能力。要想发现问题，首先要强化自身的问题意识，因为"问题不会像礼物一样主动呈现给实践者，它们必须从复杂、疑惑和不确定性的问题情境中建构出来"[1]，由于教育实践和情境的复杂多变，教师只有带着强烈的问题意识去发现，从理论与现实的差异、政策与实践的差异、同类事物比较的差异等方面不断对比、思考，才能找到真正的问题。

著名数学家杨乐院士曾在一场讲座中提出："奥数"强化班可能抹杀孩子对数学的兴趣，让他们失去愉快的童年，而且对数学能力的培养没有一点好处，全体学生学"奥数"的狂热现象不正常，也不健康。高丛林老师在听完这一场讲座后转而想到，在现实中，我国的"奥数热"已呈现低龄化的倾向，社会上各种"奥数"补习班炙手可热，很多家长把"奥数"作为升学的"敲门砖"盲目追捧。这一与理论研究有着巨大反差的社会现象引发了他的思考：小学生到底要不要学"奥数"？如何正确认识和理解小学"奥数"的教育价值？根据这个问题，他撰写了《小学"奥数"的教育价值研究》[2]发表在《江苏教育研究》上，由于这篇论文视角独特，有较强的现实意义，很快被人大复印报刊资料《小学数学教与学》全文转载。高老师在教育生活中从事的是"奥数"的教学工作，但是他凭借强烈的问题意识，从理论与现实的差异中找到了一个值得写的、有深度的教育问题。

---

[1] 刘加霞，申继亮. 国外教学反思内涵研究述评[J]. 比较教育研究，2003（10）.
[2] 高丛林. 小学"奥数"的教育价值研究[J]. 江苏教育研究，2009（7B）.

2. 学会思维聚焦，捕捉写作点

有了问题意识，还要学会思维聚焦，教师才能真正在自己感兴趣、有体悟的众多实践、思考和感受中捕捉到论文的写作点。思维聚焦是一种思维方式，就是运用"确定研究领域—聚焦关注话题—提炼写作问题"的思维策略来逐步明晰写作的核心问题。具体说来，就是首先从教育教学的现象和研究中，明确自己的写作领域；然后在这个领域中聚焦一个自己感兴趣、有感触、有思考的具体"话题"；最为关键的是，要把这个兴趣点与相关学术领域或具体问题域相勾连，进行细化，挖掘出隐藏在这个研究话题之中的问题，这个聚焦的问题，才是真正的写作点。

例如，你确定要写课程问题，就是确定了一个领域；那么，是写课程资源的开发呢，还是写校本课程与国家课程的有机融合呢？是写课程目标的设计呢，还是写多元的课程评价呢？……这些较具体的研究层面，就是话题；再往后，要追问自己，想写的这个话题究竟想说明和解决什么问题。通过这样层层聚焦的思维方法，写作点才能逐步清晰起来。

有一位教师，发现很多语文教师在设计语文课程的教学目标时，还沿袭着"知识与技能、过程与方法、情感态度与价值观"的三维目标模式，用割裂式、程序化的方式来设计和表达语文教学目标，于是就想结合自己的相关思考和实践经验，谈谈语文课程教学目标设计的问题。围绕着这个具体的写作点，作者可以从当下语文课程目标设计的经验事实中，抽象出语文课程教学目标设计存在的问题，并提出解决问题的策略，开展后续的写作。

3. 厘清写作边界，确定写作视角

聚焦、明晰了论文的写作点，并不等于选题已经大功告成。围绕这个写作点，写作仍然存在着各种不同的"角度""层面"和"问题"。此时，仍然需要作者进一步思考，厘清自己的写作边界。

例如，围绕"语文课程教学目标的设计与表达"这个问题，是写小学语文课还是中学语文课？是用语文核心素养的框架来观照这个问题，还是从教学目标的完整性理论来分析这个问题？同样是围绕"语文课程教学目标设计"这个问题，有的作者从文体特征的角度写《初中语文说明文教学目标的优化设计》[①]；有的运用比较研究的方法来写《高中语文课程标准中的课程目标比较研究——以 2003 版和 2017 年版为例》[②]；有的运用相关专家的理论视角来写《基于布鲁姆教育目标分类理论的初中记叙文写作教学目标设计研究》[③]；有的结合高中课程改革的变化写《新课标下高中语文教学目标设计研究》[④]……由此可以看出，即使是同一个写作点，写作的落脚点仍然可以是丰富多样的。

因此，确定写作点后，作者还需要选择从什么角度、运用什么理论去分析这个问题，由此形成自己的写作边界和写作视角，进一步把研究的问题落实、厘清，形成论文的核心概念和论述逻辑。

当教师学会用思维聚焦的方式确定写作点，论文就不会再停留在简单的现象描述或是经验回顾了，也不会出现泛泛而谈的现象。然后，作者可以从具体问题再返回经验事实，重新梳理逻辑脉络，呈现语文课程教学目标设计的内在本质。这样，从经验事实出发，经过理论抽象，再回过头解释经验事实，就形成了一个封闭的循环，而这样一个"经验（实践）—论点—论证"的思考和表达过程，正是教育论文写作的内在逻辑。

二、实现"平面铺陈—立体建构"的逻辑转向，将写作内容结构化

当论文的写作点即中心问题明确后，论文如何展开论述呢？这实际

[①] 谢鹭.初中语文说明文教学目标的优化设计[D].牡丹江：牡丹江师范学院，2018.
[②] 刘琴.高中语文课程标准中的课程目标比较研究——以 2003 年版和 2017 年版为例[D].厦门：集美大学，2019.
[③] 杨婷.基于布鲁姆教育目标分类理论的初中记叙文写作教学目标设计研究[D].广州：广州大学，2019.
[④] 黄璐.新课标下高中语文教学目标设计研究[D].南昌：江西师范大学，2018.

上就是要求作者从不同角度去回答和论证中心观点，把这些分析和回答有理、有据、有序地呈现出来。对于教师来说，这是写作中最难以把握和提高的一种专业表达能力。

教育论文是一种高度结构化的文体，严密的逻辑结构是教育论文科学性、研究性、学术性的重要保证。逻辑结构是指用什么方式和顺序来表达观点、组织材料。教师可以从结构和内容两方面去考虑论文结构的方式。

根据论文结构的内隐逻辑来划分，教育论文的结构可分为直线型、支撑型和规定型。

1. 直线型论文结构

直线型论文结构是指论文的各部分内容之间是按照一定的内在逻辑排列的，前后顺序不能颠倒。其主要的结构逻辑包括时间逻辑、事理逻辑和理论逻辑。

（1）按照时间逻辑结构成文。

时间逻辑结构是指按照事物发展的先后顺序来安排写作内容和顺序。如《"童玩"课程：撬起学校发展的新支点》[①]一文，就是按照"童玩"课程的规划缘起—"童玩"课程的实施途径—"童玩"课程触发的变化这样一个时间顺序成文。也就是按照"童玩"课程在实践中从无到有、从思到行、从初具雏形到良性发展的时间逻辑来介绍"童玩"课程开发与实施的相关做法与经验。这样的结构安排，三部分内容就不能随意调换，否则就违背了时间逻辑，显得混乱、无序。

（2）依据事理逻辑结构成文。

事理逻辑结构是指论文的结构顺序是按照事物发展的规律来安排的。如《为了成就人的幸福——幸福学校建设实践研究的行与思》[②]一文，论文结构为：幸福学校建设的理性思考—幸福学校建设的规划—幸福学校建设

---

① 阚晓茵，黄红兰.童玩课程：撬起学校发展的新支点[J].江苏教育研究，2015（9A）.
② 戴铜.为了成就人的幸福——幸福学校建设实践研究的行与思[J].江苏教育研究，2015（4A）.

的实践建构。这篇论文就是按照学校建设的发展逻辑来结构成文的。因为没有对幸福学校的理性思考,对幸福学校进行规划就无从谈起,没有规划也就无法在实践中建构幸福学校。所以这篇论文的内隐逻辑是学校建设的一般过程和规律,也是符合事理逻辑的。

(3)遵循理论逻辑结构成文。

理论逻辑结构是指论文各部分之间是按照理论框架来组织成文的。例如赵薇老师撰写的《新课改背景下小学生语感培养策略透视》[1]一文,论文第一段提出:《现代汉语词典》中对"语感"的释义是:"言语交流中对词语表达的理解、使用习惯等的反映。"而语言文字组成的三要素为语音、词汇、语法,这三者犹如三足鼎立,相互关联,密不可分。以此为依据,学生语感的培养可以尝试从这三个层面解析突破——语音感、语义感和语法感。全文写了三部分内容:读则必进,建立语音感;进则必思,重塑语义感;思则必悟,渗透语法感。这篇论文就是按照"语言是语音、语义和语法的结合体"这一理论逻辑建立表达框架的,这一内隐逻辑使得教师实践中细碎、零散的经验在理论框架的支撑下形成了一个严密的整体,大大增强了论文的整体感。

2.支撑型论文结构

支撑型论文结构是指论文的各部分内容分别是一个分论点,共同支撑起论文的中心论点。分论点之间往往是并列关系,其先后顺序不是十分严格,很多情况下可以互相变换顺序。

例如,《有效运用逻辑思维 科学建构知识体系——以高中政治学科教学为例》[2]写了四部分内容:运用对比发散,扩展思维视野,构建知识体系;运用类比简化,优化教学流程,构建知识体系;运用推理论证,通达未知领域,构建知识体系;运用归纳总结,搭建知识框架,构建知

---

[1] 赵薇.新课改背景下小学生语感培养策略透视[J].江苏教育研究,2017(11A).
[2] 张军.有效运用逻辑思维 科学建构知识体系——以高中政治学科教学为例[J].江苏教育研究,2015(1A).

识体系。

从论文结构看，作者讲了运用逻辑思维构建知识体系的四种方法：对比发散、类比简化、推理论证、归纳总结。这四种逻辑思维方式构建知识体系的方式和作用各不相同：对比发散有助于扩展思维，类比简化可以优化教学，推理论证能够通达未知领域，归纳总结可用于搭建知识框架。因此，这四个分论点有效回答了"如何有效运用逻辑思维科学建构知识体系"这个问题，支撑起了论文的中心论点。

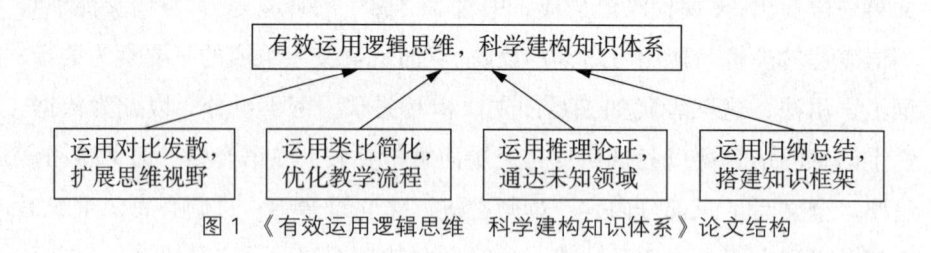

图 1 《有效运用逻辑思维 科学建构知识体系》论文结构

3. 规定型论文结构

规定型论文结构主要是一些特定的教育写作文体，它们有公认的、规定性的写作结构，写作时必须依据规定的结构形式来成文。例如调查报告，通常就是按照调查背景、调查对象、调查方法、调查结果分析、反思与建议这种固定格式来写。文献综述的结构通常就是按照前言、主体、总结和参考文献这样的结构来写。各部分机构不宜缺失，也不能随意变换顺序。

根据论文的写作内容特点来划分，教育论文常见的结构类型有：演绎举例式、归纳提升式、类比迁移式。

1. 演绎举例式

这类结构是指提出了一个原创性的核心概念，然后从阐释核心概念的具体含义出发，推演出教学实践的具体做法，其主要结构方式是：为什么—是什么—怎么做。

例如《智趣语文：基于童心的学习变革》[1]一文内容结构为："智趣语文"的研究背景、"智趣语文"的核心概念、"智趣语文"的实践建构。全文就是按照为什么要开展"智趣语文"的研究—"智趣语文"是什么—如何在实践中开展"智趣语文"教学这样的结构来写的。

2. 归纳提升式

这类结构适用于教师在实践中围绕某个教育问题或现象进行观察和思考，论文先对问题（现象）进行概括呈现或描述，然后分析问题（现象）产生的原因，最后对解决问题的策略进行理性概括，形成普适经验或理论。其主要结构方式是：现象描述—归因分析—问题解决（或建议）。

例如，杨杰作为幼儿园为数不多的男老师，关注到当下社会学龄前儿童父爱缺失现象普遍，于是撰写了《学龄前儿童"父爱缺失"的现状分析及干预策略》[2]一文。论文在第一部分描述了父爱缺失现象的具体表现及对幼儿身心发展所产生的影响，然后剖析了造成父爱缺失现象的原因（传统文化的影响、父亲工作压力大、教育意识淡漠、支持父亲参与教育的外界力量缺乏），最后提出了学龄前儿童父爱缺失的干预策略：①开展系列教学活动和游戏，感受父亲的价值感；②发挥性别优势，平衡学前教育；③开展家园共育，体验父亲的存在感。论文就是按照现象描述—原因分析—问题解决的结构方式来写的。这样的结构方式犹如层层剥茧，一步步为读者拨开现象的迷雾，帮助读者触摸到问题的实质，找到问题的解决之道。

3. 类比迁移式

类比迁移式即从其他学科领域或学科事件中发现一些概念或理论，将其进行迁移，与自身实践相联系，然后提出独创性的概念和策略。其主要

---

[1] 傅贵成.智趣语文：基于童心的学习变革［J］.江苏教育研究，2015（7A）.
[2] 杨杰.学龄前儿童"父爱缺失"的现状分析及干预策略［J］.江苏教育研究，2017（7A）.

结构方式是：它是什么—"我"是什么—"我"怎么做。

例如前面提到的顾丽芳的《教会学生提问：基于核心提问法的教学实践——以〈桃花心木〉教学为例》一文，作者试图解决"教会学生提问"的问题，她从美国作者乔·尼尔森所著的《关键在问——焦点讨论法在学校中的应用》一书中发现了"焦点讨论法"的相关理论。写作时，作者先具体阐释了"焦点讨论法"的含义以及它的内在规律，然后阐述了如何基于"焦点讨论法"产生了"核心提问法"这一概念，最后从客观性、反应性、诠释性、决定性四个层面入手，提炼出指导学生提问的四条教学策略，清晰地展现了"核心提问法"概念的产生及运用过程。

三、实现"自我—他者"的语言转向，走向专业表达

语言表达也是教育论文写作的重要一环，这个环节需要作者用缜密的思维和准确的语言来编织、表达自己的思想。好的论文不仅思路清晰、语言精练、用词准确、富有文采，而且句与句、段与段之间联系紧密、合情合理，整篇论文有很强的可读性与说服力。但论文写作不同于一般的文学作品，对语言表达的要求也有其特殊性。

伊曼努尔·列维纳斯（Emmanuel Levinas）是法国著名的哲学家和伦理学家，他在批判传统的认识论和存在论的基础上，提出了真正意义上的"他者"理论。列维纳斯重新阐释了人与人之间的关系，强调自我应从他者的视角来关注他者，回应他者，构建一种以对他者负责为核心的伦理关系。[①] 这种"他者"思想其实也是论文写作表达中的基本角度。

教育论文写的是作者自身的思想观点和实践，但要将其作为一种普适性的研究成果更好地传播，需要在表达中走出"自我"的表达惯性，从"他者"视角来看待论文中的表达：论文的观点表达清晰吗？读者能

---

① 王梦雪. 师幼互动中教师的倾听和回应——基于列维纳斯的他者伦理思想［J］. 阜阳职业技术学院学报，2019（3）.

明了论文所述问题的来龙去脉吗？论文的论述是不是能让读者信服文中的观点？论文所举的例证能不能帮助读者进一步明确相关论述的准确含义？……

要实现"自我—他者"的语言转向，使教育论文的语言表达走向专业，具体来说，需要做到：

1. 表达科学、准确，不用生活化语言替代专业表述

教育论文的文体风格是理性、精当、严密的，在这种风格的统领下，其语言表达也需要做到简明、准确，尽量避免用文学化、生活化、口号式的语言。尤其对于论文的核心概念、专业概念，一定要用专业词汇来表达。有的教师习惯用诗词歌赋甚至是一些歌词、网络热词来增加论文的生动感，其实效果适得其反。文学化、意象化、口号式的语言表达带有模糊性和不确定性，不能清晰地表达观点或实质性的意思，缺少专业表达应有的科学与严谨，在教育论文的写作中应尽量避免。

2. 增强论述性文字与观点的关联度

教育论文作为一种思辨性很强的文体，观点鲜明、论证有力是关键。因此，论述的文字应该逻辑清晰，表达明确，最重要的是围绕观点来展开。很多教师在写作过程中，常常不知如何展开有效论述：有的论文通过描述过程来替代观点提炼；有的论文论证有问题，论据不能证明论点，论证层次不合理，论述的重点不突出；有的论文看上去言之有理，观点也很鲜明，可是细读论述的文字，却发现论述与观点风马牛不相及。这样的表达都源于作者陷于"主观"的思维逻辑中，未能从"他者"的角度，用更客观、理性的方式来分析问题，层层深入地论述问题。

3. 增强表达过程中的"读者意识"

"他者"意识的重要体现，就是在论文写作过程中，教师要有强烈的"对象感"。所谓"对象感"，就是在写作的过程中，要先考虑论文是写给哪些人看的，他们想要了解什么，哪些内容是自己想重点想表达的，哪些背景可能是读者不清楚的，要有所交代的，等等。有了这样强烈的"读者意识"，在提笔写作的过程中，才能做到交代清楚，表达明白，让读者读起来顺畅。

例如，有位教师写道，"'三乐'教学是我们学校课堂改革的起点……"，接下来就开始交代学校从"三乐"走向"三学"课堂改革的经验和情况。可论文并没有交代"三乐"教学的具体情况，读者当然也就无从知晓"三学"改革的起点是什么，变化体现在哪里，更不知道"三乐"课堂与"三学"课堂相比较，教学改革的深入和发展在哪里。因此，在写作的过程中，作为当事人，作者应该意识到，尽管自己对论文的相关背景已非常熟悉，有时甚至熟悉到觉得根本没有必要交代，但读者并没有身临其境或是亲历其事，如果论文不交代清楚相关事件的来龙去脉，读起来很可能是一头雾水。

因此，作者创作时并不是孤独的，笔尖流淌的每一个文字、每一个句子都要有强烈的"对象感"，这样才能让论文的表达更客观、更完整、更清晰。

如果教师能把握教育论文写作的方法和特点，实现思维方式、逻辑结构和语言表达的三重转向，就能大大提高自身论文写作的能力和水平，丰富、生动的教育实践成果就能更好地转化，而教师也能在写作过程中实现更高水平的专业发展。

·第三节·
一文三改：一篇教学论文的"蜕变"

"玉不琢，不成器"，在初稿的基础上，论文需要不断地打磨，才能在观点、内容、表达等方面日臻完善，真正成为一篇好论文。论文的修改和打磨一方面需要作者自己在投稿之前不断修改，力争完善。另一方面，在论文投稿刊发的过程中，如果论文的主要观点和内容尚可，编辑也会从学术成果出版和传播的角度提出修改建议，或是直接进行修改。这一过程，也能大大提高论文专业表达的水平。大多数时候，我们阅读到的已刊发的论文，都是已经经历了这些过程的"成品"，其间论文经历的"雕琢"过程非亲历者不能完全知晓。本节将呈现一篇教育论文从原始稿件到最终发表的"蜕变"过程，揭示教育论文专业呈现"背后的道理"，相信会给教师写作论文带来更多的启发。

一、原文呈现与修改建议

让语文学习发生在课桌上

[摘要]从"面向讲台的学习"走向"课桌上的学习"，是对一些师生对话不能实现的语文学习的反思，是对促进每一个学生亲历语文学习的回应。把握"课桌上的学习"的特征，遵循学习设计的原则，可以生动活泼地开展语文学习，全面深入地促进学生语文素养的发展。

[关键词]语文；课桌上的学习；活动化教学

修改建议：

（1）论文的题目应该用更精准和专业的语言进行表达。现有题目是一种"比喻式"表达，未能准确表达出论文的核心问题。这样的表达在正文中也没有专门界定，因此很容易产生歧义，引起读者的困惑和误解：学生的语文学习都要固定在课桌上进行？如何进行？……而论文的主要观点其实是倡导改变语文学习中单一听讲的学习方式，采用更多元的学习活动来促进语文学习的真正发生。因此，建议题目改为"活动化教学：让语文学习真正发生"。

（2）论文是按照从"面向讲台的学习"走向"课桌上的学习"的表达

逻辑来行文的，修改后的论文要围绕语文活动化教学来展开论述。

（3）摘要太笼统，未能具体表明论文的主要观点，建议根据修改后的全文再进行调整。"课桌上的学习"不是专有名词，不能作为关键词；"语文"太过宽泛，不能精准界定论文的研究范围；摘要、关键词不用方括号，规范格式为"摘要：……关键词：……"请修改。

（4）请补充作者简介。具体、准确地写出作者的单位、职务、职称、通信地址、学术荣誉或学术称号。

一、面向讲台的学习：问题与思考

（1）作为语文教研员，笔者每学期都会听大量的课，在欣赏这些课的精彩之余，我常常会去反思一个问题：那些应该让学生亲历的语文学习，他们是否都真正经历了？

（2）不久前，笔者曾听过一节课，教学内容为统编版《语文》四年级上册"提问"单元的第四篇课文《蝴蝶的家》，这是一篇略读课文。这一课所在的单元为特殊的"策略单元"，语文学习要素为"阅读时尝试从不同角度去思考，提出自己的问题"。在教学中，教师应通过引导学生经历"阅读—提问—分类—筛选—理解—反思"等实践的过程，在前三课学习提问策略的基础上，运用关于如何提问的知识，练习针对文本进行提问，巩固对提问策略的掌握。过程如下：

（3）上课伊始，教师问学生："在前三课中，我们学习了怎么样提问的知识，同学们还记得吗？"让学生回忆提问的有关要求，如，从不同的角度提问，针对课文内容、写法提问，联系生活提问以及筛选对理解课文最有帮助的问题等。

（4）然后，教师让学生自读课文，结束后问："联系前面我们所学习的提问的知识，你可以对《蝴蝶的家》这篇课文提出什么样的问题？"很快，有几位同学举手后获得发言的机会，他们分别从不同角度提出了自己的问题，教师将这几位同学的问题写在黑板上。虽然，还有其他同学在举手，但是，显然这个"针对文本提问"的环节该结束了。

（5）接下来，教师又问："你认为这几个问题，哪一个最值得思考？"学生仍然很踊跃地举手示意发言，教师点叫了几位同学进行回答，并做出点拨……

（6）回到课本，课文的阅读提示非常明确："读课文，提出自己的问题，再试着把问题分分类，选出你认为最值得思考的几个问题，并尝试解决。"看上去，说出所提的问题、选出要解决的问题是完成这个任务的标志，其实不然。在完成这个任务的过程中，学生至少应当做这样几件事：阅读、自己提问并记录下来、小组汇总问题、对问题进行分类从而巩固前三课对"尝试从不同角度提出问题"的认识、说明"认为最值得思考"的理由，最后才是再读课文解决问题。在这个过程中最重要的是，确保每一个学生真的做了这些事。

修改建议：

第2—6自然段，作者想要表明的是当下语文课堂教学存在的突出问题，并引出自己的观点。但作者采用的是呈现、描述一节具体的课例《蝴蝶的家》并发表议论的方式。

从课堂观摩中发现问题、聚焦问题，然后分析问题，提出自己的观点和解决问题的有效策略，是教师论文写作常用的一种结构方式。很多教师都喜欢在论文的开头呈现几个案例，或是描述几个教学片段，然后归纳出教学问题。但是从科学性的角度来说，一节课中呈现的问题是否就是当下的课堂普遍存在的呢？每一个案例情境都有多重意蕴，对某一个具体课例的经过进行再现，其实并不能让读者看出你想说明的问题，因此，引出本文要论述的教学问题，不宜采用现象描述或是情境再现的方法，可以用概括的方式归纳出问题，并用精当的语言直接、明确地表达出来。因此，建议删去第2—6自然段。

> （7）如同一个孩子学习游泳，他需要的不仅是知道"双脚蹬水"的游泳知识，更重要的是不断地游，在游中摸索、习得，最终掌握技能。而实际教学中，教师用"对话讲解""师问生答"代替了学习实践的过程，就如同只告诉孩子游泳时要"用力摆臂"，而不让孩子下水一样，只能教出个"旱鸭子"。
>
> （8）在这个案例中，我们发现，"师生对话"在语文教学中似乎占据了绝对主导的位置，绝大多数时间学生在进行着"面对讲台的学习"。虽然很多时候教师的提问、引导、点拨、陈述可圈可点，学生的回答亮点纷呈，但细想开来，学生独立思考、交流碰撞的时间和空间极为有限。深究下去，"少数人的学习""观摩别人的学习""似懂非懂的旁观"现象仍然普遍，课堂上看似热闹的读书、对话、交流背后，是学生学习过程未能亲历，学习方法未能练习，学习能力未能增进，成为郭华教授所说的"似是而非的教学"。
>
> （9）仔细想来，这些现象的出现，究其原因还是教师对语文课程标准没有正确的理解和回应。

修改建议：

第7自然段，用孩子学游泳来类比学生学习语文的过程。也许在日常交谈中，别人一听就明白。但从论证的角度来分析，学生学习语文的过程和学游泳的过程一样吗？这两者之间的关联和一致性在哪里？……这些科学性的问题作者并没有在文中解答，因此这样的类比缺乏科学性和严密性，从教育论文的文体表达风格来说，也不够恰当，建议删去。

第8自然段相关内容可以提炼为当下语文课堂教学中普遍存在的问题，语言需进一步精炼。郭华教授所说的"似是而非的教学"在文中并没有具体阐释其含义，可能会给读者带来阅读障碍，建议删去。

第9自然段，把当下语文课堂教学中普遍存在的"老师讲、学生听"这个问题简单归因为教师对语文课程标准没有正确的理解和回应，显然是不科学、不全面的，建议删去。

（10）课程标准指出，"学生是语文学习的主体"。成为主体即意味着学生要具备积极的学习态度、独立的思考能力、创造性的学习行为等；尊重学生的主体性也就意味着教师要激发和保护每一位学生学习语文的好奇心和求知欲，要关注学生的个体差异和不同的学习需求，为学生创设有利于独立思考，有利于自主、合作、探究学习的环境，要从关注"教"转向关注"学"，要从关注"个别人"转向关注"每一个"。

（11）课程标准还指出，"语文课程是实践性课程"，培养学生语文实践能力的主要途径即语文实践。例如以上案例，既然目标是指向学习"提问"的阅读策略，那么学生只有在"提出问题—筛选问题—解决问题"的实践中才能真正学会提问。正如夸美纽斯所讲，"从实践去学习比用规则学习来得容易，应该让学生从写字中去学写字，从谈话去学谈话，从唱歌中学习唱歌，从推理中学习推理……"学生只有亲历与文本的充分对话，经历主动地读书、写作、思考、交流，语文学习才能在课堂上真正发生。

（12）我们应当反思，当学生更多是以"面向讲台"的姿态与教师和同学对话，课程标准所提出的以上要求能不能"落地"？如果我们更多地回归完整的语文素养发展要求，去关照"学生应学会什么"和"学生应怎么学"的问题时，仅仅有"面向讲台"的学习样态显然是不够的。让学习方式与学习目标真正对应，让教学组织方式更加有利于促进每一个学生亲历学习，应当更多考虑让语文课堂呈现另一种样态，那就是"课桌上的学习"。

（13）当学习回归课桌，被忽视的学习行为将重新出现在课堂上。它可以是个体的学习，一个学生在课桌上进行学习时，他或独立阅读，或圈画批注，或思考理解，或写作表达，或反思总结；它可以是小组的学习，学生在组内发表自己的观点，倾听他人的想法，交流碰撞思想，沟通补充评价；它还可以是组间的学习，学生按照学习的兴趣或者学习的需求

> 自由组合成临时小组展开学习，或者代表本小组加入大组中交流分享，最后回到原来小组总结提升。

修改建议：

第10—11自然段，作者试图用语文课程标准中的相关内容及夸美纽斯的相关论述来证明自己观点的正确性，这些内容与活动化教学的内容相关，可以保留，但语言需进一步精炼。

第12—13自然段，作者想说明为何要提出"课桌上的学习"样态，建议调整表达角度，从"当下的语文课堂需要更多的活动化教学，让语文学习真正发生"这个角度来具体表述全文的核心论点。

二、课桌上的学习：要点与特征

（14）当学生回到课桌上的时候，教学就从"对话"式走向了"学生活动为主"。但是，很多教师反映，当自己把开展学习活动的时间和空间交给学生以后，很多时候既耗费时间，又不易组织，更忧心的是效率不高。因此，仅将宝贵的课堂时间慷慨地分配给学生，而忽视对这个时间运用的价值评估、特征把握与过程设计，那"课桌上的学习"就会是我们看到的热热闹闹的浅层学习，甚至沦为"生动"的"学习秀"。

（15）发生在课桌上的好的学习活动应该具有怎样的特征呢？

1. 紧扣目标，适配学习行为

（16）在课桌上所能开展的学习活动是丰富的，但必须与教学目标充分适配。不同文体有不同的学习目标，匹配的学习方式也会不同。例如，叙事性作品的阅读，第三学段的目标是了解事件梗概，能简单描述自己印象最深的场景、人物、细节，说出自己的喜爱、憎恶、崇敬、向往、同情等感受。"了解""描述""说出"对应的学习行为是个体阅读、批注整理、叙说交流等，这就是在课桌上应当发生的学生活动。诗歌的学习目标为大体把握诗意，想象诗歌描述的情境，体会作品的情感，常见方式的是诵读、理解、想象、交流体会。再如习作，中年段以观察为主，看、听、闻、尝、触，调动多感官的活动体验，能使学生获取第一手的习作材料。

2. 激活思维，强化活动价值

（17）没有思维参与的活动是低阶的、浅层的。语文课程的基本理念强调引导学生丰富语言积累、培养语感的同时要发展思维，语文学习中的听、说、读、写活动都离不开思维的参与。在课桌上的学习，教师通过明确的引导，要求学生读书时要思考，交流时要说理，倾听后要评价，学生就可以激活思维，参与进去，从而提升活动的价值。例如《夏洛的网》课外阅读交流课中，教师设计让学生使用维恩图比较夏洛和弗恩或比较威尔伯和夏洛的活动；在习作《小小"动物园"》中，教师设计让学生画双气泡图来介绍像羊的妈妈，像虎的爸爸，像兔子的妹妹；学习"创世神话"单元时，教师让学生进行中西方神话的对比，开展小组演讲等。这些学习活动，通过设计有意义的、有要求的任务，促进学生不断实践、讨论、质疑、反思，价值自然得到提升。同时，借助图像化策略，运用图表使隐性的思维外显，让激活的思维得以看见。

3. 增加挑战，提升参与热度

（18）当学生回到课桌上，教师在某种程度上就给了他们自主的机会。然而，在教师难以对每一个人面面俱到地监控的情况下，他们还能持续保持学习吗？维持这种学习的最佳动力就是兴趣和挑战。有挑战性的学习任务可以激发学生主动探索的好奇心和求知欲，维持学生的学习动机，避免学生很快失去热情。例如，在帮助学生深入理解课文的"全面头脑"活动中，教师布置学生快速浏览课文，每段用"画、写、说、问"等一种方法帮助理解，如画一幅图总结这段、写出五个概括这段的词语、依据这段内容准备一个一分钟小演讲、基于这段出一道题考考同学……这些有挑战性的活动促使学生经历学习知识、加深理解、迁移运用等学习过程，深度学习得以展开。

4. 关注过程，合理安排程序

（19）好活动不仅关注学生学到什么，更关注学生如何学到，即不仅关注学业，更关注方式和过程，以及预设的行为是否在每一个学生身上展开。有教师会苦恼于设计了学习活动，学生接到任务时很激动，可是开展活动时不知道怎么做。究其原因，是教师活动设计粗放，缺乏合理的安排，对课桌上本该发生哪些学习活动以及如何"看见"这些活动心中无数。例如，有教师执教原苏教版《云雀的心愿》一课时这样安排活动——"小组讨论：为什么森林是个大水库？"学生高兴地聚在一起，却不知从何说起。如果将活动过程安排为：首先，想一想，独立学习，默读课文，思考"为什么森林是个大水库"；然后，圈一圈，同桌合作完成学习单，圈画出能说明森林是个大水库的关键词语；接着，标一标，在图中添加简单的标记和关键词帮助说明；最后，说一说，同桌轮流借助图画和关键词帮助说明。合理的程序安排，既使学生能够明确活动的要求，又让教师能够清楚该观察什么以及做出即时评估和反馈。

修改建议：

第16—19自然段实际上就是"实施活动化教学的基本要求"，内容可以保留，语言表述需要调整角度，与"活动化教学"的核心概念相匹配。

三、从对话到活动：好学习"设计"出来

（20）如何将原有的对话式教学转变为有效的"课桌上的学习"，我们认为，可以从语文学科逻辑和儿童认知逻辑的双向把握出发，按

照一定的设计思路来完成。

（21）教师首先要从学习者出发，思考以下问题：通过学习，我想要学生学到什么？新的知识、能力、习惯、素养等目标通过什么学习行为才能获得？学情基础是什么？我可以给予学生的支持是什么？我怎么判断学生的学习是否真的发生？在这些问题得以清晰化以后，教师可以着手设计教学。我们在实践中，采取的一般性流程如下：

学习内容分析 ┐   ┌→ 教师活动设计
             ├→ 学习目标确定 → 学习活动设计 ┤   → 评价预设
学生情况分析 ┘   └→ 学生活动设计

（22）以《爬山虎的脚》一课片段教学设计为例：

（23）教师通过对学情的分析，发现学生已初步具备借助关键语句理解内容、关注有新鲜感的词句并感受生动语言的能力，但在感受作者细致观察、品味语言运用妙处等能力上有欠缺。

（24）由此教师设计的学习目标为：找出课文第 3 自然段写得生动准确的词句，借助图像化策略，开展合作学习，感受作者细致的观察。

（25）开展学习活动时，教师先设计导入情境，造成学生认知冲突："爬山虎怎么会有'脚'呢？它的'脚'是什么样的呢？"

（26）接着教师布置活动：（1）默读第 3 自然段，勾画关键词语；（2）对照课文，完成学习单任务——给爬山虎画"脚"；（3）合作交流：在四人小组内按编号顺序交流讨论，如有不同意见请结合勾画的关键词说明理由；（4）推选代表全班交流。

（27）然后组织全班交流，要求：（1）出示学习单，结合课文解释作画理由；（2）注意倾听，如有建议，稍后补充。

修改建议：这一部分标题调整为"'活动化'语文学习的教学设计策略"。在这一部分，应当提炼、总结出在实践中的有效经验和策略。

现在的论文只简单介绍了教师教学设计的流程，并用《爬山虎的脚》

一课来说明这个设计流程。但这个流程并没有展现出活动化教学的设计理念和特点。因此，这样的例证没有说服力。

这一部分可以从三个方面来总结：在活动化教学的理念下，学习目标该怎么确定，学习活动如何设计？评价预设怎么进行？写法上先总结策略，再用《爬山虎的脚》一课为例来说明。呈现例子时不要写一个完整的教学流程，而应把相关内容分解到三个步骤中去分析、例证。如，《爬山虎的脚》一课的教学目标怎么设计？学习活动怎么设计？进行了怎样的评价预设？原文中的内容请根据这个结构进行调整。

（28）最后，学生小结学习过程，生生评价。

（29）在这样一个"课桌上的学习"活动设计中，我们关注了以下几个细节：

（30）一是强调好的情境导入。研究表明，当学生面对陌生的、复杂程度高的真实问题时，他所表现出来的学习积极性、解决问题的能动性与创造性是不可低估的。所以，创设的情境要起到吸引学生主动学习、形成认知冲突、帮助学生形成认知方法的作用，图片、视频、文字、语言等单一形式或多种形式的组合都可以运用。

（31）二是搭建支持学习的支架。教师在对学习的重难点清楚把握的基础上，为学生寻找对应的学习活动。教师可以示范方法策略，搭建学习支架，使学生知道自己该做些什么，例如说出思考的"有声思维"、完成表格或思维导图、与同伴合作学习，等等。配合学习活动，提供学习单、小白板、即时贴等工具，也可使学生的学习活动更易开展。

（32）三是保障充分而适度的时间。最好的学习发生在教师停止讲授的时候。既然要使学习发生在课桌上，就一定要给予充足而必要的学习时间，匆匆走过场的学习活动是低效甚至无效的，而过长的时间则会造成课堂无效的消耗。

（33）四是预设即时监控评价的指向。教师预设对学生在自主学习中的即时监控评价的时间、节点和方法，明确观察到什么样的行为能够说明有效，是使自己"看见"学生学习的技术保障。例如，他们是不是在阅读，有没有勾画的痕迹，勾画在哪里，是否在倾听，等等，只有预设了监控目标，教师才会在课堂上有意识地去寻找和引导。

（34）五是运用成熟多样的教学策略。在合作学习、思维教学、文本阅读等方面，成熟的教学策略有很多，这样的教学策略是对学习行为的有效指导。针对不同的学习目标，在准确分析目标基础上，使用这些教学策略，可以减轻教师设计学生学习活动的负担。例如，帮助信息分类的"三个水桶分类法"，复习课上，"三个水桶"（或三个罐子、三个夹子等）分别被贴上"需要巩固的""重点复习的""没有头绪的"标签，也可以是其他；帮助低年级学生梳理故事情节的"故事比萨"，以圆形纸板做"饼底"，由学生阅读后贴上或画上时间、地点、人物、起因、经过、结果；帮助复述故事、理解人物的"角色扮演"；帮助低年级学生复习拼音、生字、词语时使用的"欢乐对对碰"，在红色卡片上一半写偏旁、一半写独体字，在绿色卡片上一半写拼音、一半写生字，在黄色卡片上写上不同的生字，组内学生自由选择进行配对游戏；再如供学生选择不同主题、不同难度、不同兴趣、不同学习节奏开展学习的"学习中心站"等。

修改建议：第29—34自然段这一部分内容不应只是把《爬山虎的脚》一课的教学设计作为关注点，应从中提炼出教师在设计语文活动化教学时采用的普适性的方法和策略，建议把这部分内容纳入"活动化教学的实施策略"这个框架中去。

（35）从"面向讲台的学习"走向"课桌上的学习"，是对一些师生对话不能实现的语文学习的反思，是对促进每一个学生亲历语文学习的回应，其目的不是并非否定师生对话的教学，以适切的方法，达

> 成应有的目标，让师生对话教学与学生为主的活动交相出现，学生的语文能力才能走向更厚实，更有效。

修改建议：结尾应从活动化教学、学生亲历学习的过程、教师担心问题的解决三部分来总体阐述。"其目的不是并非否定师生对话的教学""学生的语文能力才能走向更厚实，更有效"等语言表述存在语病，请仔细斟酌、修改。

文中如有引用内容，请在正文中标注出来，并在文末标出文献的具体来源、信息。参考文献格式请参照我们往期杂志，精确到页码。

从论文的原稿看，作者有较好的实践基础，但对自己丰富的实践经验如何梳理、表达仍然比较模糊。特别是用"课桌上的学习"来作为全文的核心概念和观点是不科学的，因此，整个论文的论点及论述角度都需要调整。

建议作者进一步理清思路，仔细修改，注意搜集、学习活动化教学的相关理论，并有机融入论述中。

二、一稿、二稿、三稿修改对比示例

经过大幅调整和修改，论文的第二稿更加明白、准确了，但编辑仍然从标题、结构、表达、学术规范等方面对论文进行了仔细的调整和修改。在第二次仔细打磨的基础上，作者和编辑又进行了第三次的细致修订，最终使论文达到了发表的要求。此处呈现第二稿、第三稿的修订过程，细心的读者可以从对比中进一步体悟，如何精心打磨自己的论文，才能使论文真正达到发表的要求。

1. 关于三级标题的修改对比

编辑在第一稿的修改意见中，要求作者摒弃"生活化比喻"的表达方式，把论文的主标题用更精准和专业的语言进行表达，并提出了建议题目。作者采纳了编辑的建议，在第二稿、第三稿中都使用了《活动化教学：让语文学习真正发生》这个题目。

> 第一稿：《让语文学习发生在课桌上》
> 第二稿：《活动化教学：让语文学习真正发生》
> 第三稿：《活动化教学：让语文学习真正发生》

除了论文的主标题，三级标题的架构和表达能够看出作者的写作思路是否清晰，写作逻辑是否严密，对核心问题的论证是否充分、完整。因此，三稿中的三级标题不断调整，作者最终在论文中精当呈现了自己的实践案例，准确表述了实践中的思考，对论文的核心问题进行了完整的论述。

> **第一稿**
>
> 一、面向讲台的学习：问题与思考
> 二、课桌上的学习：要点与特征
> 1.紧扣目标，适配学习行为
> 2.激活思维，强化活动价值
> 3.增加挑战，提升参与热度
> 4.关注过程，合理安排程序
> 三、从对话到活动：好学习"设计"出来
>
> **第二稿**
>
> 一、走向生本的活动化教学
> 二、实施活动化教学的基本要求
> 1.紧扣目标，适配学习行为
> 2.激活思维，强化活动价值

3. 增加挑战，提升参与热度

4. 关注过程，合理安排程序

三、设计"活动化"教学过程的要点

1. 在学科逻辑和认知逻辑中来回走一圈

2. 寻求学习目标与学习行为的精确适配

3. 找寻学习是否发生的证据

第三稿

一、走向生本的活动化教学

二、对语文活动化教学的基本认识

三、实施活动化教学的基本要求

1. 紧扣目标，适配学习行为

2. 激活思维，强化活动价值

3. 增加挑战，提升参与热度

4. 关注过程，合理安排程序

四、设计活动化教学过程的要点

1. 有的放矢：围绕两个"基本点"制定学习目标

2. 用心设计：寻求学习目标与学习行为精确适配的学习活动

3. 评价设计与教学设计同步进行，用评价促发展

　　随着写作思路和主题的调整，第二稿与第一稿相比有了较大改动，不难理解。而在写作思路确定的前提下，第三稿的框架和第二稿比，仍然作了较大的改动，这是为什么呢？仔细比较会发现，第三稿全文从三部分变成了四部分，增加了"对语文活动化教学的基本认识"这部分内容，补充这部分内容的主要目的是厘清语文活动化教学的概念，为后面阐述实践做法奠定理论基础。同时，使全文的论证结构遵循了"为什么—是什么—怎么做"的逻辑，变得真正完整起来。

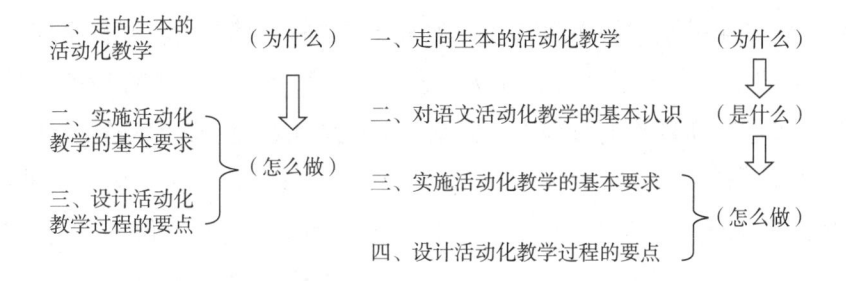

一、走向生本的活动化教学	（为什么）⇩
二、实施活动化教学的基本要求	（怎么做）
三、设计活动化教学过程的要点	

一、走向生本的活动化教学	（为什么）⇩
二、对语文活动化教学的基本认识	（是什么）⇩
三、实施活动化教学的基本要求	（怎么做）
四、设计活动化教学过程的要点	

2. 关于部分表述的修改对比

论文的标题、框架结构、写作思路、写作素材都确定以后，一篇好的论文还需要在语言表达上不断打磨，实现简洁、准确、生动的表达追求。这篇论文在第一稿和第二稿中，多次运用打比方的手法来论证。例如：

第一稿

如同一个孩子学习游泳，他需要的不仅是知道"双脚蹬水"的游泳知识，更重要的是不断地游，在游中摸索、习得，最终掌握技能。而实际教学中，教师用"对话讲解""师问生答"代替了学习实践的过程，就如同只告诉孩子游泳时要"用力摆臂"，而不让孩子下水一样，只能教出个"旱鸭子"。

第二稿

我们认为，在学生进入自主学习状态时，教师对学习者的观察和穿插其中的点拨指导要贯穿始终，相机进行，就像湖面上的天鹅，看似悠闲，却时时保持对环境的警惕，且在水面下不停地划水。教师的角色不再是"讲者"，而成为学生学习的观察家和"场外的教练"。

从社会语言学的角度来看，文章的语言风格应该根据受众的具体情况来决定，以满足文章作为"交流需要"的本质属性。教师在写作过程中，往往喜欢用形容词、生动的比喻、网络热词等方式来表达自己的教育理解，比如第一稿中用游泳来类比语文学习，第二稿中把教师比喻成"湖面上的天鹅"，这些表达方式作为口语交流，形象生动，也容易被理解和接受。但在论文写作的过程中，完全用通俗的生活化语言来表达，并不合适。论文的语言有别于叙事、随笔等文体，论文的语言风格应当是抽象、严谨、专业的。即使要用形象的事物来说明抽象的道理，也要反复斟酌，使形象与道理之间真正匹配起来，否则就会造成比喻失当。因此，在最终的论文中，作者的这些比喻都被删去了，换了更为平实、准确的表达。对于论文来说，准确明白毕竟是第一位的，文采生动是在前者的基础上去考虑的。

与具体的论述文字相比，论文中小标题的表达更为重要。小标题通常是所在部分主要内容的概括，或者是论文的分论点，因此要能清晰地展现作者的观点和思路，标题与标题之间要有逻辑关联，以使论文各部分之间形成一个有机整体。

与第二稿相比，第三稿中第四部分的三个二级标题做了较大改动。

第二稿

1. 在学科逻辑和认知逻辑中来回走一圈
2. 寻求学习目标与学习行为的精确适配
3. 找寻学习是否发生的证据

第三稿

1. 有的放矢：围绕两个"基本点"制定学习目标
2. 用心设计：寻求学习目标与学习行为精确适配的学习活动
3. 评价设计与教学设计同步进行，用评价促发展

这三个小标题是第四部分"设计活动化教学过程的要点"下的分论点，从第二稿的小标题看出，除了"寻求学习目标与学习行为的精确适

配",另外两个标题无法看出是何设计要点,三个小标题之间也没有逻辑关联,无法让人清晰地看出设计活动化教学过程的要点是什么。修改后的第三稿,三个小标题分别从教学目标的设计、学习活动的设计、教学评价的设计三个方面来说明活动化教学过程的设计要点,逻辑清晰,充分展开了第四部分的论述内容,小标题的表达方式也能让人一眼看出设计要点是什么。

3. 关于结尾的修改对比

美国耶鲁大学的社会心理学家霍夫兰研究发现:信息的开头部分容易引起受者的注意,而结尾则容易被受者记忆。[①] 因此,论文的结尾具有重要的作用。论文结尾的基本功能包括:总结全文,概括论点;解释说明,阐发体会;展望未来,留下悬念。好的论文结尾简洁有力,能恰如其分地收束全文,强化论文的观点,给人留下深刻的印象。[②] 但看似简单的结尾要想达到"豹尾"的效果,却并不容易。

> **第一稿**
>
> 从"面向讲台的学习"走向"课桌上的学习",是对一些师生对话不能实现的语文学习的反思,是对促进每一个学生亲历语文学习的回应,其目的不是并非否定师生对话的教学,以适切的方法,达成应有的目标,让师生对话教学与学生为主的活动交相出现,学生的语文能力才能走向更厚实,更有效。
>
> **第二稿**
>
> 活动教学不是新的教学方法,但在语文学习中推进以学生为主的

[①] 张国良. 传播学原理[M]. 上海:复旦大学出版社,2009:243.
[②] 张肇丰. 从实践到文本——中小学教师科研写法方法导论[M]. 上海:华东师范大学出版社,2016:178-179.

活动化教学却回应了当下语文教学改革走向全面、全体的素养发展的需求。语文教师要认真审视教学目标，让更加多元的学生为主的学习活动，常态性出现在课堂上，实现课堂组织方式和学习样态的变革，促进人人亲历的语文实践学习在课堂真正发生。这有待我们从课标要求、教学目标、学生学法与课堂组织等角度作系统的研究，树立让学于生、以学为主的观念，在活动教学设计上不断地下功夫。

第三稿

活动教学不是新的教学方法，但在语文学习中推进以学生活动为主的活动化教学却回应了当下语文教学改革走向全面、面向全体的素养发展的需求。语文教师要认真审视教学目标，让更加生本、多元、丰富的学习活动，常态化地出现在课堂上，实现课堂组织方式和学习样态的变革，促进人人亲历的语文实践学习在课堂上真正发生。

第一稿的结尾是针对原标题进行的，如果撇去概念表达的问题，原文的结尾也未能总结全文的主要内容，文中生动的教学实践内容和要点被略去了，只概括表达了一个不够科学的观点："让师生对话教学与学生为主的活动交相出现，学生的语文能力才能走向更厚实，更有效。"这样的观点让人产生疑问：讲授式和活动式两种教学方式交替在课堂上出现，就是理想的语文课堂？学生就能获得语文能力的显著提升？这样的结论显然失之偏颇，而"语文能力才能走向更厚实，更有效"这样的表达也存在搭配不当的语病。因此，无论从结尾的功能、观点的概括还是表达的严谨上来看，第一稿的结尾都存在不少问题。

与第二稿相比，第三稿的结尾看上去调整不大，但细微的调整也蕴含了不少道理。

调整一：将"走向全面、全体"调整为"走向全面、面向全体"。

［调整理由：通过补充"面向"，让词语搭配更加准确。］

调整二：将"让更加多元的学生为主的学习活动，常态性出现在课堂上"调整为"让更加生本、多元、丰富的学习活动，常态化地出现在课堂上"。

〔调整理由：调整后补充了"生本""丰富"两个形容词。"生本"总结了活动化教学的理论基础，"丰富"总结了活动化学习的多样形式，"生本""多元""丰富"三个词语全面总结了本文活动化教学的主要特征，缺一不可。而"常态化"比"常态性"的表达更为准确。〕

调整三：删去了"这有待我们从课标要求、教学目标、学生学法与课堂组织等角度作系统的研究，树立让学于生、以学为主的观念，在活动教学设计上不断地下功夫"这句话。

〔调整理由：很多作者在论文结尾都会采用"表决心"的表达方式来收束全文，意图把全文提升到一个高度。但这样的表达没有什么实质性作用，反而降低了论文的学术水平。因此，让论文在"促进人人亲历的语文实践学习在课堂上真正发生"这句话上戛然而止，既简洁，又能很好地与题目呼应起来，达到首尾呼应、前后一贯的表达效果。〕

三、刊发论文呈现

在第二次仔细打磨的基础上，作者和编辑又进行了第三次的细致修订，读者可以将一稿、二稿与最终发表在期刊上的"成品"进行对比分析，从中进一步发现、体悟教育论文写作的规律和方法。

活动化教学：让语文学习真正发生[①]

摘要：活动化教学是以学生为主体，落实语文课程主体性、实践性，让学生亲历学习活动，让语文学习真正发生的学习形式。开展语

---

① 张晶媚，张莉.活动化教学：让语文学习真正发生[J].江苏教育研究，2019（11A）.

文活动化教学，一方面是从学习目标出发，丰富学习方式，改变课堂组织样态；一方面是促进教师伴随教学方式变革实现专业发展。正确认识活动化教学的基本要求，精心设计教学目标、活动过程、评价方式和内容，才能提升活动化教学的有效性。

关键词：小学语文；活动化教学；语文学习；学习活动

作为语文教研员，笔者每学期都会听大量的课，时常被一些精彩的师生对话吸引，又常常会去反思一个问题：在这些精彩的对话中，是不是每一个学生都参与了思考，获得了理解？除了大段的对话，语文课堂上是不是也应该有一些"别的学习样态"，去让学生亲历学习？

一、走向生本的活动化教学

泰勒说，学习是通过学生的主动行为而发生的，他学习到什么取决于他做了什么，而不是教师做了什么。[1]有的学生可能随着教师的解释而加深理解，而另外一些学生却并没有。真正的学习应当是夸美纽斯讲的那样，"应该让学生从写字中去学写字，从谈话去学谈话，从唱歌中学习唱歌，从推理中学习推理……"学生只有亲历与文本的充分对话，主动地读书、写作、思考、交流，语文学习才能在课堂上真正发生。

由此可见，如果"对话讲解""师问生答"替代了另一些应由学生自己亲历的学习实践过程，使语文课堂绝大多数时间呈现出一种"面对讲台的学习"样态，那么，"少数人的学习""观摩别人的学习""似懂非懂的旁观"等教学问题就难以避免，在那些看似热闹的读书、对话、交流背后，很多学生未能通过主动做些什么，真正习得方法、增进能力，课堂就会变成有学者所说的"似是而非的教学"。[2]

改变课堂样态，把课堂时间还给学生，让他们自主地投入学习活动，是语文教学的必然要求。《义务教育语文课程标准（2011年版）》

指出，"学生是语文学习的主体"，"语文课程是实践性课程"，培养学生语文实践能力的主要途径是语文实践。近年来，我们的团队在教研中持续开展语文活动化教学的研究，让以"学生活动为主"的"活动化"教学，更多地走进语文课堂，促进每一个学生的语文学习真正发生。

二、对语文活动化教学的基本认识

我们所研究与实践的语文活动化教学可以从两方面理解。

一是让课堂呈现更多的学生主导的学习行为。我们倡导的"活动化教学"是相对"对话式"教学而言的，在课堂学习方式上，师生对话是重要的教学方式之一。但活动化教学更多强调把学习的责任还给学生，把更多的课堂学习时间分配给自主学习，让课堂呈现更多的学生主导的学习行为，更突出地指向学生自主进行的学习活动。这些活动包括：个人的自主学习，学生或独立阅读，或圈画批注，或思考理解，或写作表达，或反思总结；小组学习，学生在组内发表自己观点，倾听他人想法，交流碰撞思想，沟通补充评价；伙伴式学习，学生按照学习的兴趣或者学习的需求自由组合成临时小组展开学习，或者代表本小组加入大组中交流分享，最后回到原来小组总结提升；等等。

二是把活动化教学的推进看作一个与教学方式变革同步进行的、教师教学专业改进的过程。倡导还学于生，少教多学，将有利于促进每一个学生亲历语文学习实践活动。但认同并有意识地将多元学习方式更多地引入课堂，改变以师生对话为主的课堂教学样态，需要教师努力去克服业已形成的教学习惯，充分把握语文课程的主体性、实践性，以发展学生语文素养为指向，研究语文学习目标与学生学习方式的对应关系，实现专业实践研究的再出发。

但是，很多教师反映，当把学习活动的时间和空间交给学生以后，很多时候既耗费时间，又不易组织，更忧心的是学习效率不高、学习效果不佳。因此，仅将宝贵的课堂时间慷慨地分配给学生，而忽视对自主学习活动的特征把握、过程设计与运用评估，那"活动化学习"就会是看似热闹的浅层学习，甚至沦为"生动"的"学习秀"。

三、实施活动化教学的基本要求

解决这些问题，首先应当厘清实施活动化教学的要点，才能把以学生活动为主的教学时间用对、用好。

1. 紧扣目标，适配学习行为

语文学习活动是丰富的，但活动必须与教学目标充分适配。例如在阅读教学中，不同文体有不同的学习目标，学生采取的学习方式也应不同。叙事性作品的阅读，目标是了解事件梗概，能简单描述自己印象最深的场景、人物、细节，说出自己的感受，"了解""描述""说出"等学习目标对应的学习行为就应该是个体阅读、批注整理、叙说交流，这就是语文阅读学习中应当发生的学习活动。诗歌的学习目标为大体把握诗意，想象诗歌描述的情境，体会作品的情感。诗歌学习的常见活动方式可以是朗读吟诵、沉浸思考、交流分享。再如习作，中年段以观察为主，要使学生亲历看、听、闻、尝、触等活动，调动多感官体验，使学生能够获取第一手写作材料。

2. 激活思维，强化活动价值

语文课程的基本理念强调引导学生丰富语言积累、培养语感的同时要发展学生思维，语文学习中的听、说、读、写活动都不可缺少思维的参与，没有思维参与的活动是低阶的、浅层的。要使学生从对文本的表层理解走向深层理解，必须启动学生的高阶思维活动，且要确保每一个学生掌握思考的方法，有完成思维活动的机会和必要的时间。在教学中，教师通过明确的引导，要求学生倾听后能评价、交流时能说理、读书时能思考、批注时能精要表达，学生就可以调动思维参与进去，从而提升活动的价值。

例如《夏洛的网》课外阅读交流课中，教师设计让学生使用维恩图比较夏洛和弗恩或比较威尔伯和夏洛的活动；在习作《小小"动物园"》中，教师设计让学生画双气泡图来介绍像羊的妈妈、像虎的爸爸、像兔子的妹妹；学习"创世神话"单元时，教师让学生进行中西方神话的对比、开展小组演讲等。这些学习活动，通过设计有意义的、有要求的任务，促进学生不断实践、讨论、质疑、反思，价值自然得到提升。

3. 增加挑战，提升参与热度

当学生处在学习活动中，教师在某种程度上就给了他们自主的机会。然而，教师难以面面俱到地观察和引导每一个人，那么学生还能持续保持学习状态吗？答案显然具有不确定性。因此，在学生学习活动为主的课堂教学中，应当有教师调控和目标驱动之外的动力机制。维持有效的活动学习的最佳动力源来自内在，即激发学生的学习兴趣和设置挑战性学习任务。有挑战性的学习任务可以激发学生主动探索的好奇心和求知欲，维持学生的学习动机，避免学生很快失去热情。例如，在帮助学生深入理解课文的"全面头脑"活动中，教师布置学生快速浏览课文，每段选用"画、写、说、问"中的一种方法帮助理解，如画出一幅图总结这段、写出五个概括这段的词语、依据这段内容准备一个一分钟小演讲、基于这段出一道题考考同学……这些有挑战性的活动促使学生经历学习知识、加深理解、迁移运用等学习过程，深度学习得以展开。

4. 关注过程，合理安排程序

好的学习活动不仅关注学生学到什么，更关注学生如何学到，即不仅关注学习活动的结果，更关注学习方式和学习过程，特别是要确保预设的行为在每一个学生身上真的展开。有教师会苦恼于设计了学习活动，学生接到任务时很激动，可是真到了开展活动时，他却不知道怎么做，究其原因是教师对学习活动设计粗放，对学生本该开展哪些学习活动以及如何"看见"这些活动心中无数，缺乏对一系列学习行为的合理安排和指导。

例如，有教师执教原苏教版《云雀的心愿》时这样安排活动："小组讨论'为什么森林是个大水库？'"学生高兴地聚在一起，却不知从何说起。如果将活动过程安排为：首先，想一想，独立学习，默读课文，思考"为什么森林是个大水库"；然后，圈一圈，同桌合作完成学习单，圈画出能说明森林是个大水库的关键词语；接着，标一标，在图中添加简单的标记和关键词帮助说明；最后，说一说，同桌轮流借助图画和标记词说清楚。明确的学习活动要求、合理的学习活动程序安排，既能使学生有效开展学习活动，又能让教师清楚该观察什么以及如何做出即时评估和反馈。

四、设计活动化教学过程的要点

如何将原有语文课堂上单一的对话式教学转变为形式多样且有效的活动化学习，我们认为，可以从语文学科逻辑和儿童认知逻辑的双向把握出发，按照如下的设计思路来完成（如图1）。

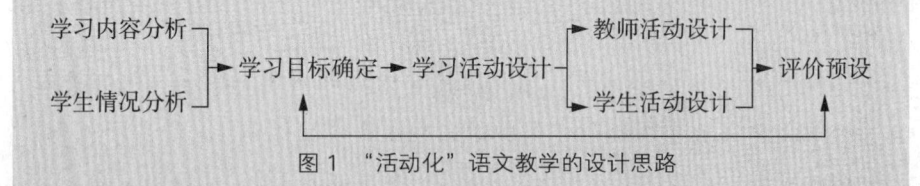

```
学习内容分析 ┐                          ┌→ 教师活动设计 ┐
            ├→ 学习目标确定 → 学习活动设计 ┤              ├→ 评价预设
学生情况分析 ┘                          └→ 学生活动设计 ┘
```

图1 "活动化"语文教学的设计思路

1. 有的放矢：围绕两个"基本点"制定学习目标

在活动化教学的目标设计中，教师要关注两个基本点。

一是语文活动化教学的目标设计要紧扣语文课程标准。《义务教育语文课程标准（2011年版）》对语文学习提出了具体的实施建议：汉语拼音教学宜多采用活动和游戏的形式，注意汉语拼音在现实语言生活中的运用；识字教学要力求识用结合；阅读教学要珍视学生独特的感受、体验和理解，教师应加强对学生阅读的指导、引领和点拨，但不应以教师的分析来代替学生的阅读实践，不应以模式化的解读来代替学生的体验和思考；习作教学要增加学生创造性表达、展示交流与互相评改的机会；口语交际是听与说双方的互动过程，不宜采用大量讲授口语交际原则、要领的方式；综合性学习更应突出学生的自主性，重视学生主动积极的参与精神，主要由学生自行设计和组织活动，特别注重探索和研究的过程。从这些"宜"与"不宜"的具体建议中，我们看到，语文学习只通过师生对话进行教学显然不够，需要协同活动化教学使学生亲历学习的过程，才能使学生在语文实践中学习语文，发展核心素养。

二是活动化教学的目标设计要从学习者出发。教师要思考：通过教学，学生要学到什么？知识、能力、习惯、素养等目标通过什么学习行为才能使学生获得？学情基础是什么？学情差异在哪里？我可以给予不同层次的学生的支持是什么？我怎么判断学生学习是否真的发生以及可以认为有效？在这些问题清晰化以后，教师才可以着手设计学习目标。

以四年级上册第10课《爬山虎的脚》一课为例。设计学习目标时，教师会发现课程标准对每个学段都有观察的目标要求：第一学段为"留心周围事物"，第二学段是"观察周围世界"，第三学段是"养成留心观察周围事物的习惯"。所以"感受作者连续细致的观察"应是本课教学的核心目标。教师再通过对学情的分析，发现四年级学生已初步具备借助关键语句理解内容、关注有新鲜感的词句的能力，但在感受作者细致连续观察、体会文章准确生动表达的能力上还有待发展，且差异较大。如何保证每一个学生"感受、体会"的语文实践发生呢？这需要教师在教学目标中刻意安排相关的阅读策略。如关注标志词、图像化等。

基于上面几方面的思考，教师确定的学习目标为：(1)能通过圈画关键词的方法找到课文中写得生动准确的句子，知道爬山虎脚的样子及爬山虎是怎样往上爬的。(2)能通过圈画关键词的方法找到并说出课文中写得生动准确的句子，感受作者细致的观察。(3)能运用图像化策略说出爬山虎是怎样往上爬的，从中感受作者连续的观察。

这样围绕课程标准和学情设计学习活动目标，就能让教学真正为落实课标、发展学生服务。

2. 用心设计：寻求学习目标与学习行为精确适配的学习活动

活动化教学设计的要义在于：让学习真正发生。因而一个好的学习活动设计，需要关注以下细节：

一是强调好的情境导入。研究表明，当学生面对陌生的、复杂程度高的真实问题时，他所表现出来的学习积极性、问题解决的能动性与创造性是不可低估的。所以，创设的情境要起到吸引学生主动学习，形成认知冲突，帮助学生形成认知方法的作用，图片、视频、文字、语言等单一形式或多种形式的组合都可以运用。

二是搭建支持学习的支架。教师要在对学习的难点清楚把握的基础上，寻找匹配的学习活动。教师可以通过示范方法、活动指导、提供学习工具等方式，让学生知道自己该做什么、如何做。例如，让学生在阅读中边读边说，说出思考的"有声思维"；读后完成表格或思维导图；与同伴开展合作学习；等等。配合学习活动，教师还可以为学生提供学习单、小白板、即时贴等工具，也可使学生的学习活动更易开展。

三是保障充分而适度的时间。最好的学习发生在教师停止讲授的时候。既然要使学习发生在活动中，就一定要给予学生充足而必要的学习时间，匆匆走过场的学习活动是低效甚至无效的，而过长的时间则会造成课堂无效的消耗。

四是运用成熟多样的教学策略。在合作学习、思维教学、文本阅读等方面，成熟的教学策略有很多，这些教学策略是学习行为的有效指导，教师可以针对不同的学习目标，在准确分析目标的基础上，运用这些教学策略。例如，帮助学生进行信息梳理或分类的"三个水桶分类法"。复习课上，"三个水桶"（或三个罐子、三个夹子等）分别被贴上"需要巩固的""重点复习的""没有头绪的"标签，帮助学生进行内容梳理；帮助低年级学生梳理故事情节的"故事比萨"，以圆形纸板做"饼底"，由学生阅读后贴上或画上时间、地点、人物、起因、经过、结果；帮助学生复述故事、理解人物的"角色扮演"；帮助低年级学生复习拼音、生字、词语时使用的"欢乐对对碰"，在红色卡片上一半写偏旁、一半写独体字，在绿色卡片上一半写拼音、一半写生字，在黄色卡片上写上不同的生字，组内学生自由选择进行配对游戏；设置供学生自主选择不同方式开展学习的"学习中心"，学生利用学习中心的材料，或个人，或小组，按照自己的学习节奏进行活动，如在角色扮演中心编排戏剧、在写作中心创作、在听力中心阅读有声材料；等等。

3. 评价设计与教学设计同步进行，用评价促发展

现代教学论和评价理论认为，有效的教学其实是在一步步或明或隐、或大或小的评价活动的基础上展开的。《基础教育课程改革纲要（试行）》也指出，要"发挥评价促进学生发展、教师提高和改进教学实践的功能"。以学生活动为主的教学尤其要关注事先的评价设计。学生自主开展学习活动时，教师对学生进行行为观察和即时评价远比面向全班的教学管理来得复杂。在学生进入自主学习状态时，教师对学习者的观察和穿插其中的点拨指导要贯穿始终，相机进行。教师的角色不再是"讲者"，而是成为学生学习的观察家。

在课堂教学活动设计的同时，教师就要对学生自主学习活动中评价的时间、节点和方法进行同步预设。明确学生学习的同时，观察到

什么样的行为能够说明学习有效，用什么方法反馈出学习的效能，以及哪些学生需要重点关切。例如，他们是不是在阅读，有没有勾画的痕迹，勾画在哪里，是否在倾听，等等，预估学生可能遇到的问题和困难，预备给予他们点拨和指导的方法。同时，要注意将生生之间相互评价的功能安排在活动进程中。通过促进他们对学习过程的相互检查，引导他们在交流讨论中表达观点和相互评价，营造相互学习、合作共生的氛围，还能通过同伴评价，进一步提升活动过程的有效性。

活动教学不是新的教学方法，但在语文学习中推进以学生活动为主的活动化教学却回应了当下语文教学改革走向全面、面向全体的素养发展的需求。语文教师要认真审视教学目标，让更加生本、多元、丰富的学习活动，常态化地出现在课堂上，实现课堂组织方式和学习样态的变革，促进人人亲历的语文实践学习在课堂上真正发生。

参考文献

［1］［美］拉尔夫·泰勒.课程与教学的基本原理［M］.罗康，张阅，译.北京：中国轻工业出版社，2008：55-56.

［2］刘月霞，郭华.深度学习：走向核心素养［M］.北京：教育科学出版社，2018：29-30.

第五章
文献综述：对已有研究的研究

·第一节·
文体特征：在梳理中发现

文献综述是研究者"在对文献进行阅读、选择、比较、分类、分析和综合的基础上，用自己的语言对某一问题的研究状况进行综合评述"[①]，是高度浓缩的智慧结晶。具体来说，"综"就是对文献资料进行整理、分析、综合，使文献资料形成有逻辑的整体；而"述"需要研究者运用自己的理论知识、专业眼光以及分析问题的能力，对文献的观点、结论进行叙述和评论。"综"是基础，"述"是表现，而在"述"基础之上的"评"则是研究者依据自身的研究和思考，对文献进行的主观评论。文献综述是通过"对已有研究的研究"去发现新的研究可能，对申请学位论文、申请课题项目、撰写研究计划或是寻找新的研究方向和方法，都有很重要的价值和作用。

一、文献综述的主要用途

文献综述的用途十分广泛，我们可以将其细分为以下四类，不同类型的文献综述的撰写要求和写作目的略有区别。

---

① 王俊芳.撰写文献综述的基本要求［J］.教育科学研究，2004（6）.

1. 用于课题研究：彰显课题研究价值

在开展课题研究的过程中，文献综述（研究综述）是课题申报书的重要组成部分。这种类型的文献综述因为申报文本的限制，需要用概括性的语言，以课题的核心概念为主题，对某一研究领域的最新进展、已有研究及研究空白点做出评述，说清前人的研究理论是否存在矛盾之处，前人的研究方法与研究设计是否正确得当，前人的论证是否存在一定的缺陷或者局限，该领域的哪些方面已经有了很充分、成熟的研究，哪些方面还没有引起足够的重视，哪些方面还需要进一步研究。撰写这类综述的目的是彰显课题的研究价值，确定研究的切入方向，为课题研究的顺利开展做好先期的研究准备。

这类综述的内容一般应包括本课题国内外研究的历史和现状，现阶段主要的理论观点和技术，亟待解决的主要问题和发展趋向，本课题在已有研究基础上的新思考与新突破。正如著名历史学家李剑鸣教授所说：在选取研究方向和确立课题方案的过程中，就本课题做一番学术史的梳理，是一项不可缺少的工作。①

2. 用于学位论文：导出研究问题

作为学位论文的重要组成部分，文献综述的主要作用是通过梳理前人的研究成果，澄清研究问题的来龙去脉，实现继承上的创新。"任何特定时间的任何科学状况都隐含它过去的历史背景，如果不把这个隐含的历史明摆出来，就不能圆满地表述这种科学的状况。"② 朱熹讲"旧学商量加邃密，新知培养转深沉"，是说明只有"商量旧学"才能"培养新知"。《大学》中讲"物有本末，事有终始，知所先后，则近道矣"，进一步说明，

---

① 李剑鸣.历史学家的修养和技艺[M].上海：上海三联书店，2007：206.
② [美]约瑟夫·熊彼特.经济分析史（第1卷）[M].朱泱，孙敬敞，李宏，等译，北京：商务印书馆，1991：18.

只有厘清事物的演进过程，才能进一步寻求事物发展的规律。[①]一篇学位论文若没有高质量的文献综述部分，则无需对内容抱有太高期待。

根据不同学校的具体要求，学位论文中文献综述的字数和文献的数量会有不同，但其主要作用是建立自身研究与发展中的知识之间的连接，并且告诉读者这个研究在整个研究领域内的地位及价值。

3. 用于学术论文：发现写作空间

由于版面的限制，很多学术论文特别是教学实践类的论文似乎没有文献综述。但文献综述仍是不可缺少的写作准备，是论文撰写的起点，有时就是论文的一部分。

学术论文首要的价值追求就是"创新性"，因此作者的首要任务就是弄清楚相关领域的研究现状，"站在前人的肩膀上前进"才能有所突破和创新。如果没有继承和发现的意识，不去了解已有的相关研究成果，很有可能自认为"高明"的理论或经验是别人早已写过的，或是让自己大伤脑筋的问题其实早已得到了解决。对问题的"追溯性了解"，可以帮助作者找到合适的写作起点和写作空间。"任何一篇论文或研究过程都是该领域知识探索过程中的一个环节，不可能是终结，也不可能覆盖全领域"[②]。因此，写论文之前，做好文献综述，或者把文献综述作为论文的一部分，一方面能站在前人的研究基础上，发现新的写作空间，使文章具有新意；另一方面，可以让编辑或审稿专家了解你的先期研究，提高投稿的命中率。

例如李政涛、罗艺撰写的《智能时代的生命进化及其教育》[③]一文写了五部分内容，第一部分就是关于论文主题的文献综述。

[①] 崔建军.论文文献综述的地位、写作原则与写作方法——以经济学专业论文写作为例［J］.唐都学刊，2014（5）.
[②] 李怀祖.管理研究方法论［M］.西安：西安交通大学出版社，2000：263.
[③] 李政涛，罗艺.智能时代的生命进化及教育［J］.教育研究，2019（1）.

教育智能时代的生命进化及其教育

一、文献综述

二、回到原点：在智能时代重新认识人

三、回到进化与重生的人类，教育实践何为？

四、以何种"理论方式"，探究智能时代的教育

五、智能时代的教育政策走向何方

将文献综述作为文本内容第一部分的学术论文并不多见，因此原文呈现出来，使读者对这类文献综述有直观的认识。

"人工智能变革教育"的潮流，引发了教育研究领域的"人工智能热"。以"人工智能""教育"为主题词，检索知网期刊数据库得到年度发文量趋势图（见图1）。自2016年以来，相关发文量呈现爆发式增长，2018年发文量929篇，相比于2016年的194篇增长近5倍。发文量"爆发式增长"的时间节点，与国际"人工智能变革教育"的潮流相吻合，从中可见人工智能对教育变革的介入与影响。

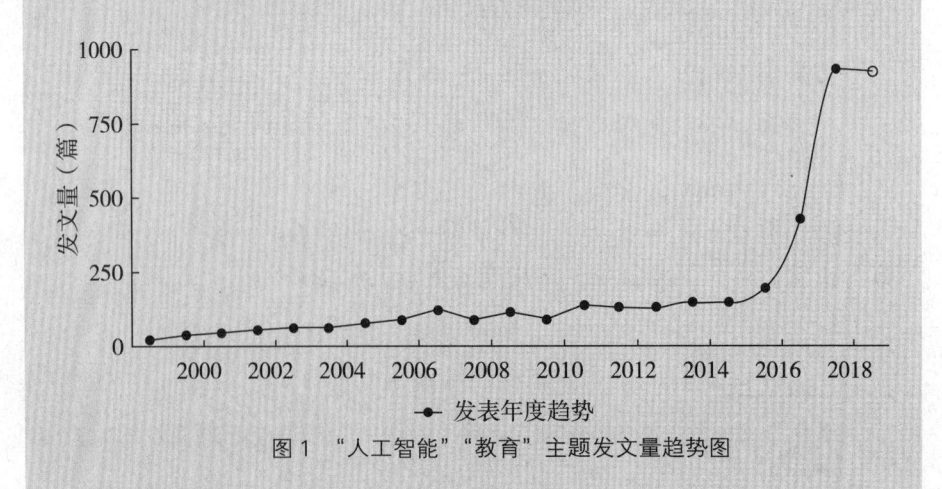

图1 "人工智能""教育"主题发文量趋势图

为进一步梳理"人工智能""教育"研究的主题，我们在知网期刊

数据库，聚焦近5年（2014—2019年）的全国中文核心期刊和中文社会科学引文索引（CSSCI）期刊进行统计，在剔除与主题不符的文献后，选取404篇核心文献，进行主题分布统计、关键词共现网络和标题摘要词频统计，分别绘制成图表。（见图2、表1）将统计结果和具有代表性的文献综合后发现，当前有关"人工智能""教育"的研究聚焦于四条路径。

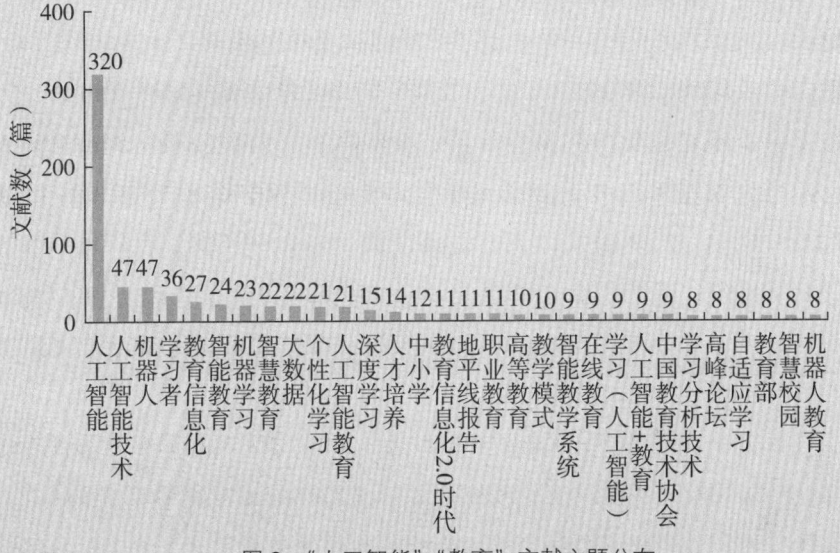

图2 "人工智能""教育"文献主题分布

一是聚焦"理念革新"。理念革新层面主要探讨人工智能的社会变革，带来的教育的概念、内涵和特征的改变。有学者指出，未来智能机器人将人从机械、重复、繁杂的工作中解放出来后，工作和生存将不再是教育的重要需求，教育的意义和价值将朝着机器不可替代人脑的方向发展，"人机一体"将成为新的教育方式。这促使教育朝着通向智能教育的方向发展，由"智能技术支持、学习智能技术、促进智能发展"组成的智慧教育理念，将成为教育发展的新基石。同时，教育科学研究也需要适应人工智能的发展，将"人工智能""教育"问题域划分为"人的学习（人类学习）、人的教育（人类教育）、机器学习（类人学习）和机器教育（类人教育）四类基本研究问题"。

二是关注"技术革新"。在探索人工智能技术的发展和突破中，人们得出了人工智能技术的发展已经在机器深度学习、强化学习、智能学习的算法、视觉识别、智能语言识别和理解上取得较大进步的结论，这些基础技术的突破，为人工智能的教育应用奠定了坚实的基础，未来还需在类脑计算、量子机器学习、复杂场景的制动力等技术上寻求新的突破。

三是强调"教育应用"。主要探究围绕基于教师、学生和环境中心的教育场景应用。如在学校教育中，人工智能在个性化学习、适切服务、学业测评、角色变化、交叉学科五大应用中都具有巨大潜力，并且面临着教育价值、教学体验、安全伦理、有效协同及技术治理的五大挑战。教师角色内涵也将在与人工智能的协同共存中发生改变。在人工智能学习工具的设计上，需要遵循学习者与教育资源的对称性假设，使"学习者能够在与教育资源（教学内容、学习环境、互动机制和学习过程）的互动中实现知识结构的最优化，同时教育资源也能够在这一互动中得以改进"。

四是试析"教育政策"。主要阐明政策如何促进人工智能与教育的融合。随着人工智能潮流的推进，不同国家和地区都发布了相应的人工智能战略，这些政策文件的解读分析及其相关教育发展战略，对我国制定相关政策具有重要的参考价值。代表性文件，如《地平线报告》，是美国高等学校教育信息化协会学习促进会发布的一份关于全球高等教育技术应用趋势的报告，有学者从报告内容入手，分析了此报告对我国政策制定的参考与启示。此外，美国人工智能赋能教育计划从"国家科学技术委员会（NSTC）规划"到"美国国际战略中心（CSIS）规划"的发展历程，也为我国未来教育人工智能战略的制定提供了借鉴。

人工智能与教育融合的研究仍处于起步阶段，各路径研究尚不成熟完善，但逐渐形成了"教育""技术"和"应用"三个研究重心。通过"人工智能""教育"关键词共现分析可以发现，"信息技术""教育应用""智能教育"和"学习过程"构成了人工智能与教育融合研究的"焦点"。

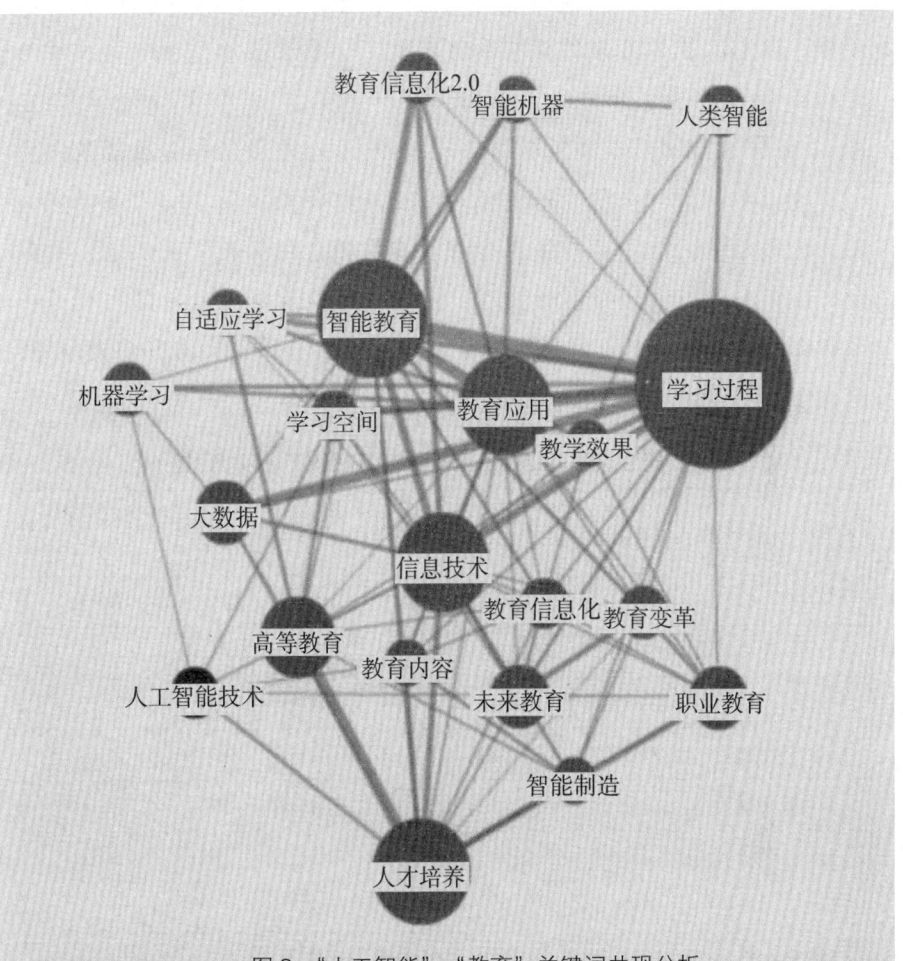

图3 "人工智能"、"教育"关键词共现分析

结合已展现的四条研究路径来看,"信息技术""教育应用""智能教育"分别代表了"教育""技术"和"应用"三个研究重心。"教育"重心的研究是对人工智能时代的到来做出教育理念式的回应,"技术"重心的研究专注于专业技术基础突破,而"应用"重心的研究,则将教育理念与应用场景的技术设计深度融合,扎根于教育变革实践。

整体而言,人工智能"教育"的研究与实践处于日渐繁盛、方兴未艾的状态,在诸种热闹喧哗的背后,却隐藏着一种重大缺憾或缺失:已有教育学领域对于人工智能的研究视野,大多限于现实性、功用性层面，被定位在工具论的框架和视野之下。表1显示了核心文献中标题及摘要的词频统计情况，相关文献对"技术""学习""发展""应用""数据""分析""信息""系统"等概念的关注，表达出诸多研究从技术功用层面介入教育的共性。无论是相关文献的主题、关键词共现，还是词频统计，有关技术和教学应用场景词汇的密集出现，都展示出探究人工智能的习惯性视野：把人工智能看成人的延伸，视为一种新媒介，关注其是否对职业发展、事业前途、日常生活有重大影响，能否借助它的智能达成自身目标。

表1 核心文献的标题及摘要词频统计（节选前20位）

排序	关键词	计数	加权百分比（%）	排序	关键词	计数	加权百分比（%）
1	教育	3077	4.59	11	创新	348	0.52
2	人工智能	1600	2.39	12	智慧	316	0.47
3	技术	1182	1.76	13	数据	315	0.47
4	学习	1055	1.58	14	大学	301	0.45
5	发展	755	1.13	15	分析	292	0.44
6	研究	659	0.98	16	信息	289	0.43
7	智能	583	0.87	17	培养	272	0.41
8	教学	541	0.81	18	中国	264	0.39
9	时代	456	0.68	19	学院	264	0.39
10	应用	448	0.67	20	系统	253	0.38

尽管也有部分学者关注人工智能对学习者、教师角色的影响与改变，例如，"以学习者为中心，以目标、过程和评价为导向"重建个性化学习，以"学生成长数据的分析者、价值信仰的引领者、个性化学习的指导者、社会学习的陪伴者以及心理与情感发展的呵护者"作为角色定位。又如，对教师角色的探讨也是热点之一。但这些思考仅

> 将学生和教师置于教学语境之中进行考量，淡化了对学生和教师作为"人"的重建，毕竟，对教师的职业"角色"的认知，无法替代对"人"本身的探究。

在论文开头部分出现的文献综述，属于背景式的文献综述，是通过介绍某一研究问题的意义、背景情况，将论文研究的问题置于相关的研究背景下，让读者了解到该问题在相关研究领域中的价值和地位。读者可以从背景式综述中了解到已有研究中存在的问题和不足，看到论文与已有研究的相关性及突破的方向。从这个例子中，可以看出直接作为学术论文写作内容的文献综述要围绕核心概念，将关于文献研究的成果简明扼要地表述出来，为后续的论文写作做好理论铺垫。

4. 用于撰写综述类论文：聚焦式的整体回顾和研究

如果以"综述"作为篇名关键词去搜索文献，就会发现，近年来，综述类的研究论文每年都在递增，而且这类论文还常常被多次引用和下载。这类论文之所以越来越引起研究者的关注，是因为其本身的价值具有不可替代性。

这类综述类论文不同于学位论文和学术论文中的文献综述。它是在确定了主题后，围绕研究主题，搜集相关文献资料，然后对该研究领域的研究现状（包括主要学术观点、已有研究成果和研究水平、争论焦点、存在的问题及可能的原因等）、研究进展、发展方向等内容进行分析、归纳和评论，并提出自己的见解和研究思路的一种论文形式。这类论文要求作者不仅要对研究成果进行表述，还要用自己的认识和思考，对已有研究进行系统的述评，而不仅仅是把文献资料进行简单"陈列"。

因此，这样的综述类文章，不仅为读者绘制了一幅相关问题的研究地图，勾画出以主题为核心的、代表性的相关成果的研究框架，还要包含作者自身的理解和述评。这类论文可以帮助读者在较短时间内了解一个研究主题的研究发展过程、重要学者、主要研究成果和研究动态，并了解这一研究主题的空白点和未来的发展方向。

不管是何种类型和用途的文献综述，其性质都是对期刊文章、书籍以及其他文件所做的书面总结，描述信息过去的和当前的状态，并将这些文献进行组织，纳入课题或论文中，为后续研究提供支持。

二、文献综述的主要特征

1. 整体性

这是指文献综述要尽可能地把研究主题已有的重要研究成果都呈现出来，勾勒出某一研究领域的全景图，以帮助读者比较完整、系统地了解一个领域。该领域是怎样发展演变至今的？该领域是否存在某种发展趋势？该领域是否存在某种争议，又是否达成过某种共识？该领域的发展历程中，有哪些经典文献、重要学者和主要观点？这些问题都要从整体上进行梳理和表述。如果没有整体的视角，不能全面地搜集、占有、阅读文献资料，就会出现以偏概全、以点代面的现象，使文献综述失去科学基础。

2. 综合性

文献综述的"综"要求作者在大量占有文献资料的基础上，有选择地筛选材料，对相关文献做出一定程度的提炼和概括，把已有研究的概况有逻辑地呈现出来。文献综述并不等于简单的"文献陈列"或是"文献拼接"。作者要运用自己的学术眼光进行综合判断，把有代表性的高质量文献用适合的结构和方式组织起来，清晰地为读者呈现出已有研究的全貌，进而更好地把握研究主题的发展规律，预测学科的发展方向，为下一步的理论建构打下扎实的基础。

3. 发现性

文献综述除了帮助读者快速、完整、系统地了解一个研究领域外，更主要的价值在于发现该领域研究中的不足或空白点，如，该领域哪些方面还未被充分检验？哪些方面还缺少进一步的研究，需要进一步的摸索？从而通过整理、分析已有研究，找到尚未得到关注的新问题、新视角、新现象。

无论何种研究，总是在继承中创新的。因此，文献综述就是寻找"巨人的肩膀在哪里"，让后续的研究可以在前人研究的基础上继续前进。如果缺少全面系统的文献梳理与分析，研究和写作就很可能与前人重复，无法实现继承上的创新。

·第二节·
写作方法：程序清晰的行动

与其他教育文体不同的是，文献综述的撰写过程，是一个程序清晰的行动过程。撰写文献综述有非常清晰的写作技术路线，整个过程层层推进，不可逾越。大致遵循"确定主题—搜集文献—研究文献—撰写综述"的路径。

一、撰写文献综述的基本步骤

1. 确定主题

选定主题是撰写文献综述的起点，主题决定了研究的方向和范围。如果作者有非常清晰和聚焦的研究主题，那么就可以围绕这个主题进行文献的搜集。有时作者只有一个初步的研究方向，那么可以先广泛搜集文献，在对该领域的研究进展有所了解之后，再进一步确定主题。选题时要考虑自身的知识结构、创新性和可行性，确定合适的综述主题。

2. 收集文献

全面收集相关文献资料是写好文献综述的基础。作者要尽可能全面、广泛地收集与研究主题有关的原始文献，包括收集已有的高质量的综述性文章。"要瞄准主流文献，如该领域的核心期刊、经典著作、专职部门的研究报告、重要人物的观点等。要关注文献的出处，尤其是一些较为知名的期刊、核心期刊、硕博论文、有代表性的学术著作等值得重点关注。最好以近3~5年的文献为主，还要关注阅读方法，提高搜集的效益。"[1]

搜集文献的方法，主要有两种：

（1）通过各种检索工具直接搜集文献资料。

不同的信息需要从不同的资料中获得。搜集文献时，应当考虑到自己需要何种类型的信息，以及通过哪些途径能够找到此类信息。最为常见的搜集途径包括书籍、专著、期刊、报纸、网页、电子资源数据库等。值得注意的是，每一个数据库都有其特色，这些特色既有可能体现在学科或主题上，也有可能体现在文献年代上。作者可以在图书馆的数据库介绍中了解和知晓不同数据库的文献特色，并在此基础上选择与当前研究领域或主题相关的数据库。电子资源数据库一般都提供多种形式的检索方式，使用者可以通过主题、篇名、关键词、作者、单位等检索方式来检索想要的文献。[2]

（2）通过相关文献综述的参考文献进一步搜集文献资料。

搜集文献时，除了直接搜集资料外，还可以从已有文献的参考文献中进一步去发现相关文献，弥补自己搜集文献的不足。特别是阅读相关主题的综述性文章，不仅能发现很多有价值而自己未搜集到的文献，还可以为自己撰写文献综述提供思路和借鉴。

3. 研究文献

研究文献的第一步是对搜集的文献进行分类和整理。整理的过程是对文献进行去粗存精、去伪存真、由表及里的加工的过程。

一是剔除陈旧、质量不高的文献，保留全面、权威、观点新颖的文献材料，确定与自己综述的主题高度相关的关键文献。判断和衡量关键文献

---

[1] 许丽妹，李哉平. 对文献综述中操作性问题的讨论[J]. 教育实践与研究，2010（11A）.
[2] 韩映雄，马扶风. 文献综述及其撰写[J]. 出版与印刷，2017（1）.

的依据为：（1）文献能作为新观点提出与研究理念的基础；（2）文献能对某些现象和行为进行解释；（3）文献能作为概念界定与衡量关键概念的理论依据；（4）文献能作为新研究方法与途径的生发点。[①]只要符合这四点中的任何一点，都可以列为关键文献。

二是对相关文献合并同类项。在分类整理文献的过程中，根据拟定的综述提纲来对文献进行分类或者合并，观点类似的材料可以保留有代表性的，剔除重复的文献，使呈现出来的文献资料变得层次分明、结构清晰。

三是整理文献，随时做好记录。整理文献时，可以用读书笔记或者文献管理软件，记录文献的信息、来源、重要观点或者是自己阅读文献时的体会和想法。这样随时记录文献的精髓，可以大大缩短后续撰写文献综述的时间，而且对于训练自己的表达能力和提高阅读水平都有好处。整理时可以对照自己的提纲，看看是否还需要进一步补充有关文献。

研究、整理文献的过程，也是作者进一步理清自己综述思路的过程。作者在对文献进行认真研究和整理之后，才能确定文献的综述范围、梳理综述逻辑、确定分析成果的角度，等等。

4.撰写综述

对文献资料进行整理、分析，理清自己的写作思路后，就可以撰写文献综述了。撰写时要在详细分析已有研究成果的基础上，清晰、完整地将研究现状表述出来，发现现有研究中的空白点，提出自己的创见和思考。

二、文献综述的文本结构

文献综述的主要内容是介绍与话题有关的已有研究和对已有研究的评述，因此文本主要包含前言、主体、总结和参考文献四部分。撰写文献综述时可按这四部分拟写提纲，再根据提纲进行撰写。

---

① 李哉平，金遂．中小学教师研究46问题［M］．北京：现代教育出版社，2013：128.

1. 前言

这一部分主要说明综述的目的，介绍有关的概念、定义以及综述的范围（引用文献、起止年份、学科范围），扼要说明研究主题的历史背景、发展过程、现状和争论焦点、应用价值和实践意义等，让读者对综述有一个大致、全面的了解。

例如，项目活动在西方学前教育，尤其是北欧和北美，有着久远的历史发展渊源。21世纪初，我国引入项目活动相关著作，开始了对项目活动的学习与借鉴。随着课程游戏化理念的不断深入，项目活动越来越受到教育界的关注。苏州市吴江区实验幼儿园的肖菊红、戴雪芳老师围绕"幼儿园项目活动"这个主题进行了研究综述，对项目活动的内涵、特征、展开方式以及在幼儿园中的应用进行研究综述，发现目前项目活动研究存在的问题和不足，探索未来研究的趋势和动向，为后续研究奠定基础、提供便利。在综述的前言部分，她们写道：

> 随着《3—6岁儿童学习与发展指南》（以下简称《指南》）的颁布和课程游戏化精神的落实，幼儿园的课程建设越来越强调教师的课程建构能力，强调教师要追随幼儿的兴趣需求，生成幼儿需要的课程，而不能停留在"拿来主义"阶段，始终以预设的蓝本课程来教学。项目活动为教师提供了一种在三个阶段的框架中支持儿童对他们热衷的学习问题做深入研究的教学方法。虽然教学的过程有一个框架，但是教师必须持续地关注儿童的学习过程和由此产生的新问题，并依此对教学的计划加以调整、跟进，目的是希望教师能够成为课程的规划者、建构者，真正将《指南》精神和课程游戏化精神落到实处。因此，研究、探讨项目活动的内涵、特征与方式及其在幼儿园的应用情况，有助于总结研究现状并及时发现问题，探索项目活动在我国幼儿园的发展趋势，更好地推动学前教育课程进步。[1]

---

[1] 肖菊红，戴雪芳.幼儿园项目活动研究综述［J］.江苏教育研究，2019（6A）.

在这段前言中，作者主要说明了项目学习在当下幼儿园课程建设中的重要意义和价值，以及本文综述的整体框架"研究、探讨项目活动的内涵、特征与方式及其在幼儿园的应用情况"和主要目的"有助于总结研究现状并及时发现问题，探索项目活动在我国幼儿园的发展趋势，更好地推动学前教育课程进步"，使读者对这项研究有了大致的了解。

2. 主体部分

主体部分是综述的主体，在这一部分，作者要将关键性的文献资料进行整理、归纳及分析比较，阐明有关研究的历史发展、研究现状和发展方向预测三方面的内容，发表自己对已有研究的看法。作者可以将准备综述的主要内容以提纲的形式列出主要标题和小标题，在相应的标题下列出拟叙述和讨论的问题以及应准备的文献，使得综述有一个层次分明的轮廓。

主体部分的写法多样，一般可以按年代顺序综述、按问题分类综述、按不同维度进行比较综述。

（1）按照年代顺序进行发展性综述。

发展性综述也称历史性综述，一般采用"纵式写法"，是指围绕某一主题、按照时间或者主题自身发展的顺序，对其历史演变、目前的状况和趋势预测做纵向描述，从而勾画出某一专题的来龙去脉和发展轨迹。综述要说清楚已解决哪些问题，取得哪些成果，还存在哪些问题，今后发展趋向如何等。这类综述多用概括和描述的方法，要求表达脉络清晰，对阶段的发展动态有简明扼要的描述（问题、成果、趋势），详略得当（重创造性、突破性成果，略一般性材料）。这类文献综述犹如为某一专题撰写的"微型学术史"，可以帮助读者快速地了解某个研究领域的发展脉络和全貌，成为帮助读者走进这个研究领域的"交通导引"。

例如，叶海燕撰写的《我国 STEM 教育研究的研究综述》[①]一文，在综述的第一部分"国内 STEM 教育研究的发展阶段划分"中，将我国 STEM

---

① 叶海燕.我国 STEM 教育研究的研究综述［J］.西北成人教育学院学报，2019（2）.

教育研究分为三个阶段：研究启蒙阶段（2008—2014年），研究范围扩大阶段（2015—2017年），研究深入及多样化阶段（2017年至今），分年代、分阶段介绍了我国STEM教育研究的情况。通过这样的"纵式写法"，即使没有关注过我国STEM教育研究的读者，也能对这个主题的历史研究脉络和整体研究进展有清晰的认识和了解。

（2）按照主题中的不同问题进行分类综述。

分类综述一般采用"横式写法"，就是指作者通过整合，将某领域的研究成果归为某几个问题，分门别类地进行叙述，进而提出进一步研究的课题。这类写法的综述能够展现某个领域多方面的研究现状，有利于传递信息，从而起到借鉴、启示和指导作用。

例如现在社会各界都非常关注校园欺凌问题，《我国校园欺凌问题研究综述》[1]一文对校园欺凌问题的研究成果做了分析，归纳总结出当下的研究主要集中在五个方面：①对不同教育阶段校园欺凌的研究；②校园欺凌成因研究；③校园欺凌的行为特征和危害研究；④校园欺凌与社会传播研究；⑤对校园欺凌防治策略的研究。在分析已有研究成果的基础上，作者提出结论："在校园欺凌理论、校园欺凌类型与特征、校园欺凌现状描述、校园欺凌成因方面都取得了较大突破。但由于这一现象是近几年才开始突出，探讨深度还不够深入且存在研究内容分布不均等问题，未来还有较大的研究空间。"为研究者开展后续研究提供了启示。

（3）按照不同的观点、地域等进行比较综述。

比较综述也可称为争鸣型综述，是对研究问题在国内和国际的各派观点、各家之言、各种方法、各自成就等加以描述和比较，分辨出各种观点、见解、方法、成果的优劣利弊，并对他们的研究提出自己的看法和评价，以起到借鉴、启示和指导的作用。

例如，毛婕妤、马伟娜《自闭症儿童社会技能干预的研究综述》[2]一文

---

[1] 陈景景. 我国校园欺凌问题研究综述［J］. 中国校外教育，2020（3）.
[2] 毛婕妤，马伟娜. 自闭症儿童社会技能干预的研究综述［J］. 中国人民大学教育学刊，2019（3）.

中围绕"社会技能的概念界定"这个问题，对国内外学者的不同定义和解释进行了比较综述。

> 国内外学者对于社会技能的概念有不同的定义和解释，格雷沙姆（Gresham）等人认为社会技能指在特定情境下，儿童与青少年能预测其社交结果，因而表现出有意义的特定社交行为。有意义的社交行为是指与个体行为表现相关的人员（如：家长、教师、同伴和同学）认为重要且可接受的行为，这些行为使个体社交成果具有生活功能，使个体适应环境。温（Wing）等人根据《社会沟通障碍诊断访谈量表》以及对《国际疾病分类诊断标准》（ICD—10）中与自闭症障碍相关的因素进行分析后认为：自闭症儿童的社会技能是指在一定社交情境下，能使用口语和非口语的沟通形式与他人进行有效的社会交往。布莱恩（Brian）等人对已有的社会技能干预文献进行元分析发现，大多数自闭症儿童社会技能干预所指的社会技能指一般的社会技能（社会认知）、社会交往（游戏技能、社会参与、轮流、社会交往的主动发起与回应）、社会沟通（会话技能、共同注意等）的总和。我国学者周宗奎认为社会技能指个体经过学习获得的、在特定社会情境中有效而适当地与他人进行相互交往的活动方式。洪俪瑜综合各文献定义并归纳出社会技能的6个内涵：（1）基本上是学习得来的；（2）包括特定的口语或非口语行为；（3）包括有效的与适当的主动引发与反应；（4）可以增加获得社会增强的机会；（5）是自然互动中有效且适当的反应；（6）社会技能的表现受到个人因素与行为情境的影响，影响因素包括年龄、性别、接受者的尊卑关系。

主体部分采用哪种写法主要依据所研究的问题和搜集到的文献的现状来进行选择，但切忌没有逻辑地将若干研究者的成果依次引用或叙述出来，罗列文献是没有意义的。

3. 结语

结语是最能体现文献综述学术含量的部分，作用是突出重点。在这部分内容里，一是要将综述的主题进行扼要总结，概括出已有研究的主要成果；二是要在此基础上，指出前人研究的不足和有待解决的问题；三是要表明自己研究的视角和方法，表达作者对已有研究的看法和建议，预测后续的研究热点、方向。好的综述结语可以发人深思，具有导向意义。

例如，《改革开放40年我国未来学校研究的回顾、反思与展望——基于文献计量法和内容分析法的分析》[1]一文的结语如下：

> 综上所述，目前对未来学校的研究，一是多集中在信息技术在未来学校的应用和未来学校应对信息技术对传统学校的冲击而做出的培养目标、学生学习方式、师生关系等方面的改变，而对未来学校理论体系的研究较少。因此，未来应从未来学校建构的理论依据、未来学校可行性基础等学理层面进行教育理论上的深度研究。二是目前的相关研究多集中于信息技术对传统教育的影响以及未来学校应在课堂形态、学习方式、教学流程等方面如何进行变革，而很少涉及未来学校在运用技术和变革的过程中可能会遇到的问题。因此，想要利用信息技术办好未来学校，问题意识必须加强。三是已有研究多采用思辨的方式研究信息技术对学校的影响，或者通过研究国外未来学校发展的示例来总结经验，与中国国情结合的案例研究较少，中国未来学校的实证研究更是寥寥无几。未来的研究中应采用实证研究、比较研究和教育行动研究等多种研究方法，注重研究方法的多元性。

在这段结语中，作者概括了当下关于未来学校的主要研究进展：（1）多集中在信息技术在未来学校的应用和未来学校应对信息技术对传统学校的

---

[1] 马丽英，田友谊.改革开放40年我国未来学校研究的回顾、反思与展望——基于文献计量法和内容分析法的分析[J].江苏教育研究，2019（7A）.

冲击而做出的培养目标、学生学习方式、师生关系等方面的改变；（2）多集中于信息技术对传统教育的影响以及未来学校应在课堂形态、学习方式、教学流程等方面如何进行变革；（3）已有研究多采用思辨的方式研究信息技术对学校的影响，或者通过研究国外未来学校发展的示例来总结经验。指出了当下研究中的空白点和不足之处：（1）对未来学校理论体系的研究较少；（2）很少涉及未来学校在运用技术和变革的过程中可能会遇到的问题；（3）与中国国情结合的案例研究和实证研究较少。并提出了未来的研究建议：（1）应从未来学校建构的理论依据、未来学校可行性基础等学理层面对未来学校进行教育理论层面的深度研究；（2）加强问题意识；（3）未来的研究中应采用实证研究、比较研究和教育行动研究等多种研究方法，注重研究方法的多元性。很好地回应了标题的内容，为拓展已有研究做出了学术贡献。

4. 参考文献

参考文献是文献综述写作的最后一部分，却是文献综述的重要组成部分。参考文献的作用一是表达对已有研究的知识产权的尊重，二是说明资料的详细来源，让读者通过参考文献的引导，在需要深刻探讨主题时，回溯查找、延伸阅读相关文献，可以说是一张"研究信息导引图"。文献综述中列出的参考文献应是作者阅读过的各类文献资料。参考文献放在文本末尾，应当详细列举并注明著者、篇目、出处等，其编排应条目清楚，内容准确无误，格式规范。

三、撰写文献综述要注意的问题

1. 文献的选择和运用要注意关联性

文献综述是对所研究问题的已有成果的回顾和梳理，掌握全面、大量的文献资料是写好综述的前提。但作者所综述的文献必须与自己研究的问题相匹配而不能脱离主题。因此，在选择文献时一方面要注意文献与研究问题的匹配度，一方面要在展开综述时，紧紧围绕研究问题的主线引述文献，并注意描述出文献之间的关联，使文献综述成为一个围绕研究主题展开的有机整体，而不是一个文献拼盘。

2. 评述要注意客观性

文献述评的重点在于在"综"的基础上进行"评"，要清晰地表述从已有文献资料的分析中得到的重要结论，并做出相应评价。评价应当在对文献客观、冷静分析的基础上进行推理和客观表达，不能根据个人的喜好、利益或是其他原因，对其他研究者的成果做出有失公允的评判，或是想当然地主观述评。值得注意的是，作者应当尽可能地在阅读原文的基础上展开述评，防止被其他人进行误导或曲解原文的含义，造成述评的不科学。

3. 表述要强调自主性

文献综述是作者发现研究问题、建立论述框架，并表达对已有研究的看法和思考的一种文体。尽管在文中会运用大量的文献材料来引出、说明自己的观点，但最好的表述方法是用自己的话介绍别人的观点，对文献进行总结、评述，万不得已时才原句引用。如果通篇都是他人话语的表达拼接，或是大量直接引用的文献，那只能说是文献汇编，不属于文献综述。

在撰写文献综述时可以使用简单的连接词，或借助一些常用句型，使文献综述条理清晰，语言简练，环环相扣，避免机械罗列和陈述混乱。如，对于相似的观点，可用"另外""再者""同样地"等词进行串联，对于不同观点，常用"从另一方面来说""虽然如此""尽管如此"等语句来引出。这样的语言表达方式告诉读者你是对资料做过分析的，是带着自己的判断和思考在对资料进行描述，而非简单地罗列、引用文献资料。

4. 注意综述的学术性

文献综述是对已有研究的研究，是利用已有文献为未来研究服务。如果没有对文献的主观看法，仅仅是简单罗列已有研究，机械陈述哪些人在哪些文章里，得出什么结论，文献综述就失去了推动已有研究的学术价值。文献在文献综述中只是作为论据和评述的对象出现，作者应当围绕着文献，不断"发出自己的声音"或"论述自己的观点"，使综述富有逻辑的力量、理论的张力和研究的价值。

·第三节·
见微知著："管窥"文献综述

文献综述有很多种写法，但其撰写的本质规律和要求是相同的。本节呈现一篇完整的文献综述，并进行深入评析，以帮助读者"管窥"文献综述类文体的特点和写作规律。

高中数学教育"评价"研究：论文梳理与研究展望[①]
——以 2018 年度人大《复印报刊资料·高中数学教与学》评价转文为例

摘要：通过量化研究与质性分析相结合的方式，对 2018 年度人大《复印报刊资料·高中数学教与学》评价方面所转的 20 篇文章进行梳理分析，发现转载论文来源广泛，研究者以东南部中学教师为主，评价内容主要集中在高考试题解析和高三复习策略。为了使数学教育评价更好地促进数学核心素养发展，评价研究需要丰富评价主体、关注评价结果；注重评价方法，精确评价内容；聚焦高考解析，拓展备考指导。

关键词：高中数学；高考解析；高考复习；评价研究

中国人民大学复印报刊资料（以下简称"复印资料"）是我国学术

[①] 张定强，白兴宏. 高中数学教育"评价"研究：论文梳理与研究展望——以 2018 年度人大《复印报刊资料·高中数学教与学》评价转文为例[J]. 江苏教育研究，2019（6A）.

界最具影响力的二次文献，兼具资料与评价功能。在论文冗杂的时代，"复印资料"已成为我国人文社科学术期刊影响力和学术研究水平的重要参考依据。"复印资料"是在"学术面前人人平等"原则下凭借文章自身的学术价值、应用价值和代表性来决定，因而在国内学术界享有较高的认可度[1]。《复印报刊资料·高中数学教与学》（以下简称《高中数学教与学》）就是其"复印资料"系列之一。《高中数学教与学》设置了理论、专题、课程、教学、教师、学生和评价7个栏目，汇集高中数学教学、科研的佳作，呈现极具价值的教育理念、独特的教学设计、最新的课改动态。其中"评价"主要反映数学教育过程及结果中学生的学业水平、教师的教学质量以及数学课程改革等方面的内容。本文主要对2018年度《高中数学教与学》涉及"评价"方面的论文进行研究，旨在了解评价现状、掌握评价要义，更好地帮助教师有效地教学，学生高效地学习。

【评析】

　　文章的引言部分，就是这篇文献综述的前言。在前言部分，作者主要交代了为什么要选择2018年《复印报刊资料·高中数学教与学》中关于评价方面所转的20篇文章进行分析，是因为"复印资料"是我国人文社科学术期刊影响力和学术研究水平的重要参考依据，能被转载的文章都具有较高的学术价值、应用价值和代表性。因此，这20篇文献不仅具有代表性、广泛性，而且是经过筛选的高质量文献。尽管本文的作者是高校教师，可以归为理论研究工作者，但这样的文献研究方法非常值得中小学教师学习和借鉴。它可以帮助研究者在较短时间内获得主题集中的高质量文献，节约了大量搜集和筛选文献的时间。在前言中，作者也阐明了本研究综述的主题是"评价"，希望通过对涉及"评价"方面的论文进行研究，"了解评价现状、掌握评价要义，更好地帮助教师有效地教学，学生高效地学习"。简明扼要的前言让读者了解了综述的主题、文献的范围、研究的目的和文献研究的方法。

值得一提的是，本文的题目也非常值得学习和借鉴。"高中数学教育'评价'研究：论文梳理与研究展望——以2018年度人大《复印报刊资料·高中数学教与学》评价转文为例"，文章的主标题"高中数学教育'评价'研究"是本文的核心研究问题，而副标题则详尽地说明了研究论文的来源和范围。整个标题重点明晰，而且蕴含了丰富和准确的研究信息。

一、2018年度《高中数学教与学》评价研究论文的梳理与分析

研究从量化与质性两个角度展开对2018年所转载的20篇评价方面的论文进行分析：

（一）量化分析

1. 转载论文基本情况

2018年《高中数学教与学》评价方面共转文20篇，占所有转载量的11.36%，还有与评价相关的观点摘编4篇，相关题录14篇。其中，专题方面有10篇，分别是"高三数学复习备考"（5篇）、"2018年高考试题评析"（5篇）；"评价"栏目有10篇，分别是"高考解析"（5篇）、"备考指导"（3篇）、"评价研究"（2篇）。所转载的20篇论文分别来自《中学数学》《中学数学月刊》《数学通报》等10余种期刊，转文最多的是《中学数学》《数学通报》与《中学数学月刊》，各3篇，其次是《中学数学杂志》与《中国考试》，各2篇，其余杂志各1篇。观点摘编与相关题录分别来自《中国数学教育》《中学数学教学参考》等4类期刊。

2. 转载论文作者单位、地域分布情况

转载论文的作者（按第一作者统计）大部分来自中学，占作者数量的55%，其次是高校，占20%，第三位是教研部门，占15%，最后是教育部考试中心，占10%。从第一作者的地域分布情况来看，作者来自8个不同省市，其中60%的作者来自东南经济发达地区，且75%

的作者所在地为高考数学自主命题省市。江苏作者7篇，北京作者6篇，安徽作者2篇，其余地区作者各1篇。由此可见，作者地域分布不均衡，北京和江苏两地区作者数量远超其他地区；自主命题省市特别重视考试研究；中学教师依然是评价研究的主体力量；由于教育部考试中心人员能掌握有关考试的第一手材料，因此，他们也成为评价研究的主体力量。

3. 转载论文关键词分析

关键词是对文献主题内容的高度凝练，分析关键词就可以了解文章的关注点和重点内容。《高中数学教与学》评价方面论文关键词统计如下（见表1）：

表1　2018年度《高中数学教与学》评价栏目关键词统计表

关键词类别	具体关键词	频数	占比%
评价类型	高考（5）、高三复习（3）、高考评价体系（2）、高三复习课、复习备考、高考复习、高三教学、复习课、临考复习、二轮复习、新高考改革、北京新高考、考试招生制度改革、高考改革、核心素养测评	22	26.5
试题分析	试题评析（5）、高考解析（3）、高考解题、高考试题、成因分析、知识提取困难、解答题、辅助元素	14	16.87
反思启示	教学立意、策略、评估、回归本质、设计、应用、重实效、解题思路、教学策略、主要策略、得分策略、教学建议	12	14.46
备考指导	深度学习、试卷讲评、微课程、小专题、专题复习、SOLO分类理论、解题教学、解题指导	8	9.64
考查内容	核心素养（2）、数学文化、思维特征、数学阅读、逻辑思维、数学建模	7	8.43
命题研究	高考命题（5）、课程标准	6	7.23
宏观研究	高考数学（5）	5	6.02
试卷特点	学科本质、能力立意、信息技术、考试内容改革、导向功能	5	6.02
外部特征	江苏高考、北京卷、江苏卷、浙江卷	4	4.82

经统计，转文共涉及61个关键词，总计出现频数83次，61个关键词共涉及9个领域：评价类型、试题分析、反思启示、备考指导、命题研究、考查内容、试卷特点、宏观研究及外部特征，涉及"评价类型"的关键词最多，约占26.5%，据此可知，2018年评价栏目尤其注重对新高考改革和高考复习的评价研究，反思启示的关键词次之，约占14.46%。

（二）质性分析

2018年度《高中数学教与学》评价方面所转的20篇文章，主要涉及高考解析、复习备考、试题评析、评价研究。分析所转论文，发现如下特点：

1."以小见大"——由高考试题反思数学教育教学

高考试题的一个重要功能是导引数学教学，引领素质教育。通过探析高考试题特点，更好地帮助教师了解试题结构特征，掌握试题类型，洞悉命题走向，从而引导数学教师在教学中解剖数学试题中蕴藏的数学本质，方可应对数学问题挑战。如侯宝坤基于分析高考数学解题失败的成因分析，提出教学应由"接受"向"输出"转变，情境创设从"单一"向"多元"转化，以注重"核心"知识和"细节"把握并举等措施克服提取问题中信息的困难[2]。郑良在评析2018年高考数学试题时指出教师在教学中需要研究课标、考纲、教材等文本，以发展教材功能、明晰试题本质、开放教学时空、关注数学应用、构建数学模型[3]。甘大旺从学习指导的角度分析了2018年浙江省高考数学试题，指出学生需要通过夯实数学基础知识，积累数学活动经验，锻炼以简驭繁的运算能力，掌握并灵活运用数学思想等策略方能取得优异成绩[4]。

2."由表及里"——由透析试卷表征到领悟试题实质

高考数学试卷是由不同类型的试题组建而成的，是考查学生掌握、理解、应用数学程度的手段。不同的题型，诊断的功能不同，反映出学生思考的不同特点。透析试卷不仅要从整体上分析数学试题所涵盖的数学知识、考查的重点内容，还要深度透析每一道数学高考试题中所蕴含的数学思想、原理、方法及其教育教学价值。如刘春艳基于对北京高考数学试题变化的解析，指出数学高考命题强调能力立意，关注学科本质，回归课程标准，命题方式稳中求进，不断探索，试题设计既注重深度又拓展广度，为教师教学和学生学习指明了方向[5]。李艳、徐章韬从信息技术视角分析近几年高考数学试题，提出了构建信息技术与数学知识点融合的策略[6]。教育部考试中心发文指出2018年高考数学命题重点考主干、考能力、考素养、重思维、重应用、重创新，强调理论联系实际，突出创新意识和关键能力，增强文化浸润，助推素质教育发展[7]。因此，在数学试卷解析中要深度解析诸如试题的分类、试题和试卷的命制方法及其技巧、试题和试卷的难度估计与预测等以领悟数学试题的实质。

3."厉兵秣马"——由研究试题特点到关注复习策略

凡事预则立，不预则废。只有充分全面地透析高考试题的特征与考查要义，才能把握数学命题的核心，一方面采取有效的方法提升学生的数学核心素养，另一方面强化应对数学高考的挑战，只有这样才能在高三复习备考中立足基础，步步为营，稳扎稳打，积极应对。

如陈志江从深度学习的视角提出，在高三数学复习课中要关注概念理解，强化运算推理，呈现思维过程，特别是要从数学思想与方法的高度总结复习内容，以此明晰复习课的教学真谛[8]；根据高考复习中解题教学的现状与问题，郑花青提出了复习教学中要回归内容本质、方法本质与过程本质的复习教学思想[9]；董江春认为微课程短小精悍、方便观看、针对性强，非常符合高三学生的数学复习需求，有利于改变复习课堂"高耗低效"的局面，提高复习备考效率[10]；夏繁军等学者从高三复习的逻辑角度指出备考复习策略是"明晰高考考查内容与考查方式；研究学生数学学习规律及其解题的影响因素；精心制定复习计划，巧妙设计学习活动；及时检查评估修订复习计划"[11]；崔峰提出，在临考复习教学中要采用编拟小专题的形式，精确课堂目标，集中火力去突破数学复习中的各大重难点，以此来提高学生的数学解题能力[12]。

4."闻一知十"——由精准解析高考到析出教学问题

考试为反馈教学中的问题提供了一扇窗户，透过高考试卷的评析才能发现数学教学中存在的问题。高考是高中数学教学无法回避的现实，高考是教学的起点，但不是重点[13]。而如今，大多数教师、学生和家长将学习数学的目的定位在"高考"，这一极具功利性的教育目的致使数学教学过度重视分数而淡化过程，不利于发展学生的数学核心素养。在分析教学案例的过程中，郑良发现高三复习中的试卷讲评存在的主要问题是模式识别不力，无的放矢；漠视问题特性，事倍功半；系统构建脱节，无力为继；深度学习缺乏，浮于表象；文化底蕴淡薄，流于形式；等等[14]。这严重影响了复习质量。教育部考试中心成员任子朝等人基于近几年高考试题的分析，指出数学阅读能力是解决数学问题的关键，数学阅读拥有其他阅读方式不可替代的作用，提高数学阅读能力对学生抽象概括素养、数学建模素养和综合能力的发展至关重要[15]。

5."见微知著"——由解析试题特质到促进教学变革

高考数学是一种高利害的考试，考察范围较广，概括水平较强，影响力大，因此要透过高考数学试题的研究促进数学教学变革。2018年《高中数学教与学》中从专题、高考解析、备考指导等方面展现数学教育"评价"方面的要义，着力于数学学业质量水平的提升。实质上通过数学高考这一重要的学业质量水平检测途径，就能知晓数学教育发展的状态，真正检测学生数学学科核心素养水平的达成度，在检测、评析、反思中探寻数学教学变革的突破口，方可在日常的数学教育过程中把重心置于情境与问题的创设上、知识与技能的提高上、思维与表达的训练上、交流与反思的深化上，同时在新授、复习、练习等环节中能够坦然面对存在的问题，寻找有效的教学对策以化解教学中出现的问题，从而在教学设计、实施、评价、反思中不断地进行改进，为实现教学目标和促进学生发展增添正能量。

【评析】

综述的主体部分，逻辑层次非常清晰，分为量化分析和质性分析两部分。量化分析部分介绍了 20 篇论文的主要内容、来源期刊、作者单位、地域分布情况、论文的关注点和重点内容。这部分文献梳理，作者主要采用了数据统计和分析的方式来呈现已有研究的面貌。

质性分析部分作者则在综合、提炼的基础上建立了自己的逻辑框架，对文献进行了综合性分析，总结出了已有研究的主要发展状况：

1. "以小见大"——由高考试题反思数学教育教学
2. "由表及里"——由透析试卷表征到领悟试题实质
3. "厉兵秣马"——由研究试题特点到关注复习策略
4. "闻一知十"——由精准解析高考到析出教学问题
5. "见微知著"——由解析试题特质到促进教学变革

通过这五个标题，读者对已有文献的整体研究有了更清晰的结构化认识。

除了在自己的思维和逻辑框架下建立综述结构这一突出的优势外，作者分析、运用文献的多种方式和语言表达，也体现出了高水平文献综述的特点。文章中看不到直接引用原文的现象，作者认真阅读、研究了每一篇文献，用自己的语言提炼、概括了文献的主要观点和内容，然后有机地把文献融入自己的整体论述中去。作者有时用相关文献内容进一步例证自己的观点，例如第三部分，列举了陈志江、郑花青、董江春、夏繁军、崔峰等作者在文中介绍的实践做法，说明当下高中数学教师已经越来越关注复习的策略。有的直接作为论述的内容，如第四部分。而第五部分，已经完全看不到文献的踪影，作者在综述的基础上，表达了自己的观点：要通过对高考数学试题的研究促进数学教学变革。这是一种完全意义上的"述评"，也可以看作作者在文献综述基础上的研究突破和进展。

二、高中数学教育评价研究展望

数学教育评价的理论和实践虽然取得了较大的进展，但仍然存在着重结果轻过程、重甄别轻发展、重知识轻素养等问题，存在着评价手段单一，工具、方法科学性不强等具体问题。随着《普通高中数学课程标准（2017年版）》的颁布，特别是新课标中学业质量的纳入，数学教育评价进入深化期，以评价促进学生数学学科核心素养发展成为评价新诉求。

（一）丰富评价主体，关注评价结果

数学教育评价的主体局限于管理者和教师，已经影响到数学教育的健康运行，过分关注考试成绩的评价已经制约了学生潜力的开发与素养的形成。基于课程改革新发展，需要拓展评价主体，视学生、家长、社会各方力量为评价的主体，建立更加开放的数学教育评价体制与机制，冲破数学难学、难教，抽象、枯燥的传统观念，打破数学分数对学生核心素养形成的禁锢，充分发挥评价的正向功能，在明确评价目的、坚守评价原则、规范评价方式、用足评价结果中丰富评价主体，关注评价过程，真正使数学教育评价，特别是高考数学回归到学生数学核心素养发展过程中，回到关注学生数学学习中的关键能力、思维品质和情感态度的增量上。在诊断、评估、分析、改进中发挥评价结果的最大功能，尽量避免"标签效应"，让学生在评价中发现数学学习的进步与不足，教师在评价中诊断教学行为的优势与问题，透过不同主体间的评价，促进学习行为、教学行为的改进和数学核心素养

的达成。

（二）注重评价方法，精确评价内容

要检测数学学业质量就需有科学合理的评价方法。因此需要研制评价工具和方法，在定量分析中，使测试题、问卷、访谈更加科学合理，数据分析更加清晰明了，排除一切干扰因素，客观公正地评价；在定性分析上使语言描述、分析更加精确，典型案例、现象分析深入浅出，观念意识分析深入本质，信息汇总与规律发现有据可依。要对评价内容进行全面审视，从关注高考数学试卷的评析到整体高考运行的评析，不仅要着力于高考数学命题规律性探索，从试题中的内容主题、认知水平维度进行立体化、全面化解析，而且还要强化研究试卷与课程标准的一致性问题，要深度研究试题的情境设计、问题提出、解决方法、功能价值等意蕴，不断拓展评价内容的空间，诸如学生学习习惯与素养之间的关系、教师教研活动与学生数学学习之间的关系、作业量的负荷与素养发展之间的关系等，真正实现数学评价之目标。

（三）聚焦高考解析，拓展备考指导

评价一般分为诊断性评价、形成性评价和总结性评价。高考无疑是教育领域最重要的评价方式，既有甄别和选拔功能，又有激励和控制功能，兼具诊断性、形成性与总结性，因此聚焦高考数学解析也就在情理之中[16]。如何让高考数学在促进学生核心素养，提升教师专业能力，改进教学实践方面更好地发挥作用，是当下评价研究的重要课题。要认真研究高考数学命题的原则，探讨高考数学命题的路径，总结高考数学的经验，分析高考数学与学业水平考试、其他各种类型考试之间的关系。在此基础上，科学地拓展备考指导策略，真正地促使数学学科核心素养落地。

【评析】

文章的第二部分可以看作整个文献综述的结论部分。因为在前面质性研究的部分，作者对已有的研究已经做了总结。因此，结论部分主要侧重于对研究的建议和对未来研究发展方向的预测："以评价促进学生数学学科核心素养发展成为评价新诉求"，并提出今后要从"丰富评价主体，关注评价结果""注重评价方法，精确评价内容""聚焦高考解析，拓展备考指导"三方面进行理论和实践的研究。

参考文献

[1] 杨婳，张顺生. 人大复印资料·中学外语教与学（2007~2011）载文分析 [J]. 英语教师，2002（6）：53-60.

[2] 侯宝坤. 高考数学解题失败的成因分析及主要对策 [J]. 复印报刊资料·高中数学教与学，2018（7）：60-63.

[3] [13] 郑良. 注重基础，考查全面，稳中求变，凸显素养——2018年高考数学试卷总体评析与教学启示 [J]. 复印报刊资料·高中数学教与学，2018（11）：11-15.

[4] 甘大旺. 评议2018年浙江省高考数学试题的导向功能 [J]. 复印报刊资料·高中数学教与学，2018（11）：24-27.

[5] 刘春艳. 数学高考改革的"能力立意"：基于高考试题变化的解析 [J]. 复印报刊资料·高中数学教与学，2018（2）：61-62.

[6] 李艳，徐章韬. 以信息技术为载体的高考试题 [J]. 复印报刊资料·高中数学教与学，2018（6）：60-63.

[7] 教育部考试中心. 素养导向新举措，能力考查新突破——2018年高考数学试题评析 [J]. 复印报刊资料·高中数学教与学，2018（11）：8-12.

[8] 陈志江. 基于深度学习的高三复习课教学立意 [J]. 复印报刊资料·高中数学教与学，2018（1）：60-63.

[9] 郑花青.回归本质：从解题教学谈高考复习[J].复印报刊资料·高中数学教与学，2018（3）：19-21.

[10] 董江春.高三数学复习课微课程的设计及应用[J].复印报刊资料·高中数学教学，2018（3）：22-24.

[11] 夏繁军，于明辉，郝俊奎.高三复习逻辑和策略分析[J].复印报刊资料·高中数学教学，2018（3）：7-24.

[12] 崔峰.小专题，大作为——核心素养观念下的高考临考复习[J].复印报刊资料·高中数学教学，2018（3）：25-28.

[14] 郑良.夯基固本构系统，溯源纳新谋优化——例谈高三数学复习中试卷讲评的探索与思考[J].复印报刊资料·高中数学教与学，2018（3）：11-18.

[15] 任子朝，陈昂，赵轩.加强数学阅读能力考查 展现逻辑思维功底[J].复印报刊资料·高中数学教与学，2018（12）：58-63.

[16] 任子朝，孔凡哲.数学教育评价新论[M].北京：北京师范大学出版社，2010：112-114.

【评析】

参考文献部分，作者详细列出了15篇在全文中不同程度引用过的文献信息，内容详细、规范。不过，细心的读者也许会产生疑惑：既然作者强调这是基于20篇2018年人大报刊复印资料《高中数学教与学》评价转文进行的文献综述，那么，还有5篇文献在哪里呢？为何在参考文献中没有出现呢？文中有没有提及和运用呢？问题的答案留待您去思考、发现。

整篇文献综述主题鲜明，逻辑层次清晰，文献材料运用得当，语言表述精炼，结构完整，参考文献标注规范。综述在对文献研究的基础上，对高中数学教育的评价贡献了自己的思考，深化了已有的研究成果，真正体现了文献综述"对已有研究的研究"的本质特征。

第六章
调查报告：用证据说话

·第一节·
文体特征：基于调查的研究

随着教师科研意识的不断深化和科研能力的不断增强，在教师的专业生活中，除了理论研究和教学研究两种形式外，还会经常运用到教育调查研究。"教育调查研究是研究者在科学方法论和教育理论指导下，围绕一定的教育问题，通过运用观察、列表、问卷、访谈、个案研究以及测验等科学方式，有目的、有计划、系统地搜集有关教育问题或教育现状的资料，从而获取关于教育现象的科学事实，对教育现象做出科学的分析并提出具体工作建议的一种研究方法。"[1]

教师运用这种研究方法，围绕自己感兴趣的课题，通过问卷调查、访谈调查、测量调查、观察调查等方式，搜集大量的资料和数据，对调查的结果进行分析、整理与呈现，最后"对所研究的问题做出解释，提出意见和建议"[2]的过程，就是撰写调查报告的过程。

因此，调查报告是出于特定的需要和目的，通过对要弄清、解决的问题进行系统周密的调查研究，并对调查资料进行整理、研究后写出的反映

---

[1] 岳亮萍.中小学教师怎样进行课题研究（三）——教育科研方法之教育调查研究法［J］.教育理论与实践，2008（3）.

[2] 朱小蔓.中国教师新百科·小学教育卷［M］.北京：中国大百科全书出版社，2002：499.

客观事物情况的书面报告。[①]

调查报告的写作是"一个用事实说话的过程。它既不靠抒情描写去感染人,也不用纯理论的思辨去说服人,而是要在对调查所得材料进行分析、概括和综合的基础上,以大量数据和事实材料说明问题并促进问题的解决,因此写作调查报告必须以事实为依据"[②],用研究贯穿于调查报告写作的全过程,用证据来说话。

一、调查报告的文体特征

1. 真实性

调查报告是通过研究、分析调查得到的事实以得出结论的文体,所有的资料、数据都必须准确无误,真实可信,否则就不能反映事物的本来面目,得出的结论就没有科学依据。调查前要对所调查的事物进行全面了解,科学地制定调查的方法、步骤、范围,尽可能全面地占有真实的材料,特别是要尽力挖掘那些能够鲜明地体现事物本质的最典型、最有说服力的事例、数字等。面对大量的材料,要进行仔细的辨别,反复核实、多方参证材料,辨别材料的可信程度,避免出现孤证或是偶然性的数据,力求材料真实、全面。

2. 准确性

调查报告的价值在于用证据说话。如果调查得到的资料、数据不准确,那么分析得出的结论必然是不科学的。因此,为了确保调查资料的准确性,搜集材料时应尽可能全面地掌握第一手材料,来自权威部门的资料可以作为第一手材料的补充和佐证,但需要逐一查证。对调查报告中运用到的数据、事例,甚至细节,都要求真实、准确,既不能虚构、夸大、缩

---

① 周静.以消费调查为例谈大学生调查报告写作的主要问题[J].应用写作,2015(3).
② 沈培玉.浅淡调查报告的写作[J].杭州金融研修学院学报,2002(4).

小甚至捏造数据,也不能移花接木、张冠李戴。搜集具有准确性和科学性的调查资料,是调查报告写作的前提。

3. 客观性

调查报告通过对大量事实、数据、典型事例的分析概括,提出问题,总结经验。因此,客观事实是调查报告写作的基础,客观性的原则贯穿写作的始终。客观性一是指"写作者必须以确凿的事实为基础并对此展开细致、全面的分析",二是指"写作者的观点和调查报告的结论也必须建立在客观事实的基础上,要靠事实反映客观情况,说明问题实质,做到客观、正确、恰当"。[①] 调查报告应在分析事实材料的基础上得出客观、理性的结论,做到不唯上、不唯书、不唯己,不牵强附会,也不主观臆断。

二、调查报告撰写中的常见问题

1. 预设观点或结论

有的调查报告,调查的目的不清晰,或是作者主观上已经有了对调查结果的"预判",带着自己的主观预设去调查和分析,就很容易忽视调查中跟自己观点相反但有实质意义的现象和材料,难以有新的发现。因此,调查报告应该实事求是地从搜集到的材料中,分析得出调查结论,而不能事前列出结论和观点,再"选择性地运用"材料来"说明"观点。

2. 堆砌、罗列调查材料

通过调查获取大量材料,是完成调查报告的基础工作。在调查报告的写作过程中,不仅要对调查对象进行广泛深入的调查,而且要善于对调查材料进行甄别、梳理和归类,突出有研究价值、能说明问题的材料。

撰写调查报告时,要有明确的写作目的,恰当地选择材料,分析材料

---

① 郭迪珍. 掌握"四字诀"写好市场调查报告 [J]. 应用写作, 2018 (1).

之间的关系，运用材料说明观点，有的调查报告仅仅将相关数据以图表的形式呈现出来，而缺乏对现象或数据的深入分析挖掘，不能很好地反映调查的目的，也无法揭示出调查问题的本质。

3. 缺少对调查结果的分析

调查报告真正的价值在于通过分析调查结果得出科学、有力的调查结论，阐明自己对调查问题的观点，提出自己的认识或结论。调查报告要让人看到调查结果背后的"发现"，找到现象与现象、现象与结论之间的内在关联，对研究问题有新的认识和发现。因此，作者不能停留在数据展示、事实陈述上，仅仅说明调查结果"是什么"，而要"去粗取精、去伪存真、由此及彼、由表及里"地挖掘，找出内隐规律，得出有说服力的结论。

三、调查报告写作的注意点

调查报告作为一种特殊的文体，其写作要求也有其特殊性。

1. 观点与材料相结合

调查报告的写作需要用事实说话，但不能只罗列现象，要用事实说明观点，不能主观臆断，要从材料分析中产生观点而不能泛泛而谈。因此，调查报告要用观点统率材料，用材料说明观点，从现象中抽取本质，做到感性描述与理性分析相结合，观点与材料相结合。在客观分析的基础上，得出正确的判断和结论，从而使调查的成果不但为调查者所用，也对其他人产生广泛的借鉴意义。

2. 客观分析与主观论述相结合

调查报告是在调查的基础上产生的，"是记录调查的文本，其主要功能是通过定性定量总结分析的方法，用亲自调查获得的真实信息反映客观情况、经验、问题或规律的东西"[①]。因此,调查报告必须"客观分析",在把握事物特点和相互关联的基础上,对搜集的材料进行整体思考,客观科学地挖掘现象产生的原因。作者在看待调查材料时应该始终秉持客观、辩证、理性的态度,从繁复的事实材料中发现问题的实质,用发展的观点分析问题,对调查对象的正面和反面、历史和现状、部分和整体都进行辩证的分析,要不断反观自己的调查材料、结论和建议是否客观、科学。

在此基础上,调查报告必须有"主观论述",这就要求作者在对材料进行分析的基础上形成自己的认识,对问题的解决提出自己的建议,产生新的发现。在写作中,要很好地处理好客观分析与主观论述的关系,叙议结合,从"看见"到"发现"。

3. 语言表述要准确、客观

调查报告一般以第三人称或被动语态为宜,使用"我们认为"等第一人称语言,就会减弱其客观性、可信性。调查报告讲究依据事实下断语,结论应准确、适当、清楚,避免用"也许""可能""大概"等模糊的词语。语言表达要力求简洁,把握好分寸,不可模棱两可,更不能对事实任意拔高或贬低。

·第二节·
写作方法:过程与结果的高度融合

调查报告,顾名思义,是在调查研究的基础上撰写而成的带有"报告"性质的文字材料,调查是前提,研究是关键,报告是结果。好的调查报告需要建立在好的调查和研究之上,过程与结果的高度匹配和融合,才

[①] 孟晓东. 自得方为贵 相传岂是真——调查报告写作指津 [J]. 写作, 2008 (9).

能做到有材料、有理论、有见解，形成真正优秀的调查报告。

一、调查报告写作的基本程序

调查报告是"调查"与"报告"相结合的产物，"报告"是调查目的的具体体现，"调查"是报告的事实基础和依据，要写好调查报告，系统周密的调查、客观深入的研究和准确完善的表达缺一不可。

1. 科学开展调查研究

写作调查报告首先要进行调查。在计划周详、方法科学的调查基础上，才可能形成高水平的调查报告。好的调查包括调查方案的制定、调查方法的选择、调查工具的设计、调查的精确实施、调查资料的回收等环节。

调查方案的制定是指在调查开始前，精心设计开展调查研究的时间、对象、方式等问题。调查方法的选择特别重要，教育调查的常用方法有：观察法、座谈法、访问法、问卷法、资料收集法、专家调查法、实地取证法、网络调查法等。要根据调查的主题和可行性进行适切的选择。调查方案制定得越详细、周密，切实合理，后续搜集得到的调查资料就能越全面、准确。

2. 深度分析调查材料

分析研究是撰写调查报告的关键，是从调查材料走向调查结果的桥梁，并且贯穿调查报告写作的始终。调查开始前，要研究运用何种方式方法可以尽可能多地获取有效材料；调查过程中，要边调查边研究，使调查更深入；在整理调查材料时，要抓住关键和典型的材料进行分析，通过研究去伪存真；在撰写报告的过程中，要通过对材料的进一步思考，对事物产生更深入的理解和认识，发现事物的本质规律，从纷繁复杂的材料中归纳出科学的结论，产生新的见解。

调查报告的写作，要注重对调查对象的基本情况和特点的分析，不但要了解调查对象的构成，还要了解各个部分之间的关系。分析材料时，要善于把对事物量的分析和质的分析结合起来，交错进行。从宏观与微观、历史与现在、横向与纵向等多方面去全面深刻地认识调查对象。在分析的基础上，还要学会综合，从整体上、从联系中掌握事实。

3. 科学表述调查结果

调查结论的表述是调查报告最重要的撰写环节。撰写时，作者要认真根据调查材料和主题的现状，认真构思，精心安排表达结构，力求用丰富翔实的材料、准确生动的语言，把调查研究的成果完整呈现出来。作者可以对整个调查过程进行回顾、分析，有选择、有重点地运用数据反映调查结果，特别关注那些可能蕴涵着新观点、新结论的调查数据。为了使读者对调查的情况、结论产生的依据和调查结果更加信服，除了文字、表格外，还可以将多样化的图像放入文本中，如饼状图、树形图等，增强调查结果的可信度。

二、调查报告的文本结构

调查报告应该完整地表述一项调查研究"想做什么？""做了些什么？""结果怎么样？""可以看出些什么？"[1]其文本结构有相对固定的格式。调查报告的文本主要包括标题、调查背景、调查分析、结论与建议四部分。

1. 标题

调查报告的标题可以采用单标题和双标题两种形式。单标题一般为文件式标题，内容为：调查对象＋报告内容＋文种，例如"高中生错题管理调查研究"。双标题即用正标题表达主旨，副标题揭示调查对象和报告内容，例如"中小学校课题研究的现状、问题及对策——基于青岛市教育科

---

[1] 李洪曾. 怎样撰写教育科研调查报告［J］. 江西教育科研，1999（1）.

学规划课题的调查研究"。

2. 调查背景

调查背景在调查报告的开头,类似于教育论文的前言,向读者交代调查意义、调查目的、被调查对象的基本状况等,使读者对调查的基本情况、主要内容和研究价值有一个概括的了解。但调查背景不是调查报告的写作重点,在写作时用概括的语言交代清楚即可,不宜长篇大论。

例如,薛瑾撰写的《流动儿童数学运算技能的调查研究——以苏州市E区的流动儿童为例》[①]一文的调查背景如下:

①第六次全国人口普查结果显示:我国流动人口规模达到2.21亿人,其中流动儿童多达3600万人。②由于没有流入地的户籍,流动儿童常无法享受流入地政府的教育经费、教育政策和社会福利政策,并且由于城乡差异,流动儿童在家庭环境、人际关系、教育发展方面与城市儿童相比,处于相对弱势。③当前对流动儿童学业表现的探讨已经成为研究的热点。④研究焦点主要集中在学校环境、家庭背景、个体特征等方面对流动儿童学业表现的影响,而深入学科领域剖析流动儿童的学科技能现状或学科素养水平的结论还非常有限。⑤在义务教育阶段,数学基本技能是一个重要内容,特别是对于流动儿童的发展而言具有深远的作用。⑥作为数学基本技能的重要组成部分,运算技能是其他各种数学能力发展的基础。⑦在现有的研究中,对于运算技能的现状调查和机制探讨,选取的对象多以城市儿童或者农村儿童为主,缺乏对流动儿童的关注。⑧因此,本研究选取苏州市E区以接纳流动儿童为主的公办学校,以7年级刚入学的流动学生为研究对象,通过测试其数学运算技能的掌握情况,了解流动学生数学运算技能的学习现状,并且探究其可能的原因,从而为课程内容和教学目标的实施提出相应的建议。

---

① 薛瑾.流动儿童数学运算技能的调查研究——以苏州市E区的流动儿童为例[J].江苏教育研究,2019(7A).

这段调查背景中,①②两句话介绍了被调查对象——流动儿童的基本状况,③④介绍了当下流动儿童研究的热点与不足,⑤⑥⑦说明了调查的意义和目的,⑧具体介绍了此调查研究的具体对象、内容与目的,使读者清晰地了解了这项调查的大致情况。

3. 调查分析

调查分析是调查报告的主体部分,要写清楚两项内容:(1)调查方法;(2)调查事实。

(1)调查方法。

在调查报告中,清楚、明白、如实地向读者介绍自己的调查方法,向读者提供有关调查对象的抽取、概念的测量、资料数据的来源以及资料数据的处理等方面的信息非常重要。交代调查方法的目的是让读者了解调查报告中的"调查结果和调查结论是用什么方法、经过怎样的步骤获得的,从而使读者可以据此判断调查结果和结论的可信程度和可适用范围"①。在调查报告中,调查方法的说明一般包括:调查对象、调查内容、调查方法、调查组织工作、数据统计与处理等步骤。正如风笑天所说,"研究者只有对研究过程、操作效果、方法局限等方面做到心中有数,才能在得出调查结论时做到实事求是,恰如其分"②。

例如,《流动儿童数学运算技能的调查研究——以苏州市E区的流动儿童为例》一文的第一部分专门介绍了本次调查的调查方法。

> 一、研究方法
>
> 1. 研究对象
>
> 为了让流动儿童正常接受义务教育,江苏省教育厅采取的是"两为主"的解决原则:以流入地政府管理为主,以在公办中小学就读为

---

① 李洪曾. 怎样撰写教育科研调查报告[J]. 江西教育科研,1999(1).
② 风笑天. 结果呈现与方法运用——141项调查研究的解析[J]. 社会学研究,2003(2).

主。本研究选取苏州市E区以接纳流动儿童为主的6所公办初级中学，以7年级刚入学的学生为调查对象。流动学生样本容量为1484名，其中，男生886名，女生598名，年龄在11~13岁之间。在调查研究中，由于测试量表的内容仅涉及4~6年级数学运算知识和技能，因此，关于测试对象的数据描述可以看作流动儿童长时记忆中的数学运算知识和技能的评价。

2. 研究工具

依据《义务教育数学课程标准（2011年版）》（以下简称《课标》）和江苏省4~6年级数学教材中关于数学基本运算的内容和认知程度，编制数学运算技能的测试量表。该量表的形成主要经历了3个阶段：第一阶段，根据研究的框架，初选出试题；第二阶段，征询专家意见，筛选和修改试题；第三阶段，广泛征求专家、教授和一线教师的意见，精选试题，形成最终的测试量表（见表1）。同时，为了排除各种可能因素对测试的影响，研究者制作了指导语，并将指导语印在每份测试量表上，尽量使被试明确测试要求。

表1 数学运算技能测试量表

内容一级指标	内容二级指标	内容三级指标
数与式	数的认识	自然数
		小数
		分数、百分数
		负数
	数的运算	四则运算
		运算律
		混合运算
		数量关系
		解决问题的策略
	式与方程	用字母表示数
		方程

续表

内容一级指标	内容二级指标	内容三级指标
函数	正比例、反比例	比及按比例分配
		正比例
	探索规律	规律或变化趋势

3. 数据收集与处理

运用测试卷调查的方法收集资料。本研究共发出测试量表1505份，回收1505份，回收率是100%，有效测试量表1484份，约占回收测试卷的98.6%。对全部有效测试量表，本研究采用将EXCEL数据导入MYSQL数据库中，使用数据库SQL语句进行数据分析。

在这部分非常明确、扼要的文字中，作者介绍了：①调查对象抽取的具体情况；②研究量表制定的依据以及得出的过程；③资料数据收集与处理的情况。尽管这项调查可能历经了较长时间，前后也做了很多的相关工作，但作者只选取了其中最重要的一些调查信息：调查对象的抽取、调查量表的制定、调查数据的统计进行呈现、表述，使一个庞大的调查过程清晰、明了、准确地呈现在读者面前，令人信服。

（2）调查事实。

调查事实部分需要作者呈现收集、整理的资料、数据、图表等，并伴以文字说明，呈现被调查对象的主要面貌。在运用材料时，要注意既要有反映整体情况的概括材料，又要有反映事物特点的典型材料，两者有机结合，才能全面、深度地反映事物的真实状况。恰当的统计数据和图表有助于准确地反映事物的真实状况。

例如，蔡建华、徐彩虹《农村小学数学校本课程现状实证研究——基于对M县教师的问卷和访谈》[①]一文在调查结果部分这样写道：

---

① 蔡建华，徐彩虹.农村小学数学校本课程现状实证研究——基于对M县教师的问卷和访谈[J].江苏教育研究，2019（4A）.

> 26.9%的受调查教师认为其所在学校开设了数学校本课程,在他们列出的课程名称中,筛选数学小故事、计算竞赛、数学周等非数学校本课程,统计结果显示,约12%的学校开设了数学校本课程,最接近校本课程形态的是数学社团活动。
>
> 一些小学校长在访谈中说到,学校开发校本课程考虑最多的是课程资源、教师能力以及如何与学校特色发展相结合,因此一般不再开发国家课程框架中已有的语文、数学、英语等学科类校本课程,而是结合地域课程资源或艺术类课程资源进行校本课程开发,这样既降低了课程开发的难度,又容易形成学校特色。在这种情况下,小学数学校本课程遭到冷遇是难以避免的结果。

在这段分析中,作者不仅运用了统计数据来反映调查状况,还列举了一位小学校长的访谈来进一步充实调查内容,多方面呈现调查结果。

在《流动儿童数学运算技能的调查研究——以苏州市E区的流动儿童为例》[1]一文中,作者就主要运用了图表来说明研究结果。例如:

> 以10分作为区间值,图1显示了各个分数段的流动儿童的人数比率。由图1可见,在[0,40]这个分数段,流动儿童的人数比率最高,为32.01%;其次,在[50,60)这个分数段,流动儿童的人数比率也较高,为21.90%;同时,在[40,50)这个分数段,流动儿童的人数比率达到了18.19%。由此可见,在[0,60)这个分数段,流动儿童的人数比率达到了72.1%。这充分说明,对于4~6年级数学运算技能的理解和掌握,流动儿童的学习情况极不理想。同时,在[60,70)这个分数段,流动儿童的人数比率较高,为13.41%。这意味着,有一部分流动儿童,对于4~6年级数学运算技能的理解和掌握,会存在学

---

[1] 薛瑾.流动儿童数学运算技能的调查研究——以苏州市E区的流动儿童为例[J].江苏教育研究,2019(7A).

习情况不稳定的现象。基于上述数据的分析，可以发现，绝大多数流动儿童——在人数比率上达到了85.51%，对于4~6年级数学运算技能的理解和掌握不佳，学习上存在较大的困难。

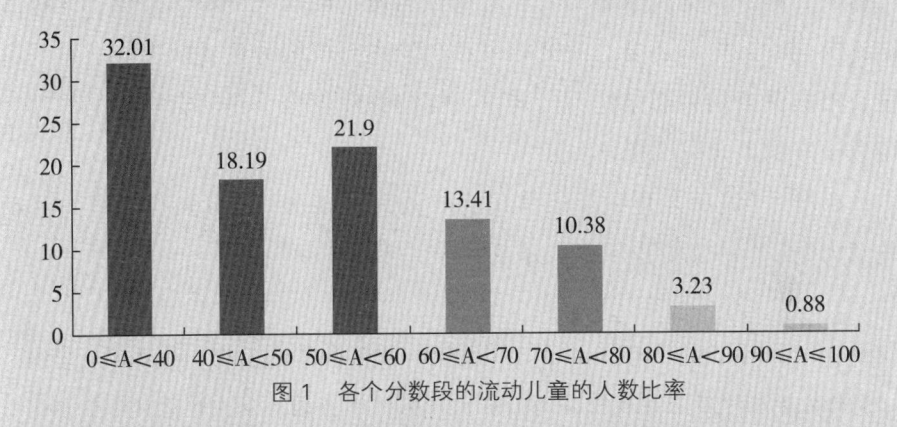

图1 各个分数段的流动儿童的人数比率

由图1还可进一步显示，在［90，100］这个分数段，流动儿童的人数比率最低，仅为0.88%；而在［80，90］这个分数段，流动儿童的人数比率即使稍高了一点，也仅为3.23%。由此可见，在［80，100］这个分数段，流动儿童的人数比率仅仅只有4.11%。这充分说明，只有极少数的流动儿童，对于4~6年级数学运算技能的理解和掌握，能达到良好或良好以上的学习程度。为了更加全面地描述上述现状，并且探究可能的原因和提出相应的教学建议，本研究选取内容、认知程度、内容—认知程度这三个方面对流动儿童的数学运算技能进行深入的研究。

在写调查报告的过程中作者可以根据不同的调查主题和材料，选择多样、适当的方法来进行分析说明，使读者对整个调查的状况有完整、清晰的认识。

4. 结论与建议

这一部分是调查报告的重点，作者应对调查研究要解决的问题做出结论式的回答，对调查所得结果做出理论上的解释，更重要的是，要在这一部分提出自己的建议和看法。

调查结论是指用准确、客观、简要的语言表述在调查事实的基础上得出的实质性看法，它必须来源于真实材料，来源于对事实材料的准确分析与研究，是对同类现象做出具有普遍性的概括而形成的科学理论。在提炼结论的同时，作者还要对研究结果和结论进行成因分析或从理论上给予解释，根据调查结果和结论提出建议。提出的建议应该是切合实际的，并且可以推广到更大范围指导实践。

例如，《流动儿童数学运算技能的调查研究——以苏州市E区的流动儿童为例》[1]一文提出了四条结论：

（1）对于4~6年级数学运算技能的理解和掌握不佳，导致绝大多数流动儿童在学习上存在较大的困难，只有极少数的流动儿童才能达到良好或良好以上的学习程度。

（2）数学运算知识和技能的抽象程度与流动儿童的学习情况这两个变量之间会呈现明显的负相关性。

（3）流动儿童的运算行为以根据法则和运算律正确地进行运算为主，思维能力是通过对既定程序的反复操作获得的，思维活动上具有机械性的特征，并且对于学习对象简单或简便的模仿、记忆和训练较易接受。

（4）随着认知水平的逐渐提高，数学运算的知识和技能的抽象性、对已学习对象的综合使用、问题解决中方法的选择性、创造性和流动儿童的学习情况这两个变量之间会呈现明显的负相关性。

在研究结论的基础上，作者提出了自己的建议，并对每一条建议进行了详细的解释和论述（此处为略写，详见原文）：

---

[1] 薛瑾.流动儿童数学运算技能的调查研究——以苏州市E区的流动儿童为例[J].江苏教育研究，2019（7A）.

（1）通过创设"情境—问题"，引导流动儿童感悟模型思想，提升运算思维。

（2）在算法的操作教学中，关注算理解析的渗透，帮助流动儿童理解运算的本质。

（3）在运算的课堂教学中，注重课程目标的整体实现，帮助流动儿童培养运算的素养。

还可以在调查报告的结论部分回顾调查过程，反思调查研究中存在的不足，提出改进调查研究的建议与思考。最后，根据实际情况，还可以附上调查报告的辅助性材料，如文献资料、问卷与评分标准等，供研究者参阅。

· 第三节 ·
作者亲历：我是这样写调查报告的

除了本书介绍的一些写作方法外，在撰写调查报告的过程中，还有许多需要注意的细节。两篇调查报告都被人大复印报刊资料全文转载的蔡建华老师总结了自己的一些写作经验，本节将真实展现他的写作体会与思考。

> ### 我是这样写调查报告的[①]
>
> 毛主席说："没有调查，就没有发言权。"在教育教学研究中，调

---

① 江苏省靖江市教师发展中心蔡建华老师撰写的调查报告《我们需要怎样的课堂文化——基于小学数学课堂文化的访谈分析》，被人大复印报刊资料《小学数学教与学》2014年第2期全文转载，调查报告《农村小学数学校本课程现状实证研究——基于对M县教师的问卷和访谈》被人大复印报刊资料《小学数学教与学》2019年第8期全文转载。本节是他根据自己两次写作调查报告的经历总结的心得。

查报告是对某一事物或现象进行深入细致和严肃认真的研究，用叙述与论证相结合的写作方法，全面客观地揭示教育现象本质特征的一种文体。

笔者与所带领的课题组成员一同撰写的调查报告《我们需要怎样的课堂文化——基于小学数学课堂文化的访谈分析》（以下简称《课堂文化》），被人大复印报刊资料《小学数学教与学》2014年第2期全文转载。回想这篇调查报告构思与写作的前前后后，我认为，要写好调查报告，重要的是收集真实可信的调查资料，用好资料，从调查资料中"发现真相"，在提炼总结调查结论时，要有自己的独到的思考和判断，要有所发现。

一、在真实可信的前提下获取调查资料

为了开展有效的调查资料收集，围绕研究主题"小学数学课堂文化"，我和研究团队成员拟定了6个访谈话题，这些话题指向研究主题的核心，即小学数学课堂文化的内涵与核心要素。我们计划通过对100多名不同专业阶段的教师的调查和访谈，了解一线教师对小学数学课堂文化了解的程度，以及与此相关的教学实践，从而进一步回答当前的小学数学教学需要形成怎样的课堂文化。

没有想到的是，访谈开始几天以后，我查看第一批回收的资料，结果却让人大吃一惊！很多受访的教师说的几乎全是套话、空话、假话，内容很显然都是从网上搜索而来，很少有受访者真正说出了"自己的话"。如果听不到一线教师真实的声音，我们的调查研究还有什么意义呢？为什么会出现这样的情况呢？一位受访教师在电话里说出了真相："蔡老师，为了你的研究课题，我可是认真做了准备的。"原来，他得知有课题组成员要对他进行访谈，怕自己说不好，就软磨硬泡地提前要来了访谈提纲，当晚就上网"做功课"，难怪第二天访谈时"滔滔不绝""出口成章"。我恍然大悟，原来要想获取真实有效的调查资料并不简单。

为了让受访者说真话，让获得的调查资料更真实，我立即召集课题组成员，重新拟定了访谈提纲，重新选定受访教师名单，并增加了一条新的访谈规则——统一在访谈开始前15分钟将访谈提纲发给受访者，让他们简要地了解访谈内容，紧接着就进行访谈和录音。我们希望受访者讲真话，讲自己的话。

事实证明，这一做法很有效。后期在将录音整理成文字材料时，我们仅删除重复啰唆的语句以及明显的病句错词，尽量少地改变受访者的语言和句式，尽量准确地保留受访者的表述和本意，这样为后续进一步的分析和研究留存了"原汁原味"的素材。另一方面，考虑到受访者是在自然状态下进行的访谈，仓促之间谈论一个陌生的话题，一般人大多会出现词不达意的情况，所以我们还需要把整理出来的文字材料发回给受访者，请他们再一次审阅和确认。这样做既是对受访教师的尊重，也是教学研究应该坚守的严谨和规范。

这些状况都是开展调查前我们没有预料到的，因为这样的波折，我们得到的有效样本仅25份，比原计划少了很多，非常遗憾，好在这些样本后来还是得到了充分的利用。

二、科学利用和呈现调查资料

俗话说，"巧妇难为无米之炊"，搜集到了信度和效度比较高的调查资料，如何才能形成好的调查报告呢？至关重要的是作者对调查资料的选择处理与呈现方式。

写好调查报告的关键是要对调查资料进行深度加工。调查资料不能简单地堆砌，而是要进行认真梳理，然后以恰当的方式铺陈开来。只有对资料进行恰当的处理，使之成为调查报告的有机组成部分，资料才能变活。因此，对于调查资料的加工与呈现，直接关系着调查报告的质量。

在收集素材阶段，我们同时采用了调查问卷和面对面访谈的方法，获得了访谈素材与统计数据。在我们撰写的第一稿中，调查结果与分析是这样呈现的：

1. 对小学数学课堂文化的认识与思考

（1）你听说过"小学数学课堂文化"吗？

类别	听说过，并有过思考	从来没有听过	听说过相类似的概念
百分比	4%	80%	16%

有的老师在张齐华的讲座或者书籍中听说过"小学数学文化"，但对于小学数学课堂文化，老师们还是比较陌生，有的从来没听说过，也没有思考过。

（2）你是怎么理解小学数学课堂文化的？

类别	概念不清晰	数学文化史	师生素养	师生共振的力量
百分比	8%	65%	17%	5%

美国著名数学史家克莱因（M.Kline）认为，数学是一种精神，一种理性的精神。正是这种精神，激发、促进、鼓舞并驱使人类的思维得以运用到最完善的程度，亦正是这种精神，试图决定性地影响人类的物质、道德和社会生活；试图回答有关人类自身存在提出的问题；努力去理解和控制自然；尽力去探求和确立已经获得的最深刻的核心、最完美的内涵。而这正是数学的教育价值。从上表的数据来看，多数老师认为数学课堂文化就是数学文化，是对数学知识认识的升华，是加入了数学文化史的课堂。少数老师觉得小学数学课堂文化不仅是数学文化，还包括用数学的思想和理念来教育、感化、同化学生，让学生在数学素养上有所提高。

（3）你认为研究"小学数学课堂文化"有意义吗？

类别	非常有意义	一般	没有意义
百分比	100%	0%	0%

所有老师都觉得研究小学数学课堂文化非常有意义，因为数学教育不仅是知识的传授，能力的培养，而且是一种文化的熏陶，素质的提升。数学文化走进课堂，渗入实际数学教学，可以使学生认识到数学的博大精深和内在魅力，体会到数学的文化品位与社会价值，感受到数学文化与社会文化之间的内在联系。既可以提高学生学习数学的幸福指数，也可以促进教师自身的专业成长，实现师生共赢。

2. 小学数学课堂文化的关键要素分析

在知识技能、数学思维、问题解决与情感态度四维目标中，能够体现小学数学课堂文化的主要因素是哪一个方面的目标？认为是知识技能的占老师总数的 4.2%，认为是问题解决的占 33.3%，认为是情感态度的占 37.5%，部分老师认为在课堂教学中，每个目标相辅相成、缺一不可，没有主次之分。学生学习任何知识和技能，都需要运用一定的方法，运用一定的方法解决问题都需要经历一个过程，在这个过程当中，学生也会伴随着一定的情感和态度，持这种观点的老师占总人数的 25%。

在第一稿中，我们汇总了调查问卷的数据，并客观地呈现出来。但是，读之思之，总感觉有问题。我们的研究主题"小学数学课堂文化"并不是某个人人皆知的专业术语，而是一个引领性、方向性、发展性的教学目标，换句话说，这是一种先进的教学观念，那么，一种先进的教学观念是广大教师"讨论""投票"产生出来的吗？

经过一次次的思考与辩论，最终，我们推翻了第一稿的写作方向和文章结构，舍弃了问卷调查的全部数据和统计结果，转而采用 25 名教师的有效访谈记录。我们将 25 名教师分为 4 类：新手教师、胜任教师、经验丰富的教师、专家教师，选择他们中有代表性的表述，客观地呈现他们对课堂文化的认识、思考和实践。这样处理既能呈现出不同专业水平的教师对小学数学课堂教学的认识不断变化发展的过程，也能揭示出小学数学课堂文化在教学研究中的地位和价值。

在教学研究领域探讨课堂文化，仅仅客观呈现受访教师的模糊认识显然是不够的，还需要引用本领域专家的理论或观点。我们利用网络平台查阅了国内相关研究资料，引用了我们认为最有影响的4篇论文的核心观点，借助他们的观点进一步明确课堂文化的核心内涵。虽然调查报告和文献综述是两种不同的文体，但在写作中，可以根据需要结合起来写，这样可以使文章更加饱满，更具说服力。

在进行小学数学课堂文化的构成要素分析时，我们没有用任何专业的分析软件，而是采用了最原始的关键词归类的方法。首先将受访者的观点进行分类整理，然后按照关键词出现频率的高低进行统计，发现有8位教师认为课堂文化的要素是师生关系（语义相近的词语如和谐、平等），6位教师提及数学观念（或数学思想、数学理念、数学精神、数学思考方式等），5位教师的表述指向教学方式（或教学方法、教学风格、学习方法、经历和感受等）。最后，我们依据分类结果归纳、抽取、提炼，逐步形成并完善了小学数学课堂文化核心要素结构模型。

这一过程让我体会到：工具和手段是为目标服务的，一线教师的教学研究没有必要都使用那些过于复杂专业或特别流行的统计分析计算方法，一些最原始的统计分析方法也能够反映出受访者的共识。共识代表大多数人的认识，共识约等于常识，而常识往往更接近于真理。

三、在调查分析中"说自己的话"

调查报告写作的过程，本质上就是研究的过程。调查报告的最后部分"结论、对策或建议"是最不容易写的，因为对于一篇调查报告来说，大量的资料是别人的，但是写到最后必须要亮出自己的观点，说"自己的话"。

"自己的话"是从调查资料中提炼出来的，是一篇调查报告的灵魂。要说"自己的话"，意味着要对某个问题提出独到的见解，要有新的发现。对于一线教师来说，要想对某一教学问题提出超越前人的观点，确实不是一件容易的事。这篇调查报告"思考与建议"的部分虽然仅有 2000 字，但是却花费了最多的写作时间，我们反复思考如何全面、客观、辩证地说出"自己的话"。

这篇调查报告要回答的核心问题是"我们需要怎样的课堂文化"。黑格尔说过，"存在即合理"，我国的课堂文化现状不是人为制造的，而是根植于民族传统文化厚土之中的现实存在，比如"权威独断"的师道尊严，追求效率的"工程思维""知识本位"，等等。我们叩问：在新课程理念反复冲刷下，那些被唾弃甚至痛骂的传统的教学文化，是否已一无是处？

我们再一次停止了写作，静下心来，读书思考，从理论的高度重新审视历史与现实，从理性的高度重新修正教育观念。一些大师、学者的书籍、文章深刻地影响了我们，如郭思乐先生的《教育走向生本》《教育激扬生命》，杨启亮先生的《释放本土教学思想的生命力》，董洪亮先生的《教学文化及其变迁机制》，等等。我们从大师的思想精华中汲取营养，努力全面、客观、辩证地认识课堂文化的本质内涵，并对当下教学现状提出建议，经过反复多次修改，最终确定了三条"思考与建议"：

（1）课堂文化形态：超越"权威独断"，追求"师生对话"。

（2）课堂文化生态：超越"工程思维"，追求"农人情怀"。

（3）课堂文化质态：超越"知识本位"，追求"以生为本"。

我们认为，教学研究并不一定都要"另起炉灶"，大多数研究实际上是"接着说"，也就是首先要知道前人是怎么说的，说到什么程度了，然后才能接着说出自己的认识或见解。

瓦多科特罗说："写一本书就像开车走夜路，你最远只能看见车头灯所照之处，但是你可以就这样一路走完全程。"回想《课堂文化》一文的调查、写作、修改、成文的过程，我们的"车头灯"的确只能照亮眼前有限的一小段路，但是认真地走好眼前的每一小段路，最终才能走完全程。

从蔡老师的体会中，我们看到，好的调查报告不仅取决于写作时的精心考量，调查过程的科学、精准，调查材料搜集的科学、完善，调查方式的多样、灵活等，也取决于研究者的理论高度和写作能力。因此，调查报告是调查过程与文本表达高度融合和统一的写作文体，作者只有研究与写作双管齐下，付出更多的努力，才能写出优秀的调查报告。

第七章
校园通讯：讲述学校那些事儿

随着融媒体时代的到来，学校宣传的媒介越来越多样化，除了传统的报纸、期刊、校园广播、网站等平台，作为宣传的自媒体形式，微信公众号也越来越活跃地应用于学校的教育教学工作中。因而，时下的教师常常会遇到这样的情况：校园里发生了"新鲜事"，需要用微信推送的方式"广而告之"；学校取得了某方面的成绩，需要通过学校报道在网站、电视等媒介公布成果、扩大影响；学校涌现了先进人物，需要通过写人物通讯树立典型，呈现师生风采，弘扬正能量……从新闻传播的视角来看，这些带有宣传性质的校园新闻、学校报道、人物通讯其实都属于新闻传播学中通讯报道类文体的写作，起着传递教育理念、解读学校实践、导引社会观念、分享教育智慧、增进师生关系的重要作用。

对于学校来说，尽管可用的宣传媒介越来越多元，宣传的自主性和能动性也越来越强，但在开展宣传工作时，仍然存在不少问题。在中小学中，"教育新闻的宣传工作主要是由教师来担任，虽说老师们有着较高的文化水平素养，但却欠缺新闻宣传的专业知识，对新闻宣传中所涉及到的专业知识认识不够，从而使得相关重要的新闻信息得不到有效的传达"[1]。教育新闻最为重要的一点在于，开展报道工作时要注重教育及新闻的双重视角，一方面要立足学校报道专业化的定位，一方面要兼顾大众化传播的需求。将两者充分结合，找到其中的契合点，并非易事。

---

[1] 王欣.中小学教育新闻宣传工作的现状及建议[J].文学教育（下），2019（10）.

因此，只有了解不同媒体报道的本质特征，才能带着"专业的眼光"去审视、发现、表达"学校里的事儿"。总的来说，新闻通讯类文章的主要文体特征有：

1. 真实性

新闻、通讯最大的特点在于真实性。虽然通讯报道比一般的新闻更具感情色彩和文学色彩，但它不是一种文学创作，必须基于事实进行表达，否则就违背了通讯报道以"真实"为第一要素的基本特性。因此报道活动时，不能自吹自擂，片面夸大活动效果；报道学校工作经验时，做的工作、取得的成绩要实事求是、准确客观；报道先进人物时，无论是对人物事迹的描写，还是对人物话语、心理活动的展现，都需要符合人物的真实情况。切莫为了宣传，塑造"高大全"的完美形象，导致事实失真、语言浮夸，这样不但起不到宣传示范作用，反而会带来一些负面影响。

2. 聚焦性

聚焦性，是指写作的主题要明确。主题是一篇通讯的灵魂，只有主题鲜明，才能把众多素材有机融合在一起，形成有深度和力度的通讯报道。如果不明确报道的主题，就无法确定写作的重点，无法选择合适的角度、素材进行表达，报道就会写成"流水账"式的记叙文，面面俱到，但让人不知所云。因此，作者应围绕主题对事实进行理性的梳理与挖掘，围绕报道的事件、对象的价值、意义及"闪光点"来确定报道的角度和重点，使整篇报道围绕"闪光点"展开，写深写透，给人留下深刻的印象。

3. 生动性

一篇通讯报道就是在讲述一个好故事，因此，叙事的生动性，决定了这个故事最终能否引发受众的共鸣和广泛的传播。要做到生动地讲述，除了事实本身的新颖性和独特性外，语言表达的力量也不可小觑。通讯报道的最大优势在于能够运用多样的修辞手法来为文章增色，"一篇通讯应该是多种语言技巧的统一体,不事雕琢的白描,由因入理的议论,有感而发的抒情,勾人思绪的比兴等这些写作手法再和比喻、借代、排比、衬托等修辞方法融会贯通,恰到好处地交错运用于整篇通讯作品中,会使通讯的行文变化多姿,起伏跌宕,弹拨读者的情感节奏"①,调动读者的阅读兴趣,引发读者思绪的起伏,使其如见其人、如闻其声,有身临其境之感。这样的通讯作品自然更具吸引力和感染力。

4. 社会性

从社会学的角度来说,任何写作都是一种社会交往。不论是通过何种形式进行传播的通讯报道,都会面对学生、教师、家长、社会人士等多类型的读者,撰写通讯时,要考虑受众②的范围、对象、层次和他们的兴奋点、关注点,研究他们的信息需求、情感需求,这样才能促进社会对学校的了解,拉近师生之间的距离,增进教师与家长的沟通,起到好的"交往效果"。同时,作者也要考虑,作为报道主体,学校对新闻事实持何种立场和态度,通过两者的综合性考量,确定报道传递的价值观念和舆论导向。因此,如果仅仅把通讯报道看作增加学校曝光度的一种手段、对日常工作的总结记录或是完成上级部门的"规定动作",忽视对受众与传播者关系的研究,就很难取得好的宣传效果。

总而言之,通讯报道是一种比新闻更详细而深入的报道,通过运用叙述、描写、抒情、议论、特写等多种手法,生动形象地反映事件或典型人物的面貌,具有很强的形象性和感染力。通讯报道可分为人物通讯、事件通讯、工作通讯等类型,在学校的专业生活中,它们常以校园新闻、学校宣传和人物通讯的形式出现。

---

① 万勇治.浅谈通讯作品中语言的运用[J].新闻传播,2013(4).
② 受众主要指的是信息传播的接收者,包括报刊和书籍的读者、广播的听众、电影电视的观众、网民。受众得到信息后会根据自己的理解,产生相应的反应。

·第一节·
校园新闻：讲述校园里的新鲜事

"校园新闻是校园内新近发生的事实的报道，从属于教育新闻，是校园文化的重要组成部分。校园新闻的传统传播媒体是校报、校园广播、校园闭路电视、校园网络、宣传栏等"[1]，随着融媒体时代的到来，微信公众号成为校园新闻的主要传播媒介。

微信公众平台自 2012 年面世以来，因其开放、便捷、共享、交互、丰富等诸多优势，在学校宣传中被广泛应用并迅速普及，成为学校日常宣传的重要媒介。作为宣传的新媒体形式，从微信推送的内容来看，主要涉及学校风貌宣传、校园活动报道、政策信息传递、办学成果公布、家校教育互动等，最主要的功能是报道"校园里的新鲜事"。与传统的新闻报道相比，微信推送内容的制作主体不是专业的新闻采编人员，而是校园里的老师。因此，微信推送的校园新闻不是用第三者的视角来报道新闻事实，而是学校"自己讲述自己的故事"。一方面，学校作为校园新闻的制作者，可以更深入地了解新闻事实本身；另一方面，由于缺少"新闻专业性"，很多学校的校园新闻存在着主题不明，一味"蹭"热点、报道缺少专业性、未能充分发挥媒体技术优势，推送的内容甚至出现很多病句和表达失当的地方等问题，大大降低了学校公众号的专业水准。

要让校园新闻起到更好的宣传效果，要注意把握如下写作要点：

---

[1] 王瑾.校园新闻及其媒体特征[J].河南教育学院学报（哲学社会科学版），2005（4）.

一、传递准确、有价值的信息

校园新闻报道的首要任务是说清事实。因此，要在报道中说清楚事件、活动发生的时间、地点、规模以及主要情况等一般事实，特别要注意传递信息的准确性，否则就成了虚假报道。

在信息准确的基础上，还要考虑报道主要面向哪些受众，要起到什么传播作用和效果，要传递哪些有价值的信息，把这些问题考虑清楚，才能很好地确定校园新闻的切入点、报道的重点和评论的重点。新闻与受众之间的"黏性"越大，新闻的价值也就越大。"人们之所以需要传播新闻，其目的就是为及时了解外界的新变化、新事物，为了迅速地交流新情况、新经验，并借此作为未来决策与采取行动的一种依据"[1]。因此，"有价值的信息"是指校园新闻要基于事实，不能简单地"就事说事"，要充分表述新闻事实中受众所关心的问题，通过全局视野和深度思考，凸显校园新闻的价值。

因此，不同的校园新闻有不同的侧重点。如果是报道教育科研活动，就要从专业的角度归纳出活动的特色，说清活动的主题，传递通过这次活动所取得的专业进展、学术成果、教育认识等信息。如果是报道学生活动，就不仅要说清活动开展的情况，还要通过专业的分析和表述，把活动的意义、育人的价值、学生的收获等说明白，从而起到更好的宣传效果。如果是报道大型会议活动，就要把会议的主要流程、内容、反响等基本事实写清楚。在稿件写作完成后，要对照会议议程再次认真审核校对，对会议名称、举办单位、重要参会人员姓名和职务，甚至相关照片等都要确保没有漏项，准确无误。同时也要主动请相关专业部门对稿件进行审核把关，才能将一篇成熟的稿件发布出来。

例如，某学校承办了一次市级教研活动后，撰写了这样一则新闻报道。

---

[1] 王瑾.校园新闻及其媒体特征［J］.河南教育学院学报（哲学社会科学版），2005（4）.

A 市小班差异化教学策略实践研讨活动在 B 小举行

1月3日上午，A市小班差异化教学策略实践研讨活动在B小举行。本次活动以"基于课程包的差异化课堂教学实践"为主题，旨在用课程包引领教师实施差异化的课堂教学，为每一位学生提供个性化的学习支持，促进学生更好成长。

××师范大学杨教授、A市教研室宋主任和小班教学研究所张老师全程参与了本次活动并给予了深入指导。同时，参与本次活动的还有A市部分小班化基地学校的领导和骨干教师近百人。

课堂教学展示与观摩环节，C小学王老师执教六年级数学《分数解决问题的复习》一课。整节课围绕分数的解决问题，注重数量关系，加大学生思维力度，唤醒了学生的创新意识。王老师在课堂提问上注重学生的认知差异，实行分层评价；题目设计由易入难，由简到繁，引导学生注重数形结合，逐步实现形象思维向抽象思维发展。

D小学刘老师带来了一节精彩的三年级综合实践课《班级鱼缸的秘密》。刘老师源于生活实际，采用恰当的任务方式把AI技术融入课堂，推动学生的观察与思考，进而推动本节课的教学。

E小学马老师带来了一节生动的语文课《匆匆》。马老师的课堂教学清新自然，引导孩子在赏析体验中获得语言的积累，情感的积累。马老师带着孩子注重品读，并适时给出评价，强调读中悟情，充分利用生本资源，做到目中有人，呈现出有生命力的课堂。

F小学尹老师带来了一节有趣的数学课《用一一列举的策略解决问题》。尹老师让学生在生活中学以致用，把学习与生活密切结合，实现思维方式的转变。

在校际评课环节，大家聚焦主题，针对四位教师教学中的亮点和可能需要的改进之处相互评课。杨校长、张校长、葛老师、孔老师的主题式评课让每一位教师受益匪浅，收获满满。

宋主任指出，这次活动体现了课程包的意义，课程包既是工具，也是过程，更是成果，并提出教师一定要转变观念，真正地关注每一位学生。杨教授指出教师要"为理解而教"，为每一位学生制定差异化的教学策略，帮助每一个孩子在自己的认知水平上都有所提升。教师要以学习者为中心，关注课堂弱势者，关注没有学会的学生。张老师提出要让资源包建设从个性表达走向共性表达，最后再次回归个性表达，实现课程包的重要意义。

此次教研活动是基于课程包的差异化教学课堂实践，为各小班化基地学校提供了很好的交流与研讨平台，也促使大家在探索的道路上停下来及时回顾和反思，同时三位专家的指导和帮助更是为大家进一步的研究指明了方向！[①]

这则教研活动的学校报道看起来非常"脸熟"。一般的学校在写这类新闻报道时，都会用活动概况、活动流程、专家或领导的总结讲话这样的三部曲结构来写。从受众分析的角度来看，关心教研活动报道的一般是教师、教科研人员，在报道中，他们不仅希望了解这次活动的基本情况，更希望了解这次活动的"干货"，即教研活动有哪些教研成果，取得了哪些学科研究的进展，专家或领导的发言有何"高见"，对他们有哪些专业上的引领。有了这些内容和信息，这则新闻报道才能体现出专业性，让更多的受众获取到有价值的信息。

从报道中可以看出，尽管这次教研活动有鲜明的活动主题"基于课程包的差异化教学策略实践"，设置了上课、评课、专家点评等丰富的专业活动环节，但在报道中，对教师上课的环节，作者仅仅介绍了哪些老师上了什么课，对每节课做了些简单空泛的评点，读者看不出这些课与活动主题的内在联系在哪里，在课堂实践层面，课程包的运用突破在哪里。评课环节，作者仅用"大家聚焦主题，针对四位教师教学中的亮点和可能需要

---

① 报道来源于某学校微信公众号推送的新闻，文中学校及人名均为化名。

的改进之处相互评课。杨校长、张校长、葛老师、孔老师的主题式评课让每一位教师受益匪浅，收获满满"两句话一带而过，老师们的受益和收获到底是什么无从知晓。三位专家的点评报道也比较简单，没能看出他们关于活动主题的深刻解读和实质性见解。

因此，这样的校园新闻就给人一种"走过场"的感觉，阅读这则新闻的专业工作者没能得到有用的信息和启发，缺少了专业性，宣传效果自然也就不会理想了。

二、充分采用富媒体[①]传播形式

利用微信公众号等新媒体进行新闻事件报道的最大好处是可以"运用更加丰富的叙事内容来'说事'，文字、图片、声音、3D模拟动画、视频都可以结合起来，建构出一种更加全面完整、形式多样、立体连贯的通讯报道"[②]。

传统媒体的新闻报道一般采用线性的叙事结构，即以"事情发生的时间为顺序，按照'开端—发展—高潮—结局'这样的逻辑结构来组织内容，这种平铺直叙的方式已无法适应当代新闻传播的需求"[③]。微信推送之所以被广泛运用，是因为数字媒体的超文本与互动性为融媒体时代的新闻叙事带来了非线性叙事结构，制作者可以运用超文本技术，组织多种表达结构，使叙事方式更加多元。还可以充分利用微信公众平台共享性和交互性强的技术优势，关注受众的情感呼应，开通留言区域，让作者与读者、读者与读者进行互动，有的互动留言成为了微信推送主体内容的生成与拓展，收到了意料之外的宣传效果，充分展现出新媒体的特点和优势。

因此，制作微信推送的内容时，要充分抓住这种媒体的优势和特点，

---

① 富媒体，即 Rich Media 的英文直译，本身并不是一种具体的互联网媒体形式，而是指具有动画、声音、视频或交互性的信息传播方法。
② 鲍欣璐.融媒体视角下新闻叙事方式的转变与创新［J］.视听，2019（12）.
③ 同②.

用更巧妙的构思、更个性化的叙事方式开发原创性的推送内容，让"校园里的新鲜事"更生动，更富有时代气息。

三、用专业的话说教育的事

微信推送内容的制作主体是教师，推送的对象是与教育有关的学生、教师、家长、社会人士，推送的目的是更好地为教育服务。因此，在写报道时，要充分挖掘新闻事实中的教育元素，"用专业的话说教育的事"。

例如，下面的这则新闻报道就充分体现了教育新闻报道的特点。

> **小钢珠"飙车"紫金山?！300名中小学生创意制作"飞跃紫金山"！**
>
> 今天，"飞跃紫金山，品阅博爱城——南京市中小学生创意制作活动"在南京师范大学附属小学仙鹤门分校举行。本次比赛共有来自全市67所中小学校的近300名学生参加。
>
> "钟山龙蟠，石城虎踞"——紫金处处是风景。紫金山主峰海拔448.9米，三峰相连形如巨龙，山、水、城浑然一体，古有之称，早在三国与汉朝就极负盛名。紫金山囊六朝文化、明朝文化、民国文化、山水城林文化、生态休闲文化、佛教文化于一山之中，是为"中华城中人文第一山"。以紫金山为背景的南京市中小学生创意制作活动设置了课题研究成果评比、创意外观赛和创意设计赛三个项目，当自然风光、人文情怀与艺术细胞、科学智慧相碰撞时，将闪现出怎样的火花？让我们去现场领略一番。据了解，在比赛开始前的一个多月，学生们在老师的带领和指导下，围绕紫金山开展了一系列小课题调查研究活动。紫金山的地理环境、植物资源、动物资源、矿石资源、湿地资源、水文气候、天文台科普基地等为学生们提供了多种研究素材，他们从不同的角度来选题并展开研究，体现了活动因地制宜的人文色彩，在探究过程中将多种学科知识交融，融会贯通，最终形成研究成

果报告，比赛当天以团队形式进行了答辩。

此次是南京市首次组织中小学生创意制作活动。由南京市教育局主办，南京市教学研究室、南京市电化教育馆（南京市教育信息化中心）承办。

据介绍，本次活动中，学生们的另一个重要任务，则是需要配合紫金山外观模型，在紫金八景之间架起一座随山势起伏、机关巧妙、环节有趣的过山车模型。一粒小钢珠模拟过山车，其运行全程中无任何动力装置，只在重力的作用下顺着过山车轨道下滑至终点。钢珠经过不同景点的顺序由现场抽签决定。钢珠在轨道上要完成360°的回环、断崖式飞跃等高难度动作，这更是涉及了学生们对于向心力、重力势能、动能、能量守恒定律等物理知识的理解与运用。一粒粒在轨道上或顺行而下或翻滚跳跃的钢珠，就像一个个快乐的孩子在尽情领略紫金山风景。

"南京市中小学生创意制作活动不是一个单纯的竞赛活动，而是融入了文化元素、科技元素、情感元素和成长元素，参加这个实践活动，既培养了孩子们的创新意识、工匠精神和家国情怀，又提高了他们的探究能力、动手能力和合作能力，孩子们在活动中学会了包容、尊重、守则、冷静和坚强，过山车的运行不仅是一种物理态势，更是孩子们的成长印记。"主办方相关负责人表示。[1]

这则新闻报道的是一次学生活动。新闻的第一段文字交代了事件的时间、地点、人物、活动内容和活动主题这几个基本的新闻要素。第二段文字介绍了活动的开展背景，既有"紫金山"的地理人文知识背景，也有学生在赛前的相关活动背景。通过这样的介绍，让受众充分了解了活动主题的由来和学生在比赛前进行的有意义的调查研究活动，对这次活动举办的

---

[1] 本新闻为记者葛灵丹采写，发布于2019年11月10日交汇点移动手机客户端。

意义有了由衷的认同。这么有创意、有意义的活动是谁策划组织的呢？第三段文字中，记者介绍了活动的主办单位。与常规的报道把活动主办单位放在第一段介绍相比，这样的写法显得更为灵活、自然。第四段文字重点介绍了本次活动小钢珠"飙车"紫金山的详细情况，并用"一粒粒在轨道上或顺行而下或翻滚跳跃的钢珠，就像一个个快乐的孩子在尽情领略紫金山风景"这样生动的比喻描绘出了当时的活动场景和活动氛围。

新闻的最后一段，记者用主办方负责人的一段话充分揭示了这个教育活动的教育意义和价值。值得一提的是，作为专业的教育记者，作者始终都非常注意点明、揭示活动的教育性。如：

*当自然风光、人文情怀与艺术细胞、科学智慧相碰撞时，将闪现出怎样的火花？

*学生们在老师的带领和指导下，围绕紫金山开展了一系列小课题调查研究活动。紫金山的地理环境、植物资源、动物资源、矿石资源、湿地资源、水文气候、天文台科普基地等为学生们提供了多种研究素材，他们从不同的角度来选题并展开研究，体现了活动因地制宜的人文色彩，在探究过程中将多种学科知识交融、融会贯通，最终形成研究成果报告，比赛当天以团队形式进行了答辩。

*钢珠在轨道上要完成360°的回环、断崖式飞跃等高难度动作，这更是涉及了学生们对于向心力、重力势能、动能、能量守恒定律等物理知识的理解与运用。

*南京市中小学生创意制作活动不是一个单纯的竞赛活动，而是融入了文化元素、科技元素、情感元素和成长元素，参加这个实践活动，既培养了孩子们的创新意识、工匠精神和家国情怀，又提高了他们的探究能力、动手能力和合作能力，孩子们在活动中学会了包容、尊重、守则、冷静和坚强，过山车的运行不仅是一种物理态势，更是孩子们的成长印记。

通过这些富有教育意味的表述，家长或其他社会人士真正明白了这次活动从主题的选择、项目的设计、组织的开展各个方面都蕴含了哪些教育意义，为主办方精心和专业的设计叫好，也客观引导了他们要让孩子们多参加这样有意义而且有意思的教育活动，帮助他们真正"读懂"了这次活动蕴含的价值。

校园新闻主要是围绕学校的教育理念、育人活动、科研活动、办学成果等方面进行报道。校园新闻一方面必须具备新闻本身真实、新鲜、公开的基本特性，另一方面还要体现出专业性。好的校园新闻，具有较强的专业性和浓郁的"教育味儿"，能起到较好的舆论感染和引导作用。值得一提的是，无论通过哪种形式传播的校园新闻，都可以作为校园事件记录和保存的一种形式，这对学校未来的工作，如编写校史等会有很大的帮助。

·第二节·

学校报道：塑造美好学校形象

学校形象是一所学校在社会上的认知度、美誉度、影响力的集中体现，是一所学校最重要、最活跃的生产力。好的学校形象，可以给学校带来巨大的社会资源和良好的生源，使一所学校长盛不衰。铸就好的学校形象，主要途径有四条：一是培养好学生；二是要有好的科研成果；三是要引领先进文化；四是要有一些有影响的人和事。因此，通过报纸、杂志、电视或是网络等方式进行宣传报道，对于学校来说必不可少。

学校报道的撰写一般有两种方式：一种是学校自己撰写，利用学校的各种媒体向外宣传，也可以向各级媒体投稿，进行更大范围的宣传。另一种是邀请新闻媒体到学校采访，由专门的新闻工作者采写通讯，进行宣传。本节主要讨论学校自身作为宣传主体，在撰写学校报道的过程中需要注意的问题及写作要义。

相对于微信推送的内容来说，学校报道的内容广、时间跨度大、涉及内容多，在撰写过程中，切忌大而全的平面铺陈，要从全局、特色、深度三个方面精心提炼与布局。

一、整体定位宣传目标

学校宣传首先要从整体出发进行谋划和思考，把握好宣传目标，即写什么、谁来写、登在哪、给谁看。特别要把握好学校定位、学校特质、受众区隔①的三角关系。学校定位是指学校当下在社会公众当中的类别和形象，如学校是省内名校还是区内名校，是以专项教育教学见长还是以综合办学水平高知名。在学校定位的基础上努力挖掘学校特质，即学校的特色、经验、绝活儿。写学校的特质，要做到人无我有，人有我精。这两个问题定位清楚了，那么报道谁来写，登在哪，给谁看，就要考虑受众区隔的问题。如果这篇报道的目标只是为了介绍学校最近在教学改革方面的一个新的尝试，经验还不十分成熟，可以考虑发在区级媒体或自媒体上，宣传的目的是展示学校勇于尝试和探索的精神风貌。如果学校有一些重大教改成果或办学经验，并且已经得到了较高级别专家的鉴定或认可，希望作为重量级的教学研究成果在全国推广，产生较大影响，那么可以考虑在国家级媒体上进行宣传。根据宣传的需要和目的，学校再决定是自己采写还是请专业媒体采写。

二、精心提炼标题

俗话说，题好一半文。如果说其他文体的文章题目是"文眼"，学校报道的题目可以被看作它的"灵魂"。在当今"浅阅读""碎片化""即时化"

---

① 受众指的是信息传播的接受者，区隔就是区分和隔开的。受众区隔是指将信息传播的接收者进行区分和隔开的意思。

的阅读背景下，如何让报道在海量的信息中抓住受众的眼球，让他们愿意停留，仔细看下去呢？提炼一个精彩的标题，是最直接有效的途径。标题的适切和精彩，一方面关系到能否激发受众的阅读欲望，另一方面也奠定了整个报道的写作基调和视角。

例如，为了报道苏州市苏苑实验小学的办学经验，记者撰写了题为《"费心的学校"——苏州市吴中区苏苑实验小学印象》的通讯报道。"费心"看上去是一个贬义词，一所让人"费心"的学校有什么值得报道的呢？这样一个与常规宣传表达有冲突的标题迅速引发了读者的阅读欲望。经过仔细阅读，读者发现，原来"这所学校的每一景，每一处，每一事都凝聚着学校、老师、家长、学生共同的'心意'"[1]，管理者精心，老师尽心，家长关心，孩子开心。最后读者不由得和作者产生了共鸣："这可真是所让人'费心'的学校！"此时，读者真正明白了"费心"的意义，并对这所"费心"的学校留下了深刻的印象，发出了由衷的赞叹。这篇通讯报道后来被人大复印报刊资料《中小学管理》全文转载，充分说明了写作的成功。

值得注意的是，对于学校通讯来说，标题的精彩并不是意味着要像"标题党"那样，以语出惊人、夺人眼球为第一标准。题文脱节、言过其实、虚假浮夸的表达都是不恰当的。只有通过独具匠心、切合文意、形象生动的表达使标题出新出彩，才能对读者产生强烈的冲击力，起到画龙点睛、升华主题的作用。

三、巧选报道角度

校园报道一般围绕学校的先进人物、重大改革措施、重大教改成果、重大节日活动、重大赛事活动展开。尽管学校的学生在不断吐故纳新，但学校教育教学生活的基本内容有着周期性和相似性。因此，如何写出"属

---

[1] 颜莹. "费心的学校"——苏州市吴中区苏苑实验小学印象[J]. 江苏教育研究，2010（2）.

于自己的句子"，让常规做法有思考，点滴经验闪光彩，很大程度上取决于能否找到好的报道角度。要想出彩就特别需要有大局意识、示范意识、独家特色。比如每个学校都想利用校庆这个特殊的纪念日，凝聚人气，扩大影响，但真正给人留下深刻印象的校庆报道不多。2012年，南京大学举行了110周年校庆活动，学校抓住"序长不序爵"的校庆原则进行报道，获得了社会各界的广泛好评，至今为人津津乐道。因为在社会浮躁成风、官本位盛行的大背景下，南大的这一做法既弘扬了中华民族尊老爱幼、尊师重教的优秀传统，又很好地彰显了南京大学"诚朴雄伟，励学敦行"的优良校风，更塑造了一个胸襟开阔、境界高远的一流名校形象。这样的宣传效果就完全是由于报道角度的巧妙来达成的。

四、突出亮点，点面结合

在绘画技法中，"亮"是相对于"暗"显现出来的。要想突出亮点，一定要把亮点放到一个暗的背景中，形成明暗的对比。所谓的"学校亮点"也是在一定背景下凸显出来的先进理念、做法和经验。因此，在围绕学校的"闪光点"展开叙述的同时，不能离开这些"亮点"产生的时代背景、社会环境、学校基础。把"点"放到"面"中去讲述，才会显得有理有据，不是空穴来风。把"现在"和"过去"做对比，才能看出学校实践的创新和突破，这样的"亮点"才能给人留下深刻的印象。

围绕主题，需要哪些材料，应舍去哪些材料，哪些要详写，哪些要略写，要认真选择。对于主要素材，要浓墨重彩地写深写透，用细节表达主题，打动读者。但对于次要部分，要概括描述，为主题做好补充衬托。对素材进行加工提炼，分出主次，去粗取精，再运用生动鲜活的语言对稿件进行"组装"，做到点面结合，就能让报道更有张力。

例如，《追寻本真教育，守护生态童年——南京市百家湖小学"本真教育"纪实》这篇通讯中，为了展现学校通过校本培训和教师团队建设提升教学效益和教师素质、营造良好的发展环境这一面，就采用了这样的写法。

"我的课外没有作业"[1]

张勇老师是学校中的传奇人物。因为这个教龄九年的青年教师，所带的三届学生每天都没有数学家庭作业，而每次抽测考试，他所带的班级都在全区名列前茅。许多老师纷纷慕名而来，他们带着疑惑不解而来，想要揭开谜底取得真经回去，于是有的老师跟在张老师的班上蹲点听课，一听就是一两个月。而现在的状态是，张老师所在的六年级，不仅他自己带的班没有作业，平行的其他四个六年级教学班也全部做到了不留课外作业。

他自己总结的教学秘诀是"互动充分、共同反思、注入激情、一练难忘"，可让人引起思考的还有"我每节课前都会看学生的预习稿，预习稿上的题目不多，利用早自习时间就能看完，这让我对自己的教学做到了心中有数。学生的学习哪里是坦途，哪里有障碍，上课时我该怎么带着他们到达目的地，脑子里一下子就有了框架。虽然我的学生没有作业，但我的包里到哪里都带着练习册、试卷。教辅资料，我会琢磨，哪条题目是学生最需要练的，哪条题目对巩固这个知识点是最有效的，更多的时候我会改造这些题目。我讲的例题基本上都是整合而成的，糅合了许多知识点，一题可以多变，让学生从中学会举一反三，灵活应对。我追求的不是'熟能生巧'，而是'一练难忘'"。

百家湖小学现在35岁以下的青年教师占66.3%，拥有一名特级教师，南京市学科带头人3人，南京市优秀青年教师5人，南京市优秀教育工作者2人，区学科带头人、青年教学标兵22人。他们大多都是像张勇这样在百家湖小学一直工作，在百家湖小学这片土壤中成长起来的。

这不得不归功于百家湖小学有效的校本培训和教师团队建设。

在百家湖小学的教学楼里，有两间并不起眼的教室，围排着几张

---

[1] 颜莹.追寻本真教育，守护生态童年——南京市百家湖小学"本真教育"纪实[J].江苏教育研究，2009（14）.

圆桌，教室门口挂着一个牌子"教师俱乐部"，这里没有乒乓球桌、棋牌桌或是其他运动娱乐设施，怎么是俱乐部呢？原来，教师们经常聚在这里活动，有时是"生活茶座"，老师们在这里谈心，聊天，舒缓工作的压力，增进彼此的感情。可老师们往往聊着聊着就聊到了工作，聊到了学生，聊到了教育。有时这里会开展专题沙龙，老师们围绕教育教学中的一个主题相互探讨，相互启发，畅所欲言，等走出教室的时候，往往是用一个"思想的苹果"换回了许多"思想的苹果"。有时这里会举行论坛，学校的特级教师、学科带头人等骨干给老师们开设讲座，进行培训，在成就他人的同时也成就了自我。

在这些不同层次的、宽松的培训方式中，教师们的研究意识渐渐增强了，他们甚至自发地组织了一些专门的研究团队。新成立的数学研究团队"扬帆社"就是其中的一个。

扬帆社的主要负责人、南京市数学学科带头人戴厚祥老师介绍说："这个研究团队是我们学校的一些数学老师自发组成的，得到了校长的大力支持，学校专门给了我们一间教室作为活动场所，还为我们订阅了许多专业杂志。开展了几次活动后，这个研究团队还吸引了很多其他学校的老师参加，如江宁区的周岗小学、上坊小学、清水亭学校等。现在，我们研究团队的第一部研究成果——三十万字的《从思维课堂走向生命课堂》书稿已经完成。我们正在进行第二阶段的研究行动策划。"

百家湖小学的老师们就是在这样的氛围中逐渐成长起来的，而百家湖小学也在成为江苏省教育科学研究基地，在成功完成了多项省市级课题的研究后，于2008年又成功申报了江苏省教育科学"十一五"规划2008年度重点资助课题"构建以儿童文化为核心的本真校园文化的实践研究"。

教师是学校发展的基础，每所学校都在培养教师，培养教师的做法也都大同小异。南京市百家湖小学在教师培养方面有哪些突出的"亮点"值得挖掘和放大呢？作者首先选了一位"亮点教师"——六年级的数学老师张勇，在其他学校、其他毕业班老师加班加点、加大学生作业量以求好分数的大环境下，他"课外没有作业"的"另类做法"显得尤为突出。他是怎么做到不布置作业还让学生成绩名列前茅的呢？通过张勇老师介绍自己的"秘诀"，大家看到了一位真正用心研究、智慧教学的优秀青年教师。

这时作者自然地把这个亮点所在的面牵引了出来："百家湖小学现在 35 岁以下的青年教师占 66.3%，拥有一名特级教师，南京市学科带头人 3 人，南京市优秀青年教师 5 人，南京市优秀教育工作者 2 人，区学科带头人、青年教学标兵 22 人。他们大多都是像张勇这样在百家湖小学一直工作，在百家湖小学这片土壤中成长起来的。"这样由点到面的叙事方式，不仅向读者介绍了百家湖小学教师队伍建设的整体情况，还引发了读者的第二个阅读期待："学校是怎么培养出这么多优秀教师的呢？"

循着读者的阅读心理，作者选择了学校的第二个亮点——"教师俱乐部"进行具体的描述。在这个环节，作者采用了对比的手法进行叙事。先是介绍了俱乐部的环境："有两间并不起眼的教室，围排着几张圆桌，教室门口挂着一个牌子'教师俱乐部'，这里没有乒乓球桌、棋牌桌或是其他运动娱乐设施，怎么是俱乐部呢？"再读下去，发现并不亮眼的硬件环境后面，是教师群体敬业的态度、融洽的人际关系、浓厚的教研氛围、学校领导的大力支持，这些才是百家湖小学教师团队迅速成长、快速发展的真正原因。由此，读者对这所学校的教师队伍建设有了真切的感受和全面的认识。

这篇报道发表后，引发了巨大的社会反响，仅 2009、2010 两年，就吸引了省内和安徽、山东、内蒙古、辽宁、四川等省和自治区的数十所学校前来学习，甚至还有日本学校也远道而来。多名教师应邀外出传授经验，极大提升了学校的知名度与影响力。2011 年 6 月，学校被南京市教育科学研究所命名为"本真文化"项目研究所，成为南京江宁区首家获此殊荣的学校。

学校报道的关键是寻找并提炼出学校的亮点，这不仅意味着找到了学校的"与众不同",更意味着学校对自己的办学思想有了独到和深刻的理解和认识,对自己的办学行为有了清晰的思考和实践,才能拨开实践的具体细节,寻找到"属于自己的句子"。

五、大处着眼,小处落笔

学校报道的最佳表达效果是在突出学校某一方面精彩做法的同时,也能让人感受到学校整体的办学风貌,创造更多的空间让读者去回想。因此,面对纷繁复杂的素材,要做到大处着眼,小处落笔,围绕叙述的视角,精心选择和剪裁。

例如在《"费心的学校"——苏州市吴中区苏苑实验小学印象》[1]这篇学校报道中,作者写作的切入点就选择了每所学校每天都会发生的事:放学。

> 初到苏苑实小,正是学校放学的时候,见惯了放学时校门口的拥堵和家长的翘首张望,对苏苑实小家长的"安静"与"从容"颇有些奇怪,再仔细些看,发现学校门口有一个不锈钢的大架子,上面插着一块块标明班级的班牌。原来苏苑实小放学时,放学走出校门的班级就会把班牌往这个架子上一插,家长来了一看,就知道自己孩子所在的班有没有放学。暂时没有家长接的孩子,也不像其他学校的孩子那样茫然而焦急地在校门口等待徘徊,他们会从容地回到教室做作业、看书。谁家的家长来了,门口的值日老师自会在直通班级的广播里喊两声孩子的名字和班级,听到这声"传唤",孩子再从容地从班里走出来,拉着爸爸妈妈的手,高兴地离去。

学生放学这样一个常规工作,学校能有什么独特和先进的做法呢?其他学校放学时校门口拥堵的现象,为什么在这所学校却被"安静"和"有

---

[1] 颜莹."费心的学校"——苏州市吴中区苏苑实验小学印象[J],江苏教育研究,2010(02).

序"替代了呢？让家长如此淡定从容的，表面上看是学校多了一个不锈钢的大架子，上面插着一块块标明班级的班牌，能让家长及时了解班级孩子的放学情况，仔细分析，发现这个"经验"的背后是学校细致的考虑、周到的安排和科学的管理。

学校从家长的心理出发，在校门口安排了插班牌的铁架子，让"放学看得见"。家长心里有了数，自然也就不慌不忙。没人接的孩子怎么办？回教室边做作业边继续等待，爸爸妈妈来了，有大喇叭通知你，孩子安心，家长更安心。在这样科学的放学流程安排下，秩序、文明、安全、从容的管理文化就自然传递了出来，让人感受到"费了心"的学校就是不一样。作者选择的"放学"这个素材，尽管很小，却很好地展现了学校的管理品质和精神风貌。

> 下雨怎么办？家长和孩子还会这么从容吗？不要紧，向前走，抬头看，走进苏苑实小的校门，在进入林立的教学楼之前，有一条很是宽敞的长廊，与众不同的是，这条长廊的顶端是一片"苍穹"，宇宙银河，八大行星，分布其上。一开灯，星光熠熠，满壁生辉。放学下雨时，它为家长遮风挡雨；下课时，它是最好的科学导引。炎炎烈日，孩子们可以在"这片天空"下跳格子，玩游戏……老师们每天经过这里，仰望"星空"，胸襟开阔，志存高远。或许，投身教育的人，都应该经常仰望星空，经常记起康德的话："世界上有两件东西能够深深地震撼人们的心灵，一件是我们心中崇高的道德准则，另一件是我们头顶上灿烂的星空。"

接下来，作者由此及彼，从"放学"写到了"环境"，并再次选择了校园环境中非常小的一处——"星空长廊"，这条长廊无论是文化设计还是功能设计，都非常有创意。在功能设计上，长廊从冬到夏，可防日晒雨淋，发挥了很多的功用，体现出建筑设计的创意。在"物"的设计基础上，"星空长廊"将科学内涵、文化意蕴和教育价值融为一体，充分体现出这所学校的教育哲学和育人观念，让人对学校的环境设计心生赞叹。

这篇通讯把"放学"和"长廊"这两个细节浓墨重彩地着重铺开，并不仅仅是突出了学校办学中的"闪光点"，更让读者从中感受到学校整个的办学风貌、办学理念和价值追求。

学校报道是学校对外宣传的重要窗口，传递着学校的办学思想、管理文化、育人追求等多方面的信息。因为篇幅或时间的局限，学校报道要用精当的讲述展现出学校的办学特色、经验和成果，在社会、时代、学校的大背景中，挖掘、聚焦学校的"闪光点"，展现出这些做法和经验的"不同寻常"，让学校的美好形象展现在公众面前。

·第三节·
人物通讯：让身边人"立"起来

在学校的日常工作中，总有很多闪光的身边人、身边事，人物通讯就是通过对先进人物的先进事迹的报道，展现其高尚的思想和先进的精神，进而达到树立典型、引领示范的目的。讲好身边人的故事，挖掘他们的闪光点，传播正能量，是人物通讯的主要目的。

要让这些"人物"鲜活、生动地"立"在读者面前，要把握好如下三个要点：

一、把握好人物的身份与特质

在撰写人物通讯前，首先要把握好人物的身份。一个人在不同的场景中有不同的角色身份，"身份的把握就如同建筑物的选址，是人物通讯报道最基础，也是最为关键的一步"[①]。在写报道前，首先要定位好人物的

---

① 张海燕.讲好身边人的故事——把握好人物通讯报道的三个重点[J].新闻研究导刊，2016（19）.

角色身份，展现其特定身份所承载的闪光特质。例如报道优秀共产党员要呈现其作为党员角色的先进性，报道优秀班主任就应主要讲述人物在班主任工作方面的先进事迹。有的人物通讯缺少了明确的"角色边界"，面面俱到地"夸赞"，就容易把人塑造成什么都好的"完人"，反而让人物显得"假大空"，不让人信服。

校园新闻、学校通讯主要写"事"，人物通讯主要写"人"。写"人"与写"事"有很大的区别。事件、活动是客观发生、存在的，重在客观、真实。而人是复杂的多面体，"一千个读者就有一千个哈姆雷特"，无论怎么写，都会带有不同程度的主观性。因此，在写人物通讯的时候，不同的作者去写同一个人物，往往写出来的感觉也不相同。但无论从哪个角度去写，都必须在准确定位人物身份的基础上挖掘人物特点，选择最能体现人物特质的事迹、细节、语言来写，人物才能鲜活起来。

例如，南京市外国语学校是全国知名的"牛校"，多年来，办学成绩显著，英才辈出。这所学校的掌门人董正璟校长也引发了很多同行、家长甚至学生的关注：他究竟用什么办法把这所学校办得这么好？作者在《为你推开那扇门——记南京外国语学校校长董正璟》[1]的人物通讯中，选择了这样一件事来写：

> 在学生眼中，他就是一个"好心肠老爸"。他办公室的门永远为孩子们敞开着，面对孩子们的各种想法和要求，只要有可能，他就全力去协调、去满足。他说："只要是对孩子发展有好处的事，无论什么，我都会支持，都会全力去做。"
>
> 新年篝火晚会，是南外的传统迎新活动，每到岁末，操场上都会燃起熊熊篝火，全校师生围着载歌载舞，共同迎接新年。这一激动人心的场景深深烙在了每个南外人的心里。但在几年前，学校的土质操场铺上了塑胶跑道，出于安全考虑，学校在操场上布置了美丽的装饰

---

[1] 颜莹. 为你推开那扇门——记南京外国语学校校长董正璟[J]. 未来教育家，2012（11）.

灯,将篝火晚会改成了灯光晚会。可学生们感觉这样失去了南外传统的文化氛围,纷纷向董校长上书请愿,要求恢复篝火晚会。董校长和学校行政人员会同消防部门,一连开了十多次会议,专门讨论协商这件事。最终找到了"隔热层+消防车"的双保险方式,恢复了传统的篝火晚会。董校长就是用这样的方式兑现着他对孩子、对教育"爱的承诺"。

"学习最重要的不是成绩,教学最重要的不是考分,管理最重要的不是效率。"在董校长心中,爱不仅是无声的关怀、用心的呵护、细致的考虑,也应当是严慈相济的要求,真心实意的期待。他希望,在南外的每一天都能成为师生们美好的记忆,在南外的每个人都能在爱的滋养中获得心灵的成长和生命的拔节。

  百度一下董正璟校长,会发现他的身份和荣誉称号很多:第九届、第十届、第十一届江苏省人民代表大会代表,享受国务院政府特殊津贴专家,全国优秀教育工作者,江苏省英语特级教师,江苏省教授级中学高级教师,南京市首批基础教育专家,南京市名校长……在诸多的身份和称号中,从哪个角度、选择什么素材来凸显人物的特质呢?

  从通讯题目中可以看出,作者将人物的主要角色定位在"南京外国语学校校长"上,于是她选择了董校长接受学生的建议,恢复学校传统的篝火晚会的事来写。这件事似乎很普通,学生提了建议,校长积极解决,很多校长可能都会遇到这样的事。这件事似乎又不太普通,对于一所学业任务繁重的高中来说,校长花这么大的精力来解决一个"娱乐活动"的问题,还必须冒着"安全风险"。如何回应、解决这件事,实际上反映了校长的价值观念和担当作为。董校长最终的选择和做法让人叹服。通过这件事,读者深刻感受到董校长说的"只要是对孩子发展有好处的事,无论什么,我都会支持,都会全力去做"不是一句口号,"他希望,在南外的每一天都能成为师生们美好的记忆,在南外的每个人都能在爱的滋养中获得心灵的成长和生命的拔节"也不仅仅是他心中的教育理念和教育理解,而是落实在他作为校长每一天的工作、每一个事件的处理中。

南外的篝火晚会时至今日仍然在继续举办,许多已经毕业的学生甚至出国学习的学生都会在12月31号这天回到母校,继续参加篝火晚会。篝火晚会不仅是学校的一项传统迎新活动,更成为了学校的文化符号,深深烙在每一个学生生命的印记中。"恢复篝火晚会"这件事情看似很小,却充分体现出董校长尊重学生、以人为本、关注师生生命成长、勇于担当等不一般的格局、理念和作为。选择这件事来写,不仅非常符合人物的身份和特质,同时也让人找到了南外"多元、开放、包容"的名校气质和文化特色形成的答案。

二、彰显人物的精神力量

撰写人物通讯最本质的目的是让人物的精神力量感染他人、辐射他人,传播正能量。因此,无论是选材还是语言表述,都要从这个核心要义去考虑。哪些事、哪些细节、哪些语言能鲜活地把人物特有的精神力量、先进品行展现出来,就应该着重去写。人物通讯不仅要让人物"活"起来,更要让人物"立"起来。

例如,杨九俊先生在《做麦田的守望者——沈茂德校长的人生境界》[①]一文中写道:

> 他的情感寓于天一校园。说起自己的学校,他的眼里马上会放光。他每天工作14个小时以上,几乎没有节假日,也没有一般人的娱乐休闲,在校园里转上几圈是他最大的休闲。他的动力来自天一校园。在与我的交流中,他曾强调:"我们都以为热量来自太阳,其实脚下的大地才是热量的源泉。"……茂德校长常常引用艾青先生的句子:"为什

---

① 杨九俊.幸福教育的样子[M].南京:江苏凤凰教育出版社,2014:266-267.

> 么我的眼里常含泪水？因为我对这片土地爱得深沉。"热爱孩子，喜欢与纯洁的孩子在一起生活，真爱平静的校园生活，喜欢读书写作，已成为他的生活方式。
>
> ……他清晰地认识到："我们是不是更应该为每一个教师的发展提供尽可能多的条件和机会，为每一个学生个性特长的发展提供最大的可能和帮助？当他们的个性与心灵得到舒展与释放，当他们的生命力奔涌而出，当成批的优秀学生、品牌教师出现时，我们才能说，学校如此美丽。"

沈茂德校长长期担任江苏省天一中学校长，拥有全国教书育人楷模、全国劳动模范和先进工作者、感动江苏教育十大人物、江苏省有突出贡献中青年专家、江苏省特级教师、教授级中学高级教师等多项荣誉称号，在全国享有很高的知名度，并受到业界、家长、学生的高度认可。作者抓住了"守望者"这个关键意象，通过"守住心中的那座山""守住脚下的大地""守住宁静的校园"三个方面，选取了每天工作14小时、最大的休闲是在校园散步、最喜欢的书是《麦田里的守望者》、常引用的句子是"为什么我的眼里常含泪水？因为我对这片土地爱得深沉"这样一些描述，展现了一个热爱教育事业、扎根学校、宁静致远、有着高远人生境界的校长形象。作者没有对沈校长进行过多的主观评论，只是为读者进行了客观的描述。可当这样的一个人物通过自己的言语、行动、爱好……具象地出现在读者面前的时候，读者会不自觉地被他的精神、行为所感动、感染，真切体会到沈茂德校长对教育、对天一中学、对学生的满腔热爱和赤诚投入，被这位全国教书育人楷模的特质深深打动。

人物通讯最大的忌讳是采用"歌颂体"，对人物的描写和评论都应当真实自然、恰如其分，甚至要有些"刻意"地把对人物的肯定"隐藏"起来，尽量用最寻常的事件、最真实的描述、最淡然的语言塑造起人物的"先进形象"，让人物真正在读者心中"立"起来，而不是用浮夸的语言去生硬地赞颂。

三、选择典型细节进行人物刻画

细节是事实的组成部分,也是最能体现人物独特性的典型元素。一篇好的人物通讯需要用大量的细节描写来支撑。生动的细节不仅可以使通讯报道更加富有感染力,还能大大增强文章的可信度及可读性。

"所谓细节,是指事实中人物动作、语言、神态、心理、外貌以及自然景观、场面气氛等细小环节或情节。"[1] 通过人物的语言、动作、表情等细节描写,可以突出人物的个性和心理活动,赋予人物个性化的特征,使人物形象更生动、更立体、更丰满,从而让人记忆深刻。正如穆青先生所言:"有时,一个细节比千言万语生动得多,深刻得多,有力得多。"

例如,北京中关村二小的李烈校长是我国自1949年以来第一位受聘为国务院参事的小学校长,她的同事、特级教师华应龙在《伟大的女性带着我们飞翔》[2]一文中,选择了这样两个细节来展现这位"伟大的女性"的风采。

细节一:一台旧电脑

"谅人之难,帮人之过"是李校长经常说的一句话,每个二小人、每个和李校长打过交道的人都会有深切的体会。一次,我和李烈校长到郑州出差,我帮她拎大包,她帮我拎小包——一个看上去小得多的笔记本电脑包。当她感觉到我的笔记本电脑很重很重之后,关心地说:"小华,你这个笔记本太沉了,外出不方便,我办公室有个东芝的,小得多,回去后拿给你。"后来,学校帮我们重换了轻得多的华硕笔记本,但我还是喜欢用李校长给的小巧的旧笔记本。因为,那小巧的旧笔记本有一种温度,打开它,我会获得更多的灵感。

---

[1] 张海燕.讲好身边人的故事——把握好人物通讯报道的三个重点[J].新闻研究导刊,2016(19).
[2] 华应龙.我就是数学:华应龙教育随笔[M].武汉:长江文艺出版社,2020:220.

在出差"互相帮助"的过程中,李烈校长细心地发现了华老师笔记本电脑重的问题。她立即在回校后把自己的一个更轻的笔记本电脑给了华老师使用。尽管后来学校给老师们配发了新电脑,可这台旧电脑所承载的温暖和情谊却让华老师不舍得更换,并且发自内心地一直被感动着,甚至认为"打开它,我会获得更多的灵感。"

> **细节二:一个电话**
>
> 2009年,我校的"'双主体育人'理论和实践的研究"课题申报北京市教学成果奖,当李校长得知我们是一等奖之后,马上打电话告诉我,让我分享获得市政府奖的喜悦。一个人只有内心真正尊重人的生命价值,把他人尊重为合作的伙伴,而不是指使的工具时,才能像李烈校长一样"第一时间分享喜悦"。

在很多时候,学校的项目成果负责人往往是校长,可参与研究的是整个学校研究团队。当课题研究获奖后,李烈校长第一时间打电话与华老师分享喜悦。于李校长而言,这也许只是一个本能反应,但这个电话在华老师心中却有非同寻常的意义,在他看来:"一个人只有内心真正尊重人的生命价值,把他人尊重为合作的伙伴,而不是指使的工具时,才能像李烈校长一样'第一时间分享喜悦'。"一个普通的电话,折射的是李烈校长的为人境界和品格。

这样一位"伟大的女性",作者并没有选择她的多少"大项目""大谋略""大动作"来写,这两个极为普通甚至是人物自身都没有在意的细节,却恰恰充分展现了人物的精神风貌,为人物"为何伟大"做了最好的"注解"。通过这样的细节描写,"伟大女性"不仅是文章的题目、作者的主观感受,也成为读者心中对人物发出的由衷赞叹。

随着时代的变换和发展,学校宣传已经成为教师教育生活中需要掌握的新技能。校园新闻、学校报道、人物通讯的写作,看上去与专业表达无关，实际上是专业表达在不同教育情境中的"转换"与"变格"。教师要不断丰富和提高自身的专业素养，把握不同文体的文本特征，明晰不同教育情境中的表达要求，才能真正窥探到专业表达的密码，促进自身专业表达素养的不断提升。

第八章
学术规范：遵循专业写作的"法则"

·第一节·
摘要与关键词：论文的"核心图像"

尽管不同的期刊、出版社有不同的风格与撰稿要求，但总的来说，选题新颖、结构合理、逻辑清晰、分析透彻且具有现实意义的论文是公认的优秀的研究成果。学术论文有一定的写作规范，一般要完整包含题目、作者简介、关键词、摘要、正文、注释、参考文献等学术要素。题目、正文以及作者简介这三个要素的含义不言自明，但很多教师对摘要、关键词、注释和参考文献的具体含义和规范却常常"不识庐山真面目"，论文中常常只见其形，不知其义，出现很多不规范的写法，降低了论文的学术水准，也在一定程度上影响了论文的发表。一篇完整的学术论文不仅要具备完整的学术要素，而且要遵循相应的规范。

一、摘要：论文的微缩胶片

摘要是对论文的主要观点进行完整、系统、扼要的表达，通常要包含研究的对象、方法、结果、结论四个方面的内容，要反映出论文的实质内容和创新性。摘要应当用简洁、准确的语言阐述论文的主要观点，并形成一段完整的表述，它应当如同一篇论文的微缩胶片，要达到"见摘要如见全文"的效果。有学者认为，摘要可以看作论文最重要的部分。

很多教师对摘要没有正确的认识，写作时出现很多不规范的写法：有的在写摘要时随意发挥；有的把论文的写作背景当作摘要；有的概括得过于"扼要"，让人无法从摘要中了解论文的主要观点；有的由于概括能力不够，对全文的主要观点提炼不够准确……这直接影响了读者对全文的认识和理解。

从文本的呈现顺序来看，摘要出现在论文标题的后面，正文之前。但从写作的程序来说，要写完正文，才能完整、准确地写好摘要。撰写摘要时，要用第三人称来表达，如"对……进行了研究""报告了……现状""进行了……调查"等。不能把摘要写成对论文标题的解释，对写作背景的描述，或是论文一级标题的"串联"。

摘要的字数不宜过多，通常在200~300字，用准确、规范、客观的语言表达出论文的主要观点即可。在摘要中不宜出现"本文""作者""本人"等主观表述，也不能采用评价性的语言，不要包括任何需要读完全文才能弄明白的陈述。写摘要时，要提炼出论文最重要的观点和内容，各部分内容之间要有严谨的逻辑关系，上下连贯，互相呼应，使摘要成为一个独立、完整的部分。摘要中尽可能多地包含论文的关键概念，以提高论文将来发表以后的检索率。

例如，一篇题为《小组任务型晨会：指向问题解决的道德学习新样式》的论文，原稿的摘要是这样写的：

> **摘要：**晨会课是对学生进行教育的重要载体，学生的常规思想行为、习惯教育、班级生活事务成了现在晨会课的主要内容，晨会课教育价值的体现日趋淡化。在伙伴式德育理念下，我们对生生关系以及师生关系有了全新的认识，将教师角色定位于儿童的伙伴，生生、师生之间形成的是一种全新的伙伴关系。带着这样的理念、认识，我们重新设计了晨会课，实行"小组任务型晨会"德育实践新样态，是重塑晨会课教育价值、打造伙伴式道德学习的一个实践新亮点。

这个摘要一共有三句话。第一句话作者是想说明晨会课的重要性及当下晨会课存在的主要问题，这应该是在正文部分介绍的内容，不宜放在摘要中，而且语言表述过于生活化，存在语病，不符合准确、规范的语言要求。第二句话表达了晨会课设计的理论基础，但不够简明扼要。第三句话没有用第三人称来表达，用了"我们"的主观表达，而且表述中对"小组任务型晨会"做了主观的评论"一个实践新亮点"。这些都不符合摘要客观性的写作要求。更重要的是，从整个摘要中，读者无法看出"小组任务型晨会"是一种什么样的晨会形式，更无从知晓它是如何指向问题解决，成为一种新的道德学习样式的。整个摘要没有说清论文的主要观点和内容，还存在很多语病，需要大幅度地修改。

根据以上分析，经过修改后的摘要如下：

> **摘要：**晨会课是对学生进行教育的重要载体，基于伙伴式德育理念的小组任务型晨会是弥补当下晨会课诸多不足的全新探索和尝试。在小组任务型晨会的设计中，问题是学生设计晨会主题的出发点，小组是解决道德问题的伙伴学习形式，教师是小组任务型晨会的支持者。在晨会课的设计和实施过程中，学生学会了共同生活、平等合作、奉献分享，实现了真正的道德生长。

经过修改后的摘要观点明确，思路清晰，包含了论文题目中的重要概念。由此我们不难看出，摘要和正文同等重要，甚至更为重要。摘要是文章留给读者的第一印象和整体印象，摘要的质量不高，会让很多读者或审稿人失去继续阅读全文的兴趣，文章被阅读、被发现、被引证的机会就会大大减少。对作者来讲，一段失败的摘要，犹如一次糟糕的第一次会面，会给自己带来巨大的损失。因此，在完成论文以后，一定要对摘要仔细推敲，把这段独立、完整、能充分展示论文核心观点和主要内容的文字写好，能在很大程度上提升论文的学术水平，扩大论文的社会影响。在某种程度上，摘要也可以作为一个诊断工具，如果你无法写出一个符合上述要求的摘要，那么说明你的论文的主题和论点还不够清晰。

二、关键词：界定写作的边界

何谓关键词？关键词是从论文的题目、摘要和正文中选取出来的、贯穿全文的关键概念或专业术语。关键词的主要作用是界定论文写作的主题和边界，便于信息系统汇集，给文章准确定位，供读者检索。好的关键词可以帮助读者及时找到相关论文，使作者的文章被更多相关研究者关注、引用，产生更大的社会影响力。如果关键词选择不当，论文将来的检索及引用率就会受到影响。

例如，标题"互联网+背景下小学语文课堂教学设计的变革"中，哪些词是关键词呢？依据这个题目，关键词应该是：互联网+、小学语文、课堂教学、教学设计、教学变革。"互联网+"界定出本文的时代背景，"小学语文"这个关键词界定了本文聚焦的具体学科和学段，"课堂教学""教学设计"这两个关键词界定了变革的主体，"教学变革"表明了本文论述的主要问题。因此，这几个并列的关键词语拉起了一张网，有效、准确地给论文划定了写作边界，可以帮助检索者更快、更准确地找到这篇论文。

作为关键词的词语，应是具有检索意义的学科专用名词或名词词组。关键词须概念清楚、确切，避免多义性，不能是修饰用语或文学词汇，如用"丰富""生动"等形容词作为关键词，或是把"问题解决""原因剖析"等方法类的词汇作为关键词。

有的关键词可以完全从论文的题目中析出，例如《教师教学研究：提高专业实践能力》一文，关键词就是：教师教学、专业实践能力。有的文章题目中可能只有一个重要概念或术语，其他的关键词就必须从正文中去寻找。例如《关于教学"情感失真"问题的几点思考》这篇论文，该论文题目中的重要概念只有一个——情感失真。尽管如此，"情感失真"这个词还不能作为关键词，因为这个概念不是来自教育学领域。将"教学情感"作为关键词更准确。除此之外，针对这个题目，其他关键词就需要从论文中去挖掘和提炼。这时候的原则就是尽量去寻找那些与"教学情感"这个关键词有紧密联系的概念,如"情感体验""情感教学"等。

关键词的主要作用是表明论文的论述范畴,一般为3~8个,通常在文章写完后,和摘要一起写,这样便于整体把握,也更加精准。

因此,在标题之后、正文之前出现的摘要和关键词,犹如论文的核心图像,界定了论文的写作边界,表明了论文的主要观点,介绍了论文的主要内容,呈现出论文的关键信息,是论文给读者的第一印象和整体印象,其作用不可小觑。

· 第二节 ·

参考文献:论文写作的信息清单

在撰写学术论文的过程中,引用、参考、借鉴他人的研究成果或思想观点,是一个重要的写作手段。在自己的论文中引用已经公开的文章的片段说明问题,或者引用经典、权威论断来论证观点,称为"合理引用"。《中华人民共和国著作权法》明确规定,为介绍、评论某一作品或者说明某一问题,在作品中适当引用他人已经发表的作品,应当指明作者姓名、作品名称。因此,如果文章中使用了他人的学术研究成果,都必须在正文中标注,并在文末用参考文献的方式呈现出来。参考文献不仅反映了研究者的研究基础,是作者严谨、负责的学术精神的体现,也是判断论文学术水平高下的重要指标之一。

参考文献分为阅读型参考文献和引文参考文献。阅读型参考文献是指作者为撰写或编辑论著而阅读过的信息资源,或供读者进一步阅读的信息来源。引文参考文献是指作者为撰写或编辑论著而引用的信息资源。对于学术论文来说,参考文献是指在写作的过程中参考、学习过,并在文章中以直接或间接的方式引用过的文献,作者需要在论文的末尾,标注详细的信息来源,因此参考文献可以看作文章中作者引用他人信息的"信息清单"。

1. 参考文献的选择

文后参考文献的质量，可以反映出作者的科研能力和学术水平。如果作者引用的文献新，文种广泛，具有权威性，说明作者的学术信息来源广泛，学术判断和选择的能力强。一般来说，这样的论文写作基础扎实，起点高，学术性也会比较强。反之，作者引用的都是一些非主流的期刊、非权威作者的研究成果，时间也比较久远（经典文献除外），文章的质量也会受到影响。

选择参考文献可以从以下几个方面来考虑：

一是最好选择公开发表的，来自权威期刊、权威作者的文献。引文最好是他人已经发表的作品，不易产生知识产权争议。还没有发表的文章或刊登在内部刊物上的论文，也可以引用，但应当注意准确记录作者姓名、作品名称以及登载该作品的刊物名称、出版时间、期数等信息，最好能保留一份登载该作品的刊物，以便日后查证。

二是除了一些经典理论外，最好引用近五年权威人士或权威期刊发表的具有较高学术水平的论文。这些文献一般能代表本学科领域最新、最权威的研究成果，科学性和学术性更高。若引用的文献出自层次不高的期刊，引用的观点、理论和方法很可能不具有代表性和权威性，甚至存在科学性错误，就失去了引用的价值和意义。

三是如果具备较好的外语水平，可以兼顾参考外文文献，借鉴、吸收国外先进的研究成果。

四是在引用传统的文献类型（图书、报刊等）的基础上，可以使用数据库、电子图书、电子报刊、电子软件等电子文献，使文献来源更广泛。

2. 参考文献的运用

参阅文献资料并恰当运用，是学术论文写作的基础和必需。如果文章没有任何参考文献或是引用的文献数量太少，反映出作者在写作前没有进行前期的文献研究，对本领域研究动态把握不够，不善于利用他人的研究成果，研究的起点较低。反之，如果论文中大幅度地引用他人的观点和材料，自己的文章成为文献的拼接，也反映出作者不善于提炼和利用文献来说明问题，文章的原创程度不高。司马迁认为，博览群书、广为考察，其目的就是"亦欲以究天人之际，通古今之变，成一家之言"。引用并非亦步亦趋、拾人牙慧，而是需要作者在阅读相关文献资料时，创造性地思考，进行自我辨析与发现，从经典著作、经典思想观点的间隙中探寻新的"空隙"，用于分析问题、说明问题，拓展自己的思路，正所谓"读书得间"。

文献的引用方式有三种：完整引用、部分引用、概述引用。不同的引用方式写法规范也不同。

例如，以下为《道德教育与思想政治教育之比较——基于开放系统的视角》[1]一文中的两段话，这两段话中就出现了三种不同形式的引用。

> 美籍奥地利裔生物学家、系统论创始者贝塔朗菲（V. Bertalanffy）被认为最早提出了开放系统理论。在他看来，开放系统是与环境交换物质的系统，表现为输入和输出、物质组分的组建与破坏。他把没有物质输入或输出的系统叫作"封闭"系统，而把有物质输出的系统叫作"开放"系统。[1]贝塔朗菲将研究视角触及"作为整体的人类团体、社会和人性"的社会科学领域，斯科特（W. Scott）等人在此基础上将开放系统作为一种视角阐述组织理论。作为一种"学术部落"，道德教育与思想政治教育以一定的组织形式存在，构成各自独立的系统，拥有各自的边界，与环境发生着密切关系。从开放系统的视角进行分析，意味着关注系统的不同层次（包括个体参与者和参与者组团）的复杂性和易变性，并将系统与环境作为一个动态的整体进行考察，从不同角度对组织与环境之间的相互依赖关系给予充分的关注。
>
> 对于开放系统而言，"边界"问题十分重要。组织与环境之间、不同的组织之间都存在着边界。"根据定义，所有集体，包括非正式群组、

---

[1] 陈卓.道德教育与思想政治教育之比较——基于开放系统的视角[J].江苏教育研究，2017（1A）.

社区、组织以及整个社会，都拥有使它们与其他系统相区分的边界。"[2]当个体跨越系统边界时，他们的行为会发生变化。"如果承认协调行为的系统包括的是行为而不是个体，那就很容易确定某个具体的人是不是一个组织成员……组织是结构化的活动的总和，组织随时从事这些活动，拥有启动、保持和终止这些行为的权限。组织的边界就是它的这种权限的终止之处，那里也是另一个组织的这种权限的开始之处。"[3]

参考文献

① 〔美〕冯·贝塔朗菲.一般系统论——基础、发展和应用［M］.林康义，戴宏森，译.北京：清华大学出版社，1987：113-132.

② 〔美〕斯科特，戴维斯.组织理论：理性、自然与开放系统的视角［M］.高俊山，译.北京：中国人民大学出版社，2011：142.

③ Pfeffer, Jeffrey & Salancik, Gerald R.*The External Control of Organizations*: *A Resource Dependence Perspendence Perspective* ［M］.NewYork：Harper & Rew，1978：32.

引文①是一种概述引用，即用自己的语言把原文的观点内容加以概括，进行引用。这种引用方式适用于需引用他人的主要观点，但原文内容较长，需要作者用自己的语言扼要概述再进行引用的情况。从与其对应的参考文献也可以看出，这个表述是作者从113~132共20页的原文内容中概括出来的。用自己的语言表述别人的观点，这样的引用需要注明观点来源，但不需要把引述的观点放在引号里。

引文②是完整引用，即直接将文献中的某句话完整地、原封不动地引用过来。这种完全引用，需要把引述的内容放在引号里，加以标注。对某句话的直接引用，参考文献的标注通常需要精确到这句话所在的准确页码。

引文③是部分引用，即作者只选取了原文的部分内容加以引用，中间略去了部分内容（从省略号可以看出）。这部分引用的内容尽管有所删减，但仍然完全是原文的表述，所以需要把引述的内容放在引号里，加以标注。

通过这样的引文标注，可以把别人的观点、内容和自己的原创部分区分得清清楚楚、明明白白。如果作者大段引用他人的论文而只标注一小部分或不标注，就可以算作抄袭了。

需要注意的是，引文要准确，不能多引、漏引和错引。

例如，"教育就是一棵树摇动另一棵树，一朵云推动另一朵云，一个灵魂唤醒另一个灵魂"这句话，被引频次相当高，引用这句话的作者，大多会说明这是德国哲学家雅斯贝尔斯的名言，甚至会注明这句话出自雅斯贝尔斯的《什么是教育》这本书。后来经过有心读者的追证发现，这句话根本不是雅斯贝尔斯说的，也根本不在《什么是教育》这本书中，而是出自中国学者之笔。① 因此，参考文献必须是作者亲自阅读的原始文献，这样才能确保所引文献的正确性。不能想当然、凭感觉写出处，造成引文与文献出处不符，产生张冠李戴的科学性错误。

事实上，所有的写作者都知道抄袭的危害性，有些抄袭是作者为了自身利益有意为之，有些抄袭是作者对引用规则缺乏了解造成的，因此了解和学习引文、参考文献的著录规则是十分必要的。

3. 参考文献的著录规范

如实、规范地标注参考文献不仅可以表明作者尊重他人知识产权、诚信科研的态度，也可为研究相同主题的人提供文献信息来源，便于他们进一步查阅有关资料，开展学术研究。一般说来，书籍通常采用脚注的方式标明引用信息来源，论文通常使用尾注的方式呈现整篇文章的引用信息来源。

文后的参考文献是一张作者引用他人成果的信息清单。引文的数量、顺序与参考文献的数量和排列顺序应该是一一对应的。换句话说，在正文中出现了几处引文，文末就应该有几条参考文献。如果只是正文中标明了引用，文末没有用参考文献的形式提供文献的详细来源，或是文末有信息来源，可是正文中没有标注出哪些部分是引用的，都是不规范的，同时，也容易造成抄袭的事实后果。

---

① 裴伟.一句教育名言的"出口转内销"［N］.南方周末，2019-11-07。

参考文献的著录规则可以按照《信息与文献 参考文献著录规则》[①]来写，详细、准确地注明作者姓名、作品名称和信息来源。常用的参考文献类型用字母标识，具体如下表。

表 7.1 文献类型标识代码

参考文献类型	文献类型标识代码
期刊	J
普通图书	M
会议录	C
学位论文	D
专利	P
技术标准	S
报纸	N
报告	R
汇编	G
档案	A
其他	Z
数据集	DS
电子公告	EB
数据库	DB

备注：电子文献载体类型的标识方法为［文献类型标识/载体类型标识］

下面对常用类型文献的规范著录格式分别示例说明。

1. 期刊

例：钟启泉．"实践性知识"问答录［J］．全球教育展望，2004（4）：3-6．

2. 图书

例：张伯伟．全唐五代诗格会考［M］．南京：江苏古籍出版社，

---

① 中华人民共和国国家质量监督检验检疫总局、中国国家标准化管理委员会 2015-05-15 发布，2015-12-01 实施。

2002：288.

3. 报纸

例：丁文详.数字革命与竞争国际化［N］.中国青年报，2000-11-20（15）.

4. 汇编

例：中国职工教育研究会.职工教育研究论文集［G］.北京：人民教育出版社，1985.

5. 会议录

例：中国社会科学院台湾史研究中心.台湾光复六十五周年暨抗战史学术研讨会论文集［C］.北京：九州出版社，2012.

6. 报告

例：中华人民共和国国务院新闻办公室.国防白皮书：中国武装力量的多样化运用［R/OL］.（2013-04-16）［2014-06-11］.http：//www.mod.gov.cn/affair/2013-04/16/+content-4442839.htm.

7. 学位论文

例：吴云芳.面向中文信息处理的现代汉语并列结构研究［D/OL］.北京：北京大学，2003［2013-10-14］.http：//thesis.lib.pku.edu.cn/dlib/List.asp?lang=gb&.type=Reader&.DocGroupID=4&.DocID=6328.

8. 电子公告

萧钰.出版业信息化迈入快车道［EB/OL］.（2001-12-19）［2002-04-15］.http：//www.creader.com/news/20011219/200112190019.html.

如果一篇论文文内不标注参考文献的序号，混淆参考文献和注释，参考文献严重缺项或不合规范等，可以看出作者缺乏学术论文写作的经验。反之，作者标引参考文献的意识和能力提高了，论文的质量也会大大提高。

三、注释：说明你想说明的一切

注释是对论文的补充说明。一般说来，有这样几种情况需要通过注释来说明：

1. 注明论文所属科研项目的具体信息

> 注：本文系江苏省教育科学"十二五"规划 2013 年度重点资助课题"基于不同文体的小学阅读教学'语用型'课堂构建研究"（课题编号：B-a/2013/02/065）的阶段性研究成果之一。

此类注释可以详细说明论文的科研项目类别、名称、批复时间及批准文号，文章标明此类信息后，说明了论文的研究背景，也可作为今后科研项目的结项成果。

2. 对文中相关表述进行背景或补充性说明

例 1：《"小房子"的价值隐喻：自然、文明与儿童学习——"城市小农夫田园课程"的教育文化哲思》[1]一文中有这样一句话："的确，天无私覆、地无私载，天地之间包蕴着自然的大智慧、彰显着人类的大教育，'把天地间的大智慧作为礼物赠送给孩子'，这其实就是'田园课程'所应秉持的深层教育价值。"在这句话中，作者用注释的方式对"把天地间的大智慧作为礼物赠送给孩子"进行了说明：

> 注：这句话不是源自某本经典著作或名家警语，而是出自一位修习"田园课程"的儿童之口。当我问，"小农夫田园课程"带给你的最大收获是什么，她说，"我最大的收获是收到了大自然给我的礼物"。

---

[1] 吕林海．"小房子"的价值隐喻：自然、文明与儿童学习——"城市小农夫田园课程"的教育文化哲思［J］．江苏教育研究，2019（1A）．

> 我深以为，儿童的眼界中流淌着意大利人文学者维科所谓的"诗性智慧"，他们拥有着最具爆发力和想象力的智慧，遂将她的这句很有意蕴的话略作改编，以"把天地间的大智慧作为礼物赠送给孩子"作为核心观点加以呈现。特此说明。

作者通过注释说明了文章中"把天地间的大智慧作为礼物赠送给孩子"这个观点的由来：不是出自相关文献，而是来源于作者与儿童的智慧对答。这样的注释不仅让文章更为严谨，也充分说明了作者对儿童的尊重和赞赏。

此类注释是对背景情况的说明，还有的注释是对文中相关内容的补充。

例2：问卷由两部分组成，一部分是直接引用全省义务教育学生学业质量监测学生问卷中的内容，约占整个问卷的70%。

> 注：江苏省义务教育学生学业质量监测学生问卷调查的内容包括：学生基本情况、师生关系、学校满意度、学习动机、学习自信心、学习方法、教师教学方式等。

这样的注释就是为了进一步说明全省义务教育学生学业质量监测学生问卷涉及的具体内容，以让读者对论文表达的相关信息有更完整的认识。

3. 致谢

在文章的写作过程中，作者有时会得到来自不同方面的人的学术支持，这些支持者有的提供了相关资料，有的共同参与了讨论与研究，因为他们对文章的贡献无法具体衡量与标注，为了尊重他们的学术贡献，也为了表达谢意，作者有时会用注释的方式予以说明。

例如，《区域智慧教育大平台建设的思考与实践——以苏州高新区智慧教育时空云为例》[1]一文，因为成文过程中需要很多相关的专业资料，作

---

① 张必华.区域智慧教育大平台建设的思考与实践——以苏州高新区智慧教育时空云为例［J］.江苏教育研究，2019（12A）.

者在注释中特别说明：

> 注：在本文撰写过程中，中科地理科学与技术研究院从卫兵研究员提供了大量相关资料，在此表示衷心感谢！

4. 对某些关键概念做出界定或解释

在写作时，有些概念有特殊含义或具体所指，可用注释的方式予以说明，以免造成歧义或引起读者的困惑与争议。

例如，李政涛、罗艺撰写的《教育智能时代的生命进化及其教育》[①]一文中，就通过注释具体界定了"人工智能"的含义，为下文的论述做好解释、说明。

> 注：与来自自然进化的人类智能相比，人工智能由人类制造，以机器为主要载体。现阶段人工智能仍以模仿人类智能为主要发展目标。虽然关于人类智能的定义并没有形成统一的标准，但人类的根本特征在于其具有认识世界、改造世界的能力。因此，本文将"人工智能"定义为具有认识世界、改造世界能力的人造机器。

·第三节·

投稿规范与技巧：细节决定成败

每位作者都希望自己投出去的文章能被录用发表，学术水平和质量当然是文章是否被录用的决定性因素，但有些投稿规范和细节，有时也会影响文章的采用与否。注意以下相关事项，可以大大提高作者投稿的录用率。

---

① 李政涛，罗艺.智能时代的生命进化及其教育［J］.教育研究，2019（11）.

1. 了解刊物的风格和定位

投稿并不是简单地找到某本杂志的投稿邮箱，点击"发送"就可以了。不同类别的期刊，收稿范围、栏目设置、刊文风格、投稿方式、文章要求和读者群体均不同。因此，在投稿前必须对目标期刊的定位有深入了解，确保所投文章与目标期刊的定位、要求相符合，不可盲目投稿，否则很可能遭遇退稿。

例如，《教育研究》杂志是中国教育类杂志的权威期刊，上面大多刊载高校教授撰写的、理论性较强的论文。如果中小学老师写了一篇如何设计班会活动课的文章，就不可能刊载。因此，建议投稿前，作者要对所投期刊有所了解和研究，最好对一些适合自己的期刊能长期关注，知己知彼，方能百战百胜，如果盲目投稿，很有可能石沉大海。

2. 明确投稿要求

不同期刊对投稿的要求不一样。有的杂志要求作者投稿到指定邮箱，有的杂志要求寄送纸质稿件，有的杂志需要专家推荐意见，有的杂志规定论文篇幅不能低于3000字……这些规则和要求是各个杂志规定的论文投稿的底线要求，作者要严格遵守这些规定，按照要求投稿，才能不触及退稿的红线。如果投稿前不仔细阅读这些投稿细节，文章很可能直接被退回。

3. 投稿前多做润色修改

海明威有个看似不太文雅的比喻：任何论文的初稿都是"狗屎"。但话糙理不糙，文章和美玉一样，需要不断地雕琢，才能越来越精准、明白。

投稿的最佳时机，并不是文章新鲜出炉的时候。作者要像"晾香肠"一样，把写好的论文暂时搁置起来，隔一段时间再回头细读，就会发现许多问题，这时可以修改原稿；修改完成后，搁置一段时间，再次仔细阅读，又会发现有不合适的地方，有时还会产生新的思路……如此循环修改，直至改无可改，才能慎重地投稿。

在修改文章的过程中，要围绕论文的中心论点和分论点修改材料，补充不充分的材料，调换空泛、陈旧的材料，删除不实、不当、可有可无的材料。要检查文章的结构是否完整，中心是否突出，层次是否清楚，思路是否通畅，详略是否得当，论点与论据、中心论点与分论点之间是否有严密的逻辑性。要对生造词语、词类误用、错别字和不规范的简化字、自造词进行删改，把结构残缺、搭配不当等不合语法的句子改正，检查标点的用法是否正确，论文格式是否规范。修改时，论文中的图表、符号、公式、数据也要仔细检查，避免出错。

那些语句不通、错字连篇、观点散乱的文章，即使投了出去，也不会有回响。更有甚者，这样的稿件给编辑留下了不好的印象，下次再投稿时，被录用的概率就更低了。

4. 清晰、美观的排版

漂亮、规范、合乎期刊要求的文章排版恰如一件合体的外衣，会给编辑留下良好的第一印象，也能增加文章的印象分。一篇开头都没有空格，字体大小不一的文章，很难让人产生这是一篇优质论文的想法。因此，作者在完善论文的时候，除了注意内容的修改完善，还应关注期刊的排版要求，对照排版要求认真修改版面。合适的字体、字号、行间距……就是在为文章做最后的润色和加工。

5. 留下联系方式

稿件投递时，作者一定要按照要求留下详细的个人信息，便于编辑及时与你联系。有的作者忽视了这一点，没有留下个人的电话或是电子邮件地址，使编辑无法与作者联系，本来能够被发表的文章也因此错失机会，实在是非常可惜的。

作者投稿后，能够在系统里查询得知的信息尽量不要再向期刊的编辑进行咨询。如果需要撤稿或是对论文进行重大修改，要及时通过电话联系杂志编辑。

每篇论文都如同作者亲身孕育的"新生儿"，需要作者对它的真实性、准确性、规范性负责。作者要通过不断的雕琢完善自己的文章，并为它寻找合适的舞台，实现发表的"纵身一跃"。投稿未被录用是每位作者都会遇到的事情，坚持写作，不断成长，发表的惊喜终会降临到你的面前。

后 记

当为这本书画上句号的时候,记忆中许多跟写作有关的故事不由得涌上心头。

记得小学二年级的时候,我被学校选中,参加了市级小学生"看图说话"比赛,没想到获了全市一等奖,刷新了我所在的那所不起眼的郊区小学的获奖纪录,乐得语文老师每天放学都喊我一起走回家,在一个孩子心中,这可是比获奖证书还要值得"炫耀"的殊荣。要说获奖秘诀,可能是因为我当时已经读完了妈妈给姐姐买的所有小学生作文选。二年级的我说着"近了,近了,春的脚步近了,燕子在呢喃……"这样的句子,捧回了我人生第一个正儿八经与表达有关的奖项。

工作第一年,学校组织老师们参加江苏省"教海探航"征文比赛,因为交稿日期晚了一天,负责收稿的老师说:"材料已经交上去了,你刚工作,要不明年再参加……"我想着写都写了,就骑车自己把稿件送到了区教科室,温和善良的赵老师收下了我人生的第一篇论文。三个月后,学校收到了区教育局发下来的喜报,江苏省"教海探航"征文比赛,全区有三名老师获奖,我是其中一个。校长让我在全校大会上介绍一下写作经验,我只记得上台后我说的第一句话是"这次比赛,我有一种范进中举的感觉……"

后来,陆续参加了许多比赛,也陆续获得了很多奖项。记忆最深的是那年参加在无锡举办的江苏省"师陶杯"论文比赛颁奖活动,敬爱的成尚荣所长听说我已经连续三年获得"师陶杯"论文比赛的一等奖，对基教所的负责同志说："像这样的老师，我们应该给他们创造更多的学术研究和学习的机会，比如把他们送到南师大、华师大去研修学习……"虽说这种美好的期待后来没有真正得以实现，却激发了我潜意识里继续去高校学习的念头。如今，每当我看到整整齐齐排列在书柜里的一大排经典教育理论书籍（三年的一等奖奖品），就想起那段"实践—写作—领奖—再出发"的美好时光。

后来，因为斩获了许多论文比赛的奖项，就开始尝试投稿。记忆最深的一次是下班路上，我在凛冽的寒风中骑车回家，没想到接到了《思想理论教育》编辑部余老师的电话，她说："今天我们编辑部对你的来稿展开了激烈的讨论。我们觉得你的文章真实、深刻地写出了当下小学德育教师专业发展的现状和问题。最后编辑部一致同意全部刊发这四篇系列论文，但文中有些措辞可能过于激烈，需要你再进行修改……"天哪，我简直不敢相信自己的耳朵，一个重点期刊，连续刊发一个普通教师的四篇论文！迄今为止，我都把这次发表视作自己专业写作生涯中的一个里程碑。

记忆中还有许多跟写作有关的动人故事，似乎在冥冥中为我奠定了下一段职业生涯和研究旨趣的机缘。

2008年，我来到了《江苏教育研究》杂志社，从一名老师、作者转变为"编者"，开启了人生的第二段职业生涯。在这15年间，读稿、选稿、审稿、编稿、策划、加工、出版……成为我工作的主旋律。行走在江苏基础教育的广阔天地中，穿梭在教育理论与教育实践之间，在指导教师写作的过程中，我越来越深切地体会到"教育写作"在教师教育生活中的重要性。许多有热情和梦想的老师，在专业成长的道路上执着前行，可因为缺少洞察、提炼和成果表达的能力，总是迈不过实践与理论之间的那道坎；当他们克服了重重困难，付出了种种努力，想要实现纵身一跃的时候，最后发现制约他们的往往是"不会写"！不会写，万般精彩的教育实践，更与何人说？不会写，教师可能永远停留在实践细节的沼泽中，无法再进一步。不会写，教师无法领略更多的教育风景，走向更广阔的教育天地。

可当我把目光投向教师教育写作研究，却发现：教育写作一直是教育学研究的边缘问题，大多数学者认为教育写作只关乎研究成果的梳理与表达，而无法构成一个值得探索的研究问题。"如何写"，作为经验表达的外在形式，被看作一种写作技巧，少有人问津。尽管有些优秀教师从个人的专业成长经历出发，高度认同教育写作的价值，认为教育写作可以优化教师的知识结构，帮助教师从知识的搬运工变为理论的创生者，还可以丰富教师的专业智慧，影响教师的专业习性、专业信念、专业素养、情感与态度，使他们体验到职业的幸福。正如当代教育家魏书生所说："结合实际去写，就逼着自己去看更多的书，在实践与写作的过程中又加深了自己对理论的理解，养成了用理论去指导实践的习惯，是一举多得的好事。"

但在现实中，大多数教师未能认识到教育写作的丰富功能和价值，仅仅将写作视为职称评审的规定或业绩考核的要求，从而使教育写作在教师教育生活中大面积缺位。据《中国教育报》报道：我国城市中小学教师中有八成以上从未在报纸、杂志上发表过文章，教师为了功利性目的，抄袭论文等现象也时有发生。面对教育写作，中小学教师普遍存在畏难、自卑、应付等心理障碍。

究其原因，一是教师的研究和写作素养缺失，对丰富的教育实践缺少洞察、认识、提炼、概括和成果转化的能力，二是教师在职前培养中没有经过系统的训练（师范院校没有专门的教育写作课程和教材），三是入职之后，学校没有足够的力量开展专门培训，提供专业人员指导。因此，大多数老师的写作只能靠模仿和自悟。很多教师因此畏惧教育写作，认为这种专业技能"纯属天赋"，不可学，甚至"自觉"地把自己列到"不会写"的队列中。其实，那是努力了很久却不见成效的一种无奈。再加上缺乏持久的写作动力，很多教师心生倦怠，放弃了写作，最终专业发展受阻。

教师要提升专业表达水平，除了"多读书、勤思考、多动笔"的九字箴言外，还有规律可循吗？除了少数有天赋的教师外，能不能让更多教师学会专业表达，突破专业发展的瓶颈，体会到专业发展的自信与幸福？我尝试用教师"听得懂"的方式给他们讲明看似"说不清"的写作门道，帮助他们打通"从实践走向理论"的最后一公里。

2012—2013年，我在《江苏教育研究》策划开设了"教育写作"栏目，约请教育科研和写作方面的行家里手为该栏目写作。这些文章因为操作性强，贴近教师写作实际，引发了教师、学校的热烈反响。很多学校将这个栏目中的相关文章推荐给老师，作为专业学习的重要材料，栏目中的多篇文章被人大复印报刊资料全文转载，实现了栏目策划的初衷。可由于约稿对象的局限、出版周期的漫长和教育理论刊物辐射力的有限，这些努力仍然显得零散和微弱。

教育写作是有特定边界和内涵的。作为一种专业表达，写作者不仅需要具备选题立意、谋篇布局、修辞表达等通识意义上的"写作知识"，还需学习"专业写作知识"，也就是对各类教育写作文体的学习研究。教育叙事、教育案例、教育论文、调查报告、校园通讯、文献综述等不同的文体，是当下中小学教师基本的教育教学研究成果表达样式，但各有其文本特征和写作技巧。教师作为写作者，应当具备明确的文体意识，了解各种教育文体的含义、功能、特性、分类、材料获取、写作方法和注意事项；学会辨析相近、相关文体的联系与区别；弄清撰写时易入的误区、困难及对策等。有了这些理论的涵养和指导，并不断地开展写作实践，教师在写作时就能理解其中的学理，在认识上"辨体""明体"，写起来又合乎规范，做到"合体""得体"，这样教师的专业写作水平就能快速提升。

有人说，编辑就是为他人做嫁衣，我却希望更多的老师能自己学会做嫁衣。因此，结合自己多年来编辑期刊与指导教师写作的经验，我试图从"教育写作研究"的视角出发，在本书中将教师教育生活中可能遇到的教育文体一一打开，提炼出每类教育文体的文体特征和写作之道，尝试从知识和技术层面切实解决中小学教师"写作难"的问题，为教师专业表达能力的提升提供一条可学习、可操作、可实现的技术路径，真正化解教师的专业写作之痛。当然，教师想提升专业写作素养，除了要在学理上、技术上掌握一定的策略方法，还需要在实践中不断探索与思考。因此，在本书中，也依据各类文体的特点，从教育实践的角度对教师写作提出了行动建议。

我相信，当每一位教师都倾情投入到自己的教育生活中去，并逐步养成"观察生活—积淀学识—深度思考—持续写作"的专业生活习惯，终有一天，他们会超越技术写作的层面，进入自由写作的状态，让自己丰富而又生动的教育生活自然而有意义地在笔尖流淌出来。真心期待在教学一线的教师在写作中不断实现思想与实践的创新与飞跃，不断走向优秀，遇见更好的自己。

罗振宇在2020年的新年演讲中，借助曾国藩"躬身入局"的典故，引出了一个新的概念——做事的人。什么叫做事的人？就是不置身事外，指点江山，而是躬身入局，把自己放进去，把自己变成解决问题的关键变量。由衷地希望这本书能成为一本教师"看得懂、用得上"的教育写作工具书，一本可以成为教师知识支架的专业发展进阶书，一本可以带着教师走进"写教育"状态的专业生活引领书。如此，我或许可以实现自己一直以来的心愿，成为为教师成长躬身入局的人。

本书再版，新增了融媒体时代教师面临的写作新挑战——校园通讯写作的相关内容，相信老师们一定也能用得上。

此刻，眼前浮现出一幕幕家人、友人、同事、领导对我研究与写作关心支持的温暖场景，由衷地对你们表达真诚的感谢。还想特别感谢那些出现在我的专业生活中的老师、同仁、研究伙伴、专家和领导，在和你们一起交往、学习、研究、工作的日子里，你们真实的困惑、发展的痛楚、热切的期待、无私的帮助和真诚的鼓励，让责任感、使命感和幸福感一直充盈在我研究教师"教育写作"的过程中，让我深切体会到：以贡献感为指引，你是幸福的，也是自由的。

下一个十年，希望面对你们，我能交出更好的答卷。

颜 莹

2023年7月